갈등과 제도

갈등과 제도

한국형 민주·복지·자본주의 체제를 생각한다

1판1쇄 | 2012년 5월 20일

엮은이 | 최태욱

펴낸이 | 박상훈
주간 | 정민용
편집장 | 안중철
책임편집 | 윤상훈
편집 | 이진실, 최미정
제작·영업 | 김재선, 박경춘

펴낸 곳 | 후마니타스(주)
등록 | 2002년 2월 19일 제300-2003-108호
주소 | 서울 마포구 합정동 413-7번지 1층 (121-883)
전화 | 편집_02.739.9929 제작·영업_02.722.9960 팩스_02.733.9910
홈페이지 | www.humanitasbook.co.kr

인쇄 | 천일문화사_031.955.8100
제본 | 일진제책_031.908.1407

값 15,000원

ⓒ 최태욱, 2012
ISBN 978-89-6437-155-8 94300
　　　 978-89-90106-64-3 (세트)

이 도서의 국립중앙도서관 출판시도서목록(CIP)은 e-CIP홈페이지(http://www.nl.go.kr/ecip)와
국가자료공동목록시스템(http://www.nl.go.kr/kolisnet)에서 이용하실 수 있습니다.
(CIP제어번호: CIP2012002050)

갈등과 제도

한국형 민주·복지·자본주의 체제를 생각한다

최태욱 엮음

후마니타스

일러두기

1. 이 책은 2010년 정부(교육과학기술부)의 재원으로 한국연구재단의 지원을 받아 수행된 연구임 (NRF-2010-330-B0041).
2. 단행본, 정기간행물에는 겹낫표(『 』)를, 논문, 기고문 제목에는 큰따옴표(" ")를, 법령명에는 가랑이표(〈 〉)를 사용했다.
3. 법령명은 국가법령정보센터 표기를 따랐다.
4. 인용문에서 대괄호([ ])는 각 글의 필자가 추가한 부분이다.

차례

이 책은 한국연구재단이 지원하는 'SSK 대인 거버넌스 연구 사업단'의 1차년도 연구 결과물들을 정리해 엮은 것이다. 우리 연구진은 애초에 다음 두 가지의 연구 물음research question을 갖고 이 작업을 시작했다. 하나는 "왜 한국에서는 다른 선진국들과 달리 경제성장과 민주화에도 불구하고 사회적 갈등이 오히려 심화·확대되어 왔는가?"였고, 다른 하나는 "한국의 사회 갈등을 관리·조정해 사회 통합을 유지할 수 있는 방안은 무엇인가?"였다. 우리는 이 물음을 여러 단계에 걸쳐 체계적으로 연구해 점진적으로 답해 가기로 했다.

첫 단계 학술 작업으로 우리는 사회 갈등 이론을 배경으로 해, 다양한 범주에서 일어나고 있는 한국의 사회적 갈등의 특징 ― 사회 갈등의 주체·원인·양상 ― 을 분석하고, 그에 기초해 한국형 갈등 조정 양식을 모색해 보기로 했다. 이 책에서 정리한 1차년도 연구는 그 첫 단계의 출발점으로서, 여기서는 우선 한국 사회 갈등의 역사와 성격, 그리고 갈등의 제도적 원인을 규명하고자 했다. 갈등의 범주와 관련해 우리는 특히 경제적 분배와 재분배를 둘러싼 갈등에 주목했는데, 그 이유는 1997년 외환 위기 이후에 급격히 진행된 한국 경제의 구조적 변화에 따른 양극화의 심화와 그에 동반한 여러 부작용이 사회 통합 위기의 근본적 원인으로 작용하고 있다고 봤기 때문이다.

이런 문제의식에서 출발한 우리의 1차년도 연구는 한국의 핵심적 갈등 영역과 갈등 구도를 한국의 현 자본주의 및 복지 체제, 그리고 민주주의 제도와의 연관성 속에서 파악하는 데에 집중되었다. 좀 더 구체적으로 보고하자면, 우리는 그동안 이 연구를 다섯 가지의 소주제로 세분해 다음과 같이 진행해 왔다. 첫째, 사회 갈등 이론을 토대로 하여 한국의 사회적 갈등의 기원과 구조, 그리고 그 성격 형성의 과정을 제도적 맥락에서 살펴봤다. 둘째, 한국 자본주의 생산 레짐의 변화와 사회적 갈등의 상관관계를 분석했다. 셋째, 노동 체제의 변화와 노동 부문의 갈등을 유연화 정치의 관점에서 짚어 보았다. 넷째, 한국 복지 체제의 기원과 진화 과정을 살펴보고, 사회 갈등 조정 기제로서 현행 한국 복지 제도의 한계를 규명했다. 마지막으로, 한국의 사회 갈등 문제는 상당 부분 민주주의의 제도적 결함과 연관되어 있음을 밝혔다.

우리의 연구에 따르자면, 한국의 사회 갈등이 민주적 방식에 의해 제대로 관리 또는 조정되지 못하고 사회 통합을 위협하는 수준으로까지 악화일로를 걷고 있는 이유는 생산 레짐, 노동 체제, 복지 레짐, 정치체제 등에서의 제도적 결함 때문이다. 따라서 한국의 사회 통합을 유지하기 위해서는 갈등 관리에 취약한 현행 정치 및 사회경제 제도에 대한 과감한 개혁이 요구된다고 하겠다. 이와 같은 결론에 도달하게 한 상기 소주제의 연구 내용들을 미리 살펴보자면 다음과 같다.

김순영은 1장에서 현재 한국 사회에서 벌어지고 있는 심각한 사회 갈등 현상은 민주주의를 발전시키는 긍정적인 요소로 작용하기보다는 한국 사회를 끝없이 파편화하고 분열시키는 요인으로 작용하고 있다고 지적한다. 그에 따르면, 만약 이런 사회적 분열을 극복하고 사회 통합을 이룩할 수 있는 제도적·정책적 방향을 수립하지 못한다면, 정치적 혼란으로 인한 불필요한 사회적 비용은 더욱 증가할 수밖에 없다. 그러므로 사회 분열적 갈등을 적절히 관리하고 통합할 수 있는 조정 양식을 발전시키는 일은 무엇보다 중요하고도 시급한 과제다. 그런데 한국 사회에 걸맞은 갈등 조정 양식을 개발하고 발전시키기 위해서는 먼저 한국 사회 갈등의 기원을 추적함으로써 한국 사회 갈등의 구조와 성격이 무엇인지를 밝히는 작업이 선행되어야 한다.

한국은 해방 이후 분단된 국가 형성, 산업화, 민주화라는 근대화의 세 과제를 성공적으로 이끌어 냈다. 하지만 그것은 냉전 반공주의의 한계 위에서 이뤄진 국가 형성이었고, 권위주의와 노동 배제를 내용으로 한 산업화였으며, 이익과 가치의 다원화에 조응하지 못한 협애한 이념적 대표 체제 위에서의 민주화였다. 그 과정 속에서 현재까지 지속되고 있는 한국 사회 갈등의 주요한 구조적·제도적 특성들이 만들어졌다. 여기서 문제가 되는 것은 갈등이 증폭되고 있다는 사실 그 자체보다는 갈등을 해소하거나 완화하는 정치적 메커니즘이 결핍되었거나 부재하다는 데 있다. 근본적으로 사회 통합의 위기는 경제적 분배와 정치적 참여가 원활히 이뤄지지 않는 곳에서 발생한다. 분배 친화형 자본주의와 참여 보장형 민주주의가 발전된 선진국에서는 사회 통합이 안정적으로 유지되는 것을 볼 수 있다.

한국의 사회적 갈등이 심화·확산되는 것은 기본적으로 한국의 자본주의 및 민주주의가 사회 통합형 제도로 정착하지 못했기 때문이다. 다시 말해 한국의 자본주의 및 민주주의 체제가 사회 갈등을 자유롭게 표출하고 통합할 수 있는 제도로 정착하지 못했다는 것이다. 자본주의와 민주주의의 제도적 유형과 성격은 사회 갈등의 발생과 표출 방식, 조정·관리 양식에 직접적인 영향을 미친다. 따라서 한국 사회의 극단적 갈등을 해결하고 좀 더 사회 통합적인 사회를 만들기 위해서는 분배 친화적인 자본주의와 참여 보장적인 민주주의가 발전할 수 있게 하는 것이 중요하다. 정치와 경제에서 참여를 확대하는 것이야말로 사회 갈등을 사회 발전의 원동력이 될 수 있게 하는 가장 중요한 변화이기 때문이다.

한국 자본주의 체제의 생산 레짐 측면에서의 문제를 맡은 조혜경은 2장에서 우선 한국형 자본주의 체제의 원형이자 제도적 기원으로, 박정희 집권 시기의 권위주의적 국가 주도 조정 시장경제 체제에 주목한다. 물론 이 권위주의적 개발 연대 체제는 1980년대 이후 정치 민주화와 경제 자유화의 신자유주의 패러다임에 입각한, 위로부터의 강도 높은 구조 개혁이 시행된 결과 점진적으로 해체되었다. 그러나 개발 연대 체제의 해체가 한국 자본주의 체제의 제도적·질적 전환을 가져온 것은 아니었다. 개발 연대 체제의 근간을 형성했던 노동 배제적 국가-자본의 성장주의적 공조 체제는 여전히 유지되고 있으며, 대기업 주도의 대량생산 체제와 가격경쟁력에 의존한 수출 지향적 성장 모델에도 근본적 변화가 없었다. 그 결과 과거 개발 연대 체제의 구조적 불균형을 더욱 확대·심화하는 역설을 낳았다.

이런 역설적 현상의 구조적 원인은, 개발 연대 시기 노동 배제적 국가 주도의 국가-자본의 공조 체제에서 노동 배제적 대자본 주도의 국가-자본 공조 체제로 전환되고, 대자본의 이익에 국가가 포획되는 연성 시장 국가가 등장한 데서 찾을 수 있다. 대자본 주도의 국가-자본 공조 체제는 한국 자본주의 체제의 제도적 특징인 동시에, 진화 과정의 경로 의존성을 결정하는 핵심 요인이다. 민주화 이후 연성 시장 국가가 출현하면서 시행된 신자유주의적 구조 개혁은 그 의도와는 반대로 대자본에 편중된 구조적 불균형이 극단적인 형태로 확대되는 결과를 초래하고 사회경제적 갈등을 확대재생산하는 부작용을 동반했다. 경제 자유화와 개방화 개혁의 성과가 대자본의 이익 증대와 지배력 강화로 수렴될수록 대자본의 독과점적 이익 분배를 둘러싼 사회경제적 갈등이 더욱 격화되는 악순환이 반복되고 있다.

외환 위기 이전, 성장주의로 표현되는 정치적·사회적 합의는 사회경제적 갈등을 완화하고 흡수하는 유일한 기제였다. 그러나 1990년대 이후 신자유주의적 개혁에 내재화된 대자본의 이익 집중화와 이익 배분 계층화는 성장주의적 갈등 관리의 한계를 보여 주고 있다. 대자본 친화적이고 노동 배제적인 연성 시장 국가 체제는 사회경제적 갈등을 조정·관리할 능력을 상실했을 뿐만 아니라, 오히려 사회경제적 갈등을 증폭하고 사회경제적 불안을 정치 불안으로 확장하는 핵심 요인으로 작용한다. 대기업의 독과점 이익 배분의 계층화를 대자본이 전략적으로 활용하고 있는 상황에서 경제주체의 자율적인 갈등 조정을 기대하기는 어렵다. 또한 정부의 사회경제정책은 여전히 성장주의 이데올로기적 편향과 성장 지향적 목표에서 벗어나지 못한 가운데 대자본의 실적 강화 전략의 보조 수단으로 전락했다. 국가정책이 오히려 사회 통합에 필수적인 제도적 기반의 내재적 발전을 가로막는 장애 요인이 되고 있는 것이다.

현재의 지속 불가능한 성장 체제를 지속 가능한 형태로 전환하기 위해서는 연성 시장 국가 체제의 근본적 개혁이 요구된다. 국가의 물리적 강제력을 동원해 갈등을 봉합하고 합의를 강제하는 권위주의적 갈등 해소 방식이 아니라, 상호성에 입각한 거버넌스에 참여하는 다양한 주체들 간의 권력 균형이 일정하게 담보되어야 한다. 즉 사회적 합의제 거버넌스를 구축하는 과제를 위해서는 현재의 비대칭적 권력관계를 재조정하는 과정이 동반되어야 한다는 것이다.

3장에서 장진호는 사회 갈등의 원인으로서 한국 자본주의 문제를 노동 체제 측면에서 고민한다. 그는 "노동문제를 둘러싼 노사정 간 노동 정치의 제도화 양식"을 가리키는 노동 정치체제 혹은 노동 체제는 정치적 민주화와 노동자 대투쟁을 경험한 1987년 이후 시기별로 크게 '87년 체제'와 '97년 체제'로 나뉘는바, 후자는 '종속적 신자유주의 체제'로 규정될 수 있다고 한다. 그에 따르면, 1987년 이후의 노동 체제는 앞선 시기의 '억압적 배제'의 노동 체제와 달리, 해방 국면 이후 처음으로 전노협과 민주노총 등 새롭게 형성된 상층 노조 조직이 국가와 자본에서 자율적인 민주 노조적 성격을 띤다는 측면에서 차별성을 찾을 수 있다. 하지만 87년 체제하에서 민주 노조 운동은 공세적으로 노동의 입지를 강화해 마침내 이후 민주노동당의 태동과 의회 진출이라는 성과를 거둔 반면, 1997년 외환 위기 이후 형성된 97년 노동 체제하에서 노동은 국가와 (국내외) 자본의 공세적 '유연화의 정치'에 직면해 정치적으로 수세적이 되거나 만성적인 구조 조정의 압력에 처하게 되었다.

돌이켜보면 민주화 이후 한국의 국가와 자본은 언제나 공권력 등의 강압적 방식으로 노동을 억압하거나, 노사관계개혁위원회(노개위)나 노사정위원회(노사정위)와 같은 사회적 합의 기구를 통한 헤게모니 정치의 방식으로 노동의 대항 정치를 무력화하거나 노동의 요구를 굴절시켜 왔다. 각 정권별로 보면, 노태우 정권기는 국가와 자본이 주로 사회적 합의 기구보다 억압적 정치에 의존했던 '경성 억압 체제'로, 김영삼 정권기는 노개위와 같은 국가의 합의주의 이용이 등장한 동시에 아직 신자유주의가 정리 해고제의 법제화와 같은 제도적 방식으로 강력하게 작동하기 이전의 상황인 '연성 유연화 체제'로, 김대중 정권기와 노무현 정권기는 국가에 의해 노사정위와 같은 합의주의가 이용된 동시에 신자유주의적 유연화의 정치가 법적·제도적 뒷받침 아래 더욱 강력하게 작동하기 시작한 '경성 유연화 체제'로 분류될 수 있다. 그리고 현재의 이명박 정권기는 국가가 합의주의의 외양마저 포기하고 억압적 방식의 노동 정치에 주로 의존해 과거와 같은 '경성 억압 체제'로의 복귀로 규정된다.

정치적으로 좀 더 자유주의적인 세력이 집권해 새로운 정부를 구성한다 해도, 이와 같은 '유연화의 정치'가 지속된다면 얼마든지 억압적 정치 세력이 복귀할 수 있다. 유연화의 정치는 자본의 축적 전략인 동시에, 노동의 힘을 약화하려는 정치적 의도를 내포한 국가와 자본의 전략으로, 외환 위기 이후의 세 정권 모두 정치적 자유주의의 성격을 얼마나 갖고 있었는지와 상관없이 노동의 정치를 수세화하고 약화하는 데 기여했다. 특히 비정규직의 증대와 노동의 양극화는 기존 대기업 정규직 중심의 국내 노동운동이 경제주의와 기업별노조주의의 덫에서 빠져나와 비정규직과의 연대를 강화해야 할 필요성을 더욱 높이고 있다. 그렇다면 노동은 이제 이런 과제를 수행하면서, 그와 동시에 '반유연화의 정치'를 새로운 대항 정치의 지향으로 강하게 설정하고, '희망 버스'와 같이 시민사회적 지지를 동원한 새로운 계기를 모델로 해, 진지전과 기동전의 전술을 긍정적인 방향으로 갱신해 가야 할 것이다.

4장에서 신동면은 한국의 복지 체제를 다룬다. 그는 먼저 한국의 사회보장제도는 낮은 노동비용을 토대로 비교 우위를 유지하려는 기업의 요구를 수용하면서 발전해 왔다는 사실을 지적한다. 한국 기업이 국제무역 시장에서 누려 왔던 저임금에 기초한 비교 우위를 떨어트려서는 안 된다는 생산 체제의 요구와 함께, 사회보장을 위한 정부의 재정 부담을 최소화하려는 정부의 태도는 한국 사회보장제도의 발전에 중요한 제약 요인이었다. 그 결과 사회보험에서 국가의 재정 부담과 책임을 되도록 최소화했고, 사회보험의 적용 범위를 기여금 납부 능력과 연결시켜 선별적으로 도입했으며, 낮은 보험료 부담과 맞물려 낮은 급여를 제공하는 사회보험제도를 형성했다. 오늘날 한국의 복지 체제는 이런 사회 보장제도의 유산을 간직하고 있다. 사회복지 공급에서 국가는 소득 이 전자, 서비스 공급자, 재원 보조자의 역할을 소홀히 해왔으며, 규제자 역할에 치중하게 했다. 이와 같은 복지 혼합의 결과로 한국의 복지 체제 는 정규직과 비정규직 근로자 간의 소득 보장의 차이를 가져오는 지위 의 차별과, 빈곤층들을 공공 부조 수급권자와 공공 부조 수급에서 탈락 하고 낮은 시장 임금을 통해 살아가는 비수급 빈곤층으로 차별하는 빈 곤층의 이중화를 초래하고 있다. 따라서 한국의 복지 체제는 시장의 불 평등을 완화하고 사회 통합을 꾀하는 데 효과적이지 못하며, 사회적 갈 등을 완화하고 관리하는 데 매우 취약하다.

한국의 복지 체제가 사회적 갈등을 완화하고 사회 통합에 기여하는 사회제도로 발전하기 위해서는 사회보험 사각지대의 문제와 공공 부조 가 초래하는 빈곤층의 이중화 문제를 시급하게 해결해야 한다. 특히 최 근 들어 증가하는 임시·일용직 근로자와 영세 자영업자를 비롯한 취약 근로 계층의 고용 불안과 소득 감소가 사회적 갈등과 빈곤의 확대로 이 어지는 문제에 대처할 수 있어야 한다. 취약 근로 계층의 대다수는 월평 균 가구 경상 소득이 최저생계비 이상에서 120퍼센트 미만인 차상위 가 구에 속한다. 차상위 가구에 속하는 근로 능력자들이 일자리를 잃고 소 득이 감소해 가구 소득이 최저생계비 미만인 절대적 빈곤층으로 전락할 경우, 생계유지를 위한 사회 안전망으로 작동할 수 있는 제도적 장치는 국민기초생활보장제도와 실업 급여가 있다. 그런데 임시·일용직 근로 자의 대다수는 고용 보험에 가입되어 있지 않기 때문에 실직 시 실업 급 여를 받을 수 없으며, 영세 자영업자는 고용 보험에 가입조차 할 수 없 다. 결국 빈곤층으로 전락한 대다수의 임시·일용직 근로자와 영세 자영 업자들은 최저 생활을 유지하기 위해 공공 부조인 국민기초생활보장제도의 생계 지원을 찾을 수밖에 없다.

　그러나 한국 복지 체제의 발전을 위해 공공 부조가 사회보장제도에서 지나치게 높은 비중을 차지하는 것은 바람직하지 않다. 공공 부조의 과부하는, 사회복지 정책을 설계할 때, 사회투자적·예방적 사회복지 프로그램에 대한 자원 배분을 어렵게 한다. 또한 잠재적 빈곤 가구가 공공 부조 수급 가구로 선정되고 나면 탈수급·탈빈곤이 매우 어렵기 때문에, 공공 부조의 확대는 신중하게 접근해야 한다. 임시·일용직 근로자와 영세 자영업자들이 기초 생활 수급자가 되는 것을 막기 위해서는 사전적·예방적 빈곤 대책이 필요하다. 이들을 위한 소득 보장 제도의 정비와 인적 자원 개발을 위한 적극적 노동시장 사업이 병행되어야 한다. 실업보험의 사각지대 문제를 해소해 1차적 사회 안전망을 강화하고, 근로를 장려하기 위해 근로장려세제ᴱᴵᵀᶜ의 적용 대상을 확대하며 급여 수준을 인상해야 한다. 또한 임시·일용직 근로자와 영세 자영업자를 대상으로 직업 능력 개발과 고용 지원 서비스를 효과적으로 제공할 종합 대책을 마련하고, 행정 체계와 인프라를 확충해야 한다.

　마지막으로 5장에서 최태욱은 민주주의는 기본적으로 절차적 민주주의라는 입장을 견지하며, 한국의 사회 갈등 문제를 풀기 위해서는 절차적 민주주의를 성숙시킴으로써 실질적 민주주의가 발전돼 가도록 해야 한다고 주장한다. 민주주의의 제도나 절차가 국가나 사회에 의한 시장 조정과 개입을 쉽고 편하게 해줌으로써 경제의 민주화를 항시적으로 촉진하고 보편적 복지의 확장을 지속적으로 압박하는 경향이 강한 것이라고 한다면, 그런 절차적 민주주의에서는 (생산 레짐은 민주적 조정 시장경제가 발전할 수 있는 방향으로, 그리고 복지 레짐은 보편주의 복지국가가 강화될 수 있는 방식으로 작동되기 용이하므로) 이른바 사회경제적 민주주의 혹은 실질적 민주주의가 실현될 가능성이 높고, 따라서 분배를 둘러싼 사회 갈등 문제가 심각해질 가능성은 낮아지기 때문이라는 것이다. 말하자면, 민주주의의 제도와 절차를 실질적 민주주의의 진전에 기여할 수 있는 방식과 형태로 개혁할 때 갈등 관리가 수월해지리라는 주장이다.

그렇다면 과연 제도 개혁의 방향은 구체적으로 어떻게 잡아야 한다는 것일까? 그는 절차적 민주주의를 '다수제 민주주의'와 '합의제 민주주의'로 유형화할 때, 사회 갈등의 조정과 관리가 좀 더 체계적이고 공평하며 그리고 무엇보다 더 '민주적'으로 이뤄지는 곳은 후자의 민주주의 유형이 발달한 곳이라고 본다. 그 증거로 복지 자본주의라고 불리는 유럽형 '조정 시장경제'가 발전하고, 보편주의 복지국가가 형성·지속되는 현상은 일반적으로 다수제가 아닌 합의제 민주주의 국가에서 목격된다는 사실을 제시한다. 결국 한국형 합의제 민주주의를 발전시켜 가야 한국 사회의 갈등 문제가 더욱더 안정적으로 해결될 수 있다는 것이다.

합의제 민주주의의 핵심 요소는 사회경제적 약자를 포함한 모든 시민들의 이익과 선호를 있는 그대로 대변할 수 있는 유력 정당들의 상존을 구조화하는 제도와 절차다. 말하자면, 정당을 주체로 하는 '포괄의 정치'가 제대로 작동하는 절차적 민주주의를 갖추는 일이 사회 갈등의 조정과 관리에 능숙한 합의제 민주주의의 발전을 이루는 길이라는 것이다. 그런데 정당이 주체가 되는 그런 포괄의 정치는 '협의주의' 정치의 핵심 제도 요소들인 비례대표제, 온건 다당제, 연립정부 등이 갖춰진 곳에서 제대로 작동한다. 그리고 그중에서도 가장 기본적인 정치제도는 비례대표제다. 따라서 한국에서 합의제 민주주의의 발전을 촉진함으로써 분배 친화적 자본주의와 보편적 복지국가 체제의 발전을 도모하고자 한다면 작금의 상황에서는 무엇보다 비례대표제의 강화에 역량을 집중해야 한다.

이상과 같이 우리 연구진은 모두 정치 및 사회경제 제도의 개혁을 한국 사회 갈등 문제의 해법으로 제시하고 있다. 제도가 개혁돼야, 사회적 갈등이 발생하면 그것이 관리되고 조정되기보다는 오히려 악화되거나 증폭되기 일쑤인 한국의 정글 같은 상황이 개선될 수 있다고 믿기 때문이다. 물론 우리도 1백 퍼센트 확신할 수는 없다. 어쩌면 근본적인 문제가 제도가 아니라 사람일 수도 있고, 문화일 수도 있으며, 글로벌 수준에서의 조건일 수도 있다. 그러나 분명한 것은 '제도는 언제나 중요한 변수'Institutions matter라는 사실이다. 정도의 차이는 있을지언정 제도는 언제나 결과에 영향을 미친다. 더구나 사회 갈등 문제의 경우, 변수로서의 제도의 중요성은 어느 나라에서나 뚜렷하게 목격되는 바다. 우리가 2차년도의 연구 과제로 주요 선진국들의 갈등 조정 기제를 신제도주의적 접근법을 통해 분석하고자 하는 것은 이 때문이다. 그 과제가 완수될 때 우리가 지금 이 책에서 주장하는 제도 해법들의 설득력은 더욱 증대될 것으로 믿어 의심치 않는다.

많이 부족한 책이지만 그나마 이 책을 만들어 내기까지 수많은 분들에게 큰 도움을 받았다. 먼저 유범상 교수에게 감사의 마음을 전한다. 앞서 언급한 한국 사회 갈등에 관한 우리의 연구 물음들은 그와 대화하는 과정에서 많이 발굴되고 정리되었다. 특히 2010년의 일본 여행 도중 와사비 농원을 걸으며 나눈 노상 토론은 매우 유익했다. 다음으로 우리의 연구 제안서를 진지하게 읽고 우리의 문제의식을 함께 공유해 준 한국연구재단 관련자들, 특히 심사 위원 여러분께 깊이 감사드린다. 그분들이 아니었으면 우리가 그 좋은 환경에서 연구에 전념할 수는 없었을 것이다.

가장 큰 감사는 한림국제대학원대학교 정치경영연구소의 김남수와 양태성 두 연구원에게 돌리고 싶다. 연구 계획서 작성을 포함한 연구 신청의 전 과정에서 그들의 헌신적 수고가 없었더라면 지금의 이 연구 작업은 개시조차 할 수 없었을 것이다. 뒤에 합류한 김경미 연구원에게도 감사한다. 그는 연구 수행 과정 내내 우리 연구진에게 항상 커다란 도움을 주었다. 마지막 감사의 말은 후마니타스의 박상훈 대표에게 드린다. 이런 책이 출판사의 경제적 이익 창출에 별 도움이 될 리는 없을 터인데, 고맙게도 그는 이 책의 출판을 흔쾌히 맡아 주었다.

2012년 5월

연구자들을 대표하여

최태욱

1장

한국의 사회 갈등과 민주주의
한국 사회 갈등의 기원·구조·성격

김순영

1. 문제 제기

이 장의 목적은 사회 갈등 이론에 대한 분석을 토대로 한국 사회 갈등의 역사적 기원을 추적함으로써 민주화 이후 한국 사회 갈등의 구조와 성격을 탐색하는 데 있다. 한국은 일제 식민지를 거쳐 분단과 전쟁이라는 국가적 시련을 극복하고 국가 형성, 산업화, 민주화라는 근대화의 과제를 압축적으로 이뤄 냈다. 하지만 오랜 권위주의 통치와 경제적 압축 성장의 결과로 냉전 반공주의와 재벌 중심의 불공정한 시장경제 체제가 사회에 뿌리내림으로써 다원화되고 자유로운 사회로의 발전은 지체되었다. 이런 권위주의화된 사회 속에서 사회 갈등은 자연스럽게 표출되기보다는 철저히 억압되었다. 이후 권위주의 통치를 종결하고 정치적 민주화를 이룩함으로써 사회 갈등을 관리하고 조정하는 다양한 제도가 만들어졌지만, 사회 갈등은 관리되거나 조정되기보다는 오히려 갈등의 강도가 심화되어 한국 사회를 더욱 분열적으로 만들고 있는 것이 오늘의 현실이다.

이런 사회 갈등의 폭발은 대내적으로는 1987년 민주화 이후 법적·정치적 민주주의를 꾸준히 발전시킴으로써 권위주의 아래 억압되었던 다양한 사회 모순들이 차츰 해소되고, 대외적으로는 1990년대 이후 현실 사회주의 국가들의 몰락으로 냉전 체제가 해체되면서 이념 간 갈등과 모순이 전 세계적으로 크게 약화되었다는 사실에 비추어 볼 때 역설적인 현상이 아닐 수 없다. 현재 한국 사회에서 벌어지고 있는 심각한 사회 갈등 현상은 민주주의를 발전시키는 긍정적인 요소로 작용하기보다는 한국 사회를 끝없이 파편화하고 분열시키는 요인이 되고 있다. 만약 이런 사회적 분열을 극복하고 사회 통합을 이룩할 수 있는 제도적·정책적 방향을 제시하지 못한다면, 정치적 혼란으로 인한 불필요한 사회적 비용은 더욱 증가할 수밖에 없을 것이다. 따라서 사회 분열적 갈등을 적절히 관리하고 통합할 수 있는 조정 양식을 발전시키는 일은 무엇보다 중요하고도 시급한 과제라 할 것이다.

한국 사회에 걸맞은 갈등 조정 양식을 개발하고 발전시키기 위해서는 먼저 한국 사회 갈등의 기원을 추적함으로써 한국 사회 갈등의 구조와 성격이 무엇인지를 밝히는 작업이 선행되어야 한다. 민주주의는 가치를 권위적으로 배분함으로써 사회적 갈등을 관리·조정하는 제도라고 할 수 있다. 그렇다면 왜 한국은 성공적인 민주화에도 불구하고 사회적 갈등이 관리·조정되기보다는 오히려 더 심화·확대되고 있는 것일까? 민주화 이후 나타나고 있는 한국 사회 갈등의 특징은 무엇인가? 극단화되고 있는 한국의 사회 갈등을 관리·조정해 사회 통합을 유지할 수 있는 방안은 가능한 것인가?

여기에서는 이런 문제에 답하기 위해 먼저 민주주의의 관점에서 사회 갈등에 대한 다양한 이론들을 살펴볼 것이다. 갈등의 표출과 관리가 민주주의에서 왜 중요한지를 검토함으로써 민주화 이후에도 사회 갈등이 관리·조정되기보다는 사회 분열적 현상을 가속화하는 원인이 무엇인지를 국가 형성, 산업화, 민주화라는 한국의 근대화 과정 속에서 찾아볼 것이다. 마지막으로 이런 한국 사회 갈등의 역사적 기원에 기반을 두어 민주화 이후 사회 갈등의 구조가 어떻게 만들어지고 그 성격이 무엇인지를 주요 갈등 사례를 중심으로 탐색해 보고자 한다.

2. 사회 갈등 이론과 민주주의

사회 갈등에 대한 이론적 시각은 크게 두 가지로 구분할 수 있다. 하나는 갈등을 비정상적인 사회병리 현상으로 보고, 이를 없애기 위한 갈등 해소 방법을 찾는 데 목표를 두는 입장이다. 다른 하나는 이와 달리 갈등을 인간과 사회의 존재론적 본성에 따른 자연스러운 현상으로 파악하는 입장이다. 이런 관점은 갈등이 사회 발전을 위해 좋은지 나쁜지를 미리 판단하기보다 현실적으로 존재할 수밖에 없는 갈등을 어떻게 관리하고 조정할 것인가에 관심을 갖는다. 사회 속에서 인간의 정치는 갈등을 내포할 수밖에 없다는 점에서 갈등은 인간 생활 자체의 근본 본성으로부터 나온다고 할 수 있다. 따라서 갈등을 완벽한 협동이나 조화가 이루어진 정상적인 상태가 아닌, 불온하거나 일시적인 이상 상태로 볼 필요가 없다(래니 1999, 63).

민주주의의 이론과 제도 역시 갈등은 자연적인 것이며 타협을 통해 잠정적으로 해소될 수 있다고 본다는 점에서 후자의 관점과 맥을 같이 한다. 갈등·타협이 민주주의 정치의 기반이라는 말은 모든 갈등이 공동

체의 통합과 민주주의에 긍정적인 효과를 갖는 것은 아니라 하더라도 갈등이 민주주의에 긍정적인 효과를 미칠 수 있음을 인정한다는 의미다 (최장집 2009, 20).

민주화가 권위주의 아래 억압되었거나 배제되었던 사회집단의 목소리를 표출하는 계기가 된다는 점에서, 사회 갈등은 반드시 척결해야만 하는 사회악이 아니다. 오히려 민주주의 사회에서 갈등은 자연스러운 현상일 뿐 아니라 그것을 표출하는 것이 민주주의를 발전시키는 데 긍정적인 요소로 작용할 수 있다. 갈등이 없는 사회란 사회의 특정 집단이 공공의 집합적 결정 과정에서 배제되어 있음을 의미한다는 점에서 민주주의 발전과는 다르며 오히려 전체주의에 가깝기 때문이다.

민주화가 권위주의 아래 억압되었던 사회 갈등들을 폭발시킨다는 점에서 이를 적극적으로 표출하는 것은 민주주의 원리에 가깝다고 할 수 있다. 하지만 사회적으로 표출된 갈등이 사회적 합의를 바탕으로 관리·조정되지 못한다면 이는 사회 갈등의 비용만을 증가시킬 뿐 민주주의 발전을 저해할 수도 있다. 갈등은 적절하게 다루어질 때 사회를 진보로 이끌지만, 잘못 다루어질 때는 사회를 분열로 이끌기 때문이다. 따라서 정치에서 핵심은 갈등을 관리하는 것이다.

샤츠슈나이더E. E. Schattschneider는 이 문제를 다루지 못하면, 어떤 체제도 유지될 수 없다고 경고한다. "모든 정치, 모든 리더십, 모든 조직은 갈등을 관리하는 데 관여한다. 갈등의 결과는 너무나 중요하기 때문에, 그와 같은 갈등의 체계를 형성하지 않는다면 어떤 정치체제도 존속할 수 없다"(샤츠슈나이더 2008, 130). 그는 현대사회라면 어디에서나 무수히 많은 갈등이 잠재되어 있지만, 오직 몇몇 갈등만이 중요한 의미를 갖게 된다면서, 갈등의 수를 줄이는 일은 정치가 수행하는 핵심적인 기능이라고 지적한다. "정치는 갈등들 간의 지배와 종속을 다룬다. 민주주의 사회가 존속할 수 있는 이유는 수많은 잠재된 갈등들에 대해 우선순위를 부여하는 방식으로 갈등을 관리하기 때문"이라 말한다(샤츠슈나이더 2008, 123).

립셋S. M. Lipset은 안정적인 민주주의는 갈등의 표출을 요구하지만, 민주주의는 합의 없이 존재할 수 없다고 주장한다. 그가 보기에 갈등과 합의는 둘 다 민주주의를 위한 필수적인 요소다(Lipset 1960). 독일의 사회학자 다렌도르프Ralf Dahrendorf는 갈등은 쉽사리 소멸하지 않기 때문에 제도화로 관리되지 않고 억압된다면 사회의 안정과 통합에 해악이 된다고 말한다. 그는 사회가 강해지고 통합적이 되게 하기 위해서는 갈등을 억압하거나 마구 뒤섞거나 치환되지 않게 해야 하며 그 자체가 표출되도록 해야 한다는 점을 강조한다(Dahrendorf 1988).

한국은 성공적인 산업화와 민주화를 이뤘음에도 한국에서 사회적 갈등은 관리·조정되기보다는 오히려 심화·증폭되어 점차 구조화되는 경향까지 보이고 있다. 이에 따라 극렬한 사회 갈등에 따른 비용 역시 급증해 왔다. 경제 발전과 민주화에도 불구하고 사회 갈등을 조정할 수 있는 갈등 조정 양식을 발전시키지 못했기 때문이다.

1990년대 이후 한국 사회에서 갈등과 분쟁이 폭발적으로 증가하면서 등장한 것이 갈등에 대한 제도 과정적 접근이다. 이는 갈등에 대한 사전 예방과 갈등이 발생한 경우의 조정 과정을 강조하는 접근이다. 최근 한국 사회에서 참여적 의사 결정과 대안적 분쟁 해결이 활발하게 논의되는 것도 이런 제도 과정론적 접근의 경향이다. 여기에서는 전통적인 강제적 절차에 대신해 자율적 절차를 강조하며, 갈등 당사자들의 협상과 타협을 사법적 절차보다 더 신속하고 편리하게 접근할 수 있는 방안으로 검토한다(한국여성개발원 2005).

하지만 사회 갈등의 관리는 단순히 행정부나 시민사회에 의한 몇몇 제도를 도입하는 것으로는 충분하지 않다. 사회 갈등을 잘 조정·관리하는 선진국이 몇 가지 조정 제도만으로 이를 실현하는 것은 아니다. 갈등을 억압하지 않고 그것이 충분히 표출된 상태에서 사회적 합의를 도출해 내고 그런 과정의 결과로서 사회를 통합하는 일은 한 사회의 정치적·경제적 민주주의 발전과 같이 간다고 할 수 있다.

분배 친화형 자본주의 국가에서 갈등 문제는 그렇지 않은 국가에 비해 덜 심각하다. 복지·조세·노동·금융·(직업)교육 정책 등을 포함한 사회경제정책들이 잘 갖춰진 자본주의 경제체제에서 빈부 갈등, 계급 갈등, 이익 갈등 등의 문제는 더욱 잘 해결된다. 경제적 제도로서 자본주의의 성격에 따라 사회적 갈등 정도가 달라질 수밖에 없는 것이다. 정치적 제도로서 민주주의 역시 마찬가지다. 다른 변수가 일정하다면, 약자나 소수자 문제 등과 연결되는 빈부 갈등, 지역 갈등, 문화 갈등, 인종 갈등, 언어 갈등, 성 갈등 등은 동등하고 효과적인 정치적 참여가 보장되는 민주주의 국가에서 그렇지 않은 국가에 비해 더 잘 조정된다. 따라서 사회 갈등을 관리·조정하는 데에는 어떤 자본주의적 경제체제인가, 어떤 민주주의적 정치체제인가가 중요하다.

3. 한국 사회 갈등의 기원과 역사

사회 갈등을 관리하는 데에 경제체제와 정치체제의 구조가 중요하다는 점에서, 여기에서는 한국의 경제체제, 정치체제를 낳은 국가 형성, 산업화, 민주화라는 근대화 과정 속에서 한국 사회 갈등의 역사적 기원을 추적해 보고자 한다. 압축적 근대화 과정을 통해 만들어진 한국의 정치·경제체제는 민주화 이후 한국 사회 갈등의 구조와 성격을 틀 지운 중요한 요인이었다.

1) 분단국가 형성과 사회 갈등의 억압

국가 형성 과정은 대외적 주권과 대내적 주권의 확립이라는 두 가지 측면을 모두 포함하는 과정이라 할 수 있다. 흔히 대외적으로 자주권을 가진 독립국가의 창설만을 국가 형성 과정으로 생각하기 쉽다. 하지만 국가 형성 과정에서 볼 때, 오히려 국민 형성 및 국민주권의 확립 과정으로서 대내적 주권의 확립이 핵심이라 할 수 있다. 대내적 주권의 확립이란 일정 영토 내의 주민을 단일한 주권 밑에 통합하는 과정을 말한다. 이 과정에는 지역·종교·언어·인종·계층·계급·이념 등을 달리하는 여러 집단 간에 국가권력을 둘러싼 집단적 갈등이 나타날 수밖에 없다. 따라서 국민 형성 과정에서는 이런 갈등과 균열이 어떻게 통합되는지가 중요한 문제로 제기된다. 군주정과 달리 민주 공화정은 이런 갈등을 정치의 영역으로 대표·통합하는 방식으로 해소하는데, 그 구체적 방식은 이후 민주주의의 내용을 규정하는 결정적인 요인이 된다. 국민국가 형성 과정에서 어떤 갈등과 균열이 나타나고 그것이 어떻게 체제 내로 통합되며 이를 통해 사회적 균열을 둘러싼 갈등이 어떻게 제도화되는지가 민주주의의 실질적 내용을 결정짓는 요인이 되는 것이다(박찬표 2010, 13-15).

즉 한국의 국가 형성 과정에서 어떤 갈등이 나타나고 억압되고 또 제도화되었는지가 민주화 이후 한국 민주주의의 특징을 결정짓는 중요한 요소다. 민주화 이후 한국 사회 갈등의 구조와 성격을 분석하기 위해서 국가 형성 과정, 특히 국민 형성 과정에 초점을 맞춰 논의를 시작해야 하는 이유가 여기에 있다. 한국은 1945년 일제 식민지에서 해방된

후 새로운 국가를 건설하는 과정에서 한국전쟁이라는 유례없는 '내전'을 겪었고, 현재까지도 남북한이 대치하고 있는 분단 상황이 지속되고 있다. 그렇다면 국가 형성 과정 속에서 사회 갈등은 어떻게 다뤄졌는가를 살펴보자.

1945년 8·15 해방을 기점으로 이른바 해방 공간에서는 민중의 자발적인 열망이 분출했고, 이는 시민사회의 폭발이라고 할 만했다. 해방 후 두 달도 지나지 않아 미 군정청에 등록된 정당 수는 54개였고, 1년 뒤에 그 수는 3백여 개에 이르렀다. 그뿐 아니라 전국 노동조합인 조선노동조합전국평의회(전평) 산하 노동조합도 빠르게 조직화되면서 1945년 11월 가맹 조합 수 1,194개, 조합원 20만 명에서, 한 달 만에 조합원 수는 55만 명으로 급증했다. 이 시기 5인 이상 사업장에 고용된 노동자 수가 대략 20만 명 전후라는 사실을 감인할 때 조직화 속도와 조직률이 어느 정도였는지를 가늠할 수 있다.

당시 청년 단체, 학생 단체, 부녀 단체, 문화단체, 종교단체 등 무수한 단체가 조직되었을 뿐 아니라 동일한 직업적·직능적 또는 사회적 이해관계에 기반을 둔 단체라 하더라도 이데올로기적 성향에 따라 좌우익으로 분열·대립하는 양상이 나타났다. 이런 단체들의 출현은 밑으로부터 일체의 정치적·사회적 요구의 자발적 표출을 금압했던 일제의 억압적 통치 기제가 갑작스럽게 제거된 데 따른 당연한 귀결이었다. 해방 이후 1946년 가을 노동자들의 총파업, 대구 항쟁 등 일련의 폭력적 사태가 이 시기에 일어났다. 하지만 이런 상황에서 한반도에 급격히 몰아닥친 냉전은 사태를 완전히 뒤바꿔 놓게 된다. 1945년 12월 전평 산하 55만 명에 이르던 조합원은 2년 뒤인 1947년 9월 거의 영으로 무화된다. 이미 1945년 말부터 노동조합의 탈정치화를 위한 미군정의 역전 정책이 시작되면서 결국 1946년 총파업을 계기로 노동조합은 급격히 해체되기에 이른다(최장집 1989, 82-85).

1948년 새 정부 수립을 위한 5월 총선에 즈음한 제주도에서의 민중 저항, 잇따른 여순 사건 등 일련의 사태는 이미 엄청나게 팽창한 경찰력의 수준을 더욱 팽창시킨다. 특히 이 과정에서 좌익을 궤멸시키는 무기일 뿐 아니라 집권층에 대한 정치적 반대 세력을 탄압하는 장치로 활용되었던 〈국가보안법〉이 만들어지면서 국가 강권력의 무제한적 행사가 제도화된다. 이미 1947년 8월부터 반공 체제 수립과 관련해 좌파 숙청은 시작되고 있었다. 남조선 과도 정부에서 9월 25일 작성한 것으로 알려진 "시국대책요강"의 핵심은 좌파 정치사회 단체의 불법화, 이들에 대한 전면적 조사 및 처벌, 좌파 언론기관의 정비, 좌파 세력의 공직 추방등 구체적 시책을 천명하고 있었다. 좌파 세력을 국가 기구와 정치사회, 나아가 시민사회에서 제거하겠다는 것이었다. 흔히 '반공 체제'가 법제화된 것은 정부 수립 이후인 1948년 12월 〈국가보안법〉이 제정되면서라고 알려져 있지만, 1947년 9월의 시국 대책은 사실상 〈국가보안법〉의 '시행령'이라고 할 수 있었다. 반공 체제는 이미 작동하기 시작했고〈국가보안법〉은 사후적 법제화에 불과했다(박찬표 2007, 302-304).

냉전은 해방 이후 현재까지, 밖으로는 남북한 간의 적대적 분단 체제를, 안으로는 '국내 냉전'이라고 부르는 보수적인 반공 질서를 강화해온 기반이었다. 동시에 냉전은 한국 사회에서 정치의 틀을 조직하고 그틀 내에서 허용되는 정치적 실천과 이념의 범위를 매우 좁게 제약하는 가장 큰 힘이었다(최장집 2010, 78). 다시 말해 냉전의 결과 국내 자유민주주의가 냉전 반공주의로 형해화되면서 한국은 일체의 사회 갈등의 억압을 경험하게 된다. 특히 한국전쟁은 반공 이데올로기가 정당성을 획득하게 된 계기였다. 한국전쟁으로 이승만 정권은 남한의 모든 좌경 세력을 궤멸시킬 수 있는 기회를 얻었을 뿐 아니라 반공 이념은 확고한 정통성을 부여받았다.

극단화된 반공주의하에서 민주주의, 시민권 등 자유주의의 기본 가치들은 쉽사리 무시되었다. 보수는 극우화되고 자유주의 역시 독립적인 정치사회 세력으로 존재할 수 없었음은 물론 자유주의적 가치들이 억압되었다. 자유주의적 가치마저 불온시되는 극우 반공주의적 조건 위에서 자유주의적 전통은 존재할 수 없었다. 보수는 자유주의 세력에게마저 이들이 독립적 세력으로 존재할 수 있는 공간을 박탈했고, 그 결과 보수 혹은 반동과 구별되는 자유주의적 담론은 취약해졌으며, 자유주의적 실천 및 담론을 담당할 정치사회 세력 또한 부재했다. 모든 정치사회 세력이 자유주의를 거론하지만, 자유주의가 독립적인 가치로, 자유주의 세력이 독립적인 세력으로 존재할 수 있는 공간은 소멸한 것이었다(조희연 2007, 169-170).

이렇게 만들어진 한국의 국가 형성 과정은 냉전의 국내화 과정이며 그 결과 성립된 48년 체제는 철저한 '반공 체제'였다. 따라서 한국의 '자유민주주의'는 반공 체제의 한계 내에서 제도화되었다고 말할 수 있다. 이때 만들어진 냉전 반공 체제는 이후 지금까지 한국의 자유민주주의를 근본적으로 제약하게 된다(박찬표 2007).

해방 이후 민주주의의 초기 제도화가 냉전의 심화와 더불어 민족문제를 둘러싼 격렬한 갈등과 맞물리면서 이데올로기적인 양극화로 치닫게 된 것은 민주주의 발전에 치명적이었다. 남한과 북한의 민족주의는 서로에 대해 경쟁적으로 통합을 추구하면서도 각각의 사회 내부에서는 상대방의 이념을 철저히 배제하는 정치 구조를 발전시켰다. 냉전이 만들어 낸 이런 정치 구조는 민주주의 발전에 부정적 효과를 가질 수밖에 없었다. 이념적 양극 분화의 효과로 말미암아 광범위한 중간 영역이 부정되었다. 그 효과는 정치적 갈등을 이데올로기적으로 양극 분화하고 정치 경쟁의 양상을 극한적인 적대 관계로 몰아갈 뿐만 아니라, 반대 세력과 비판자들을 배제하는 것으로 나타났다(최장집 2010, 79-80).

이런 냉전 반공주의하에서 사회분화와 발전을 통해 당연히 등장할 수밖에 없었던 이념적·계층적 차이와 갈등들은 북한과의 대결을 이유로 하나같이 억압되었다. 냉전 반공주의의 유산은, 이후 민주화가 이뤄졌음에도 사회의 다원화가 뿌리내리지 못하게 한 가장 큰 원인이었다. 이런 구조 속에서 사회 갈등은 국가를 혼란케 하고 사회 통합을 저해함으로써 북한을 이롭게 만드는 행위라는 잘못된 안보 의식으로 왜곡되었다. 국가 형성 과정에서 국민은 냉전 반공주의라는 단일한 주권 아래 통합되면서 사회 갈등은 철저히 억압되었다.

2) 권위주의적 산업화와 잠재적 갈등의 심화

1961년 5월 16일 이후 한국 정치는 오랫동안 군부 엘리트가 국가의 거의 모든 영역에서 결정권을 행사하는 실질적인 군정이었다고 말할 수 있다. 총구에서 권력을 창출해 냄으로써 사회적 억압은 극에 달했다. 3, 4, 5공화국을 통해 군인 대통령들은 통치권의 강제성과 억압력을 뒷받침하는 물리적 힘을 군부에서 끌어냈다. 민주 헌정을 물리적 힘으로 중단시킨 5·16 쿠데타 이후부터 유신 직전까지의 3공은 그런 통치 기술을 연마하는 시기였으며, 유신 독재와 5공 독재는 '공포 통치'의 절정기였다. 박정희와 전두환은 26년 동안 군림하면서 특히 수도경비사령부(이후 수도방위사령부)·특수전사령부·정보사령부·보안사령부(이후 기무사령부)·중앙정보부(이후 안전기획부) 등을 항상적으로 정치도구화했다. 군부 권위주의 정권에서는 이처럼 억압적 국가기구의 비중이 커질 수밖에 없었다(조현연 2008, 152).

군부 권위주의가 갖는 정당성의 위기는 고도성장을 통한 산업화로 상쇄할 수밖에 없었다. 박정희 정부는 이승만 정부와는 달리 산업화를 통해 적극적으로 지지를 동원하고자 했다. 무엇보다 한국의 자본주의 산업화는 남북한의 분단 상황으로 말미암아 위협적인 외부의 적이 항구적으로 존재하는 군사적·이데올로기적 대치에 따른 고도의 긴장 상태에서 이루어졌다. 외부의 위협이 현실적으로 존재하는 상황은, 분단으로 인한 정치체제의 '정당성 위기'와 '정체성 위기'를 보충해 줄 뿐만 아니라, 정치적 권위에 대한 충성심을 제고하고 사회에서의 갈등과 정치적 분열을 극복해 국민을 국가 목표에 동원하는 데 긍정적 요인이 되게 했다.

박정희 정권이 시행한 근대화 프로젝트의 핵심은 국가 행정 관료 체제의 대혁신이라 할 수 있다. 경제기획원 설립을 비롯한 경제 관료 체제의 재정비와, 중앙정보부 신설을 통한 권위주의적 국가 안보 기구의 강화가 양대 축을 이루었다. 안보 정책과 경제정책의 기능적 통합은 국가가 경제를 주도하고, 시장을 창출해 여기에 개입할 수 있는 강력한 능력을 갖게 된 요체였다. 성장, 효율성, 목표 달성이 그들의 철학이자 가치였다. 고도성장 정책을 국가 목표의 최우선 순위에 올려놓음으로써 발전주의는 국가 이념이자 이데올로기가 되었다. 이런 발전주의는 1차 5개년 계획(1962~66년)에서부터 4차 5개년 계획(1977~81년)에 이르는 사이, 세계의 산업화 역사에서 그 유례를 찾아보기 어려울 정도의 빠른 성장률을 가져왔다. 1973~76년 동안 평균 15퍼센트의 경제성장률을 기록했으며, 공산품 수출은 연평균 25.7퍼센트 증가했고, 국내총생산GDP은 연평균 10.3퍼센트 성장했다. 그것은 마치 군사 목표를 달성하듯이 목표를 세우고 이를 좀 더 빨리, 좀 더 대규모적으로, 좀 더 효율적으로 달성하기 위해 국가기구를 관장하고 사회의 모든 자원을 집중적으로 개발하고 동원한 결과였다(최장집 2010, 93-95).

박정희 산업화 체제는 5·16 쿠데타와 함께 형성된 발전 국가 체제에 의해 추진된 제반 개혁 정책을 기반으로 형성되었다. 초기 관료제의 대대적 개편, 국가권력 구조의 개편, 국가-자본-노동 사이 관계의 재구성, 수출 지향과 해외 자본 유입을 주로 하는 해외 지향 정책, 가용 자원의 편중된 분배를 핵심으로 하는 중화학공업 추진 정책 등은 박정희 산업화 체제의 주요 구성 요소들이다. 이런 항목들과 관련된 산업화 체제 구축 과정은 단순한 행정적·정책적 개혁을 넘어서 고도의 정치적 과정으로서의 성격을 지닌다(김세중 2001, 217).

산업화의 결과 압도적으로 농업 중심적인 사회이자 세계에서 가장 가난한 나라였던 한국은 불과 한 세대 동안 서구 선진국에 못지않은 산업사회로 변화한다. 산업화의 거의 모든 변화가 한 세대 내에 발생했다. 한국의 산업 발전은 강력한 국가 주도하의 계획경제와 시장을 결합한 수출 주도형 산업화 전략에 힘입은 것이다. 여기서 냉전 체제가 '자동적으로' 한국의 경제 발전을 위해 유리한 조건을 제공한 것은 아니었음을 강조할 필요가 있다. 냉전 체제를 경제 발전을 위해 이용하려는 명확한 정치적 의지나 적절한 정책 선택이 필요했다. 이 정치적 의지는 내포적 공업화 전략이 전제로 했던 자기 완결적인 국민경제 건설이라는 국익을 수출입국輸出立國으로 재해석했다는 것을 의미한다. 1960년대 한국의 수출 지향형 공업화 정책의 전개는 구조적 제약에 따른 필연적 귀결이 아니라 냉전 체제와 국익의 관계를 재해석함으로써 냉전 체제를 수출 지향형 공업화 정책을 위해 적극적으로 이용하려는 하나의 '자각적인 선택'에 따른 것이었다(기미야 다다시 2008, 331-332).

1950년대 형성된 반공 규율 사회는 5·16 쿠데타 이후 1960년대에도 재생산된다. 이 시기에 저항운동은 지배 체제를 위협할 수 있을 정도로 회복되지 못했다. 더구나 노동계급 및 민중 부문이 활성화될 수 있는 정치적·이데올로기적 조건은 제약된다. 이런 반공 규율 사회의 지속은 노동계급 및 민중 부문의 동원화와 활성화를 통제하는 각종 법률과 억압 기구들이 커다란 도전을 받지 않고 유지되는 데 결정적으로 기여했다. 〈국가보안법〉 철폐를 주장하는 투쟁이 전면화되지 않았으며, 노동운동과 관련해 노동조합 결성 및 쟁의행위의 자유 등을 보장하고 있었던, 현실과 유리된 형식적인 노동법들이 도전받지 않을 정도로 노동운동은 고양·활성화되지 않았다. 수출 지향적 산업화 초기에, 노동 규율은 노동 측으로부터의 큰 도전 없이 유지되었다(Deyo 1987, 184; 조희연 2010, 116에서 재인용).

1960년대 노사분규의 추이를 보면, 한국의 경우 1963년 89건, 1964년 126건, 1968년 112건, 1969년 70건, 1970년 88건으로 대체로 1년에 1백 건 내외로 낮은 수준의 분규 발생 건수를 보인다. 분규의 질적 내용에서도 쟁의행위를 수반하지 않은 비전투적 분규가 대부분을 차지했다. 사회운동 역시 1964년 한일회담 반대 투쟁, 1965년 한일회담 비준 반대 투쟁을 통해 반정부 운동이 고양되었고, 1967년 대통령 선거 및 국회의원 선거, 1969년 3선 개헌 반대를 둘러싸고 고양되었으나, 전체적으로 보면 박정희 정권의 존립을 위협하는 것은 아니었으며, 박정희 정권이 추진하는 국가 주도형 자본주의화 자체에 도전한 것도 아니었다. 더구나 한국 정부는 주기적으로 냉전적 대결 논리를 부추기는 공안 사건, 가령 1963년 '인혁당 사건', 1968년 '통혁당 사건'을 터트려 내재화된 반공 논리를 고무하는 방식으로 저항운동의 고양을 방지하고 민중들이 저항운동에 동조하는 것을 차단하고자 했다(조희연 2010, 116-117).

1960년대에 나타난 노동 체제의 중요한 변화는 국가 코포라티즘적 통제의 도입이다(최장집 1988). 박정희 정부는 국가 주도의 수출 주도형 산업화를 추구하는 데에 국제 경쟁력에 필요한 저임금 수준을 보장하는 유순한 노동을 유지하기 위한 노동 통제를 강화하고자 더욱 체계적인 국가 코포라티즘적 통제를 도입했다(손호철 2006, 225). 이익집단 역시 국가의 후원을 받음으로써 권위주의 국가에 의한 통제를 수용했다. 이들은 권위주의 국가에 의한 통제를 수용하는 대가로 자신들의 특수 이익을 극대화할 기회를 얻었다. 한국경영자총협회(경총)와 전국경제인연합회(전경련), 한국노동조합총연맹(한국노총), 농업협동조합(농협), 한국교원단체총연합회(교총) 등이 대표적인 예다. 권위주의 시기 이들은 관료 행정 기구의 주변에서 그것들을 둘러싸고 번창하는 '관변 단체'를 구성했다. 이런 국가와 이익집단의 관계는 국가 코포라티즘의 전형적인 형태라 할 수 있다.

박정희 정권이 만들어 낸 특정 형태의 산업화는 이후 한국 사회에 큰 영향을 미쳤다. 먼저 가장 중요한 것으로 거의 통제 불능 상태로 팽창한 재벌의 영향력을 들 수 있다. 한국의 산업화 전략은 국가가 거대 기업을 창출하고 그들로 하여금 국가의 목표를 수행하게 하는 방법을 통해 이뤄졌다. 그 결과 국가의 경제적 기반과 정부의 업적이 소수 재벌 기업에 의존하게 되고 이들이 국가의 경제를 좌지우지했다. 이후 민주주의가, 권위주의 국가가 독점한 권력의 상당 부분을 시민사회와 국민에게 이양하게 되자 실제로 권력은 국민이 아닌 재벌에 돌아갔다.

또한 박정희 정부의 권위주의적 산업화는 권위주의적인 노동 통제에 기반을 둠으로써 노동 배제의 경제체제를 만들어 냈다. 이는 재벌 편향적 성장 제일주의 정책이라는 동전의 다른 한 면이라고 할 수 있다. 이런 국가의 노동정책은 한국의 산업가들과 보수적인 정치 엘리트들로 하여금 기업-노동 파트너십이라는 개념 자체를 없애 버리는 데 기여했다. 권위주의적 노동 통제는 산업 생산 수준의 노사 관계에서나 정치적 수준에서의 정치 참여 모두에 중대한 부정적 효과를 가져올 수밖에 없었다. 무엇보다 이런 권위주의적 노사 관계는 민주주의와 양립할 수 없었다(최장집 2010, 109-111).

급격한 산업화로 말미암아 한국 사회가 도시 사회와 산업사회의 면모를 갖게 되었다는 것은 사회 갈등이 더욱 다원적이고 다층적인 양상을 띠게 되었다는 것을 의미한다. 또한 이런 조건은 이 시기에 강화되어 온 정치의 권위주의화 때문에 정치적으로 활성화되고 팽창될 수는 없었지만 그것의 사회적 조건으로서 시민사회가 팽창되었다는 사실을 말해 준다. 다시 말해 권위주의적 산업화는 시민사회를 팽창시키고 노동자를 기반으로 한 민중을 증가시킴으로써 사회 갈등의 잠재성을 확대했지만 군부 권위주의 정권의 억압적 국가기구는 이를 철저히 억압했다.

3) 민주화와 사회 갈등의 폭발

1987년 6·29 선언을 가져온 6월 민주 항쟁은 학생이 주도하고 도시의 신중산층이 대대적으로 가세한 대규모 민주화 투쟁이었다. 1987년 6월 항쟁과 그 뒤를 이은 민주화는 그동안 억눌려 있던 각종 사회적 갈등을 전면적으로 분출시켰다. 1987년 이후 민주화가 진전되면서 각종 사회집단의 자율성이 크게 신장되어 노사 갈등을 비롯해 각종 이익 갈등이 표면화되었다. 갈등 표출의 양태는 공청회, 진정, 입법 청원, 로비 등의 제도적인 방식보다 집회, 시위, 농성, 파업과 같은 강압적인 방식에 의존하는 형태를 보였다. 권위주의적 정부와 군부가 퇴장하고 민주주의가 발전하면서, 잠재되어 왔던 각종 갈등 요인이 분출되었다. 예를 들면,

표 1-1 | 1986년 이후 노동쟁의 증감 추이 (단위 : 건)

1986년	1987년	1988년	1989년	1990년	1991년	1992년
276	3,749	1,873	1,616	322	234	236

자료 : 이명진(2009, 79)에서 재구성.

노사 갈등의 경우는 1987년 6·29 선언 이후에 폭발해 1987년에는 총 3,749건이 발생한다. 그 정도도 매우 강해서 시위·농성·파업이라는 극한적 대립 상태가 이뤄지고는 했다. 물론 1988년에 들어오면서 쟁의 건수는 1,873건, 1989년 1,616건, 1990년 322건, 1991년 234건으로 매년 지속적으로 감소하고 갈등의 정도도 다소 완화된다(이명진 2009, 79).

6월 민주화 운동으로 정치적 기회가 전면적으로 개방되면서 이어진 7월과 8월 두 달 동안 전국 대도시와 산업도시에서 수백만의 노동자가 파업과 시위를 전개하게 된다. 이른바 '7, 8월 노동자 대투쟁'은 산업화를 통해 양적으로 팽창한 노동자들이 그동안 억눌려 온 권리와 이익을 요구하는 대폭발의 기회였다.

1987년 이후의 민주화 이행은 국가 일방주의와 성장 우선주의에 기반을 둔 압축적 산업화·근대화에서 벗어나 정치·경제적으로 민주주의와 시민사회의 다원적 자율성을 제고할 수 있는 계기를 마련했다. 민주화 이전에는 철저하게 억압되었던 사회 갈등은 1980년대 후반 민주화를 계기로 급격히 표출되고 확산되었다. 특히 노사 갈등 및 계층 갈등을 중심으로 폭발한 사회 갈등은 전방위적으로 확산되고 다층에 걸쳐 복합적으로 노정되기 시작했다. 그러나 탈권위주의 시대에 적합한 합리적이고 민주적인 권위를 형성하는 데 실패하면서 갈등은 증폭되고 더 복잡한 양상을 보이게 된다(박길성 2009, 21).

사회 갈등이 더욱더 조직화되고 적극적으로 표명된 시기는 1997년 경제 위기 이후라고 할 수 있다. 위기 극복을 위한 신자유주의적 구조 개혁 과정에서 극단적인 노사 갈등은 물론, 계급 갈등, 정책 갈등 등이 나타났다. 물론 경제 위기를 극복하고 이것이 가져온 사회적 부담을 나누는 과정에서 사회적 갈등을 관리·조정하려는 제도와 실천이 등장했다. 김대중 정부 초기에 도입된 한국의 노사정위원회(노사정위)는 서구에서 노사정 협의 체제가 1960년대 말 이후 경제 위기 극복 방안으로 도입되었던 것과 마찬가지로 '경제난 극복을 위한 노사정 3자의 고통 분담에 관한 사회 협약' 추진을 목적으로 1998년 1월 출범했다. 그러나 정리 해고제의 법제화와 노동기본권 신장(伸張)을 교환한다는 전략적 균형 위에서 설립된 노사정위는, 국가가 정리 해고 수용의 대가로 제공하기로 했던 합의 사항들을 지키지 않자 노동계가 불참하는 등 유명무실한 기구로 전락했다(김순영 2005, 264). 한국의 노사정위는 사실상 노동자에게 고통을 전가하면서 이에 대한 노동자들의 추인을 얻어 내기 위한 형식적 추인 기관, 즉 사회 코포라티즘의 형식을 빌린 국가 코포라티즘의 성격을 갖는 것으로, 이는 사회경제적 민주주의의 후퇴를 의미하는 신자유주의를 강제하기 위한 '신자유주의적 코포라티즘'이라는 문제점을 안고 있었다(손호철 1999, 179).

이후에도 각 정부의 사회 갈등 제도에 대한 관심은 계속되었다. 참여정부는 나날이 증폭되고 있는 사회 갈등의 부정성에 착안해 정권 초기부터 갈등 관리를 전담하는 수석비서관을 청와대에 두는가 하면, 대통령 산하 지속가능위원회에서 '갈등관리기본법'을 입법예고하는 등 갈등 관리를 위한 노력에 힘을 쏟았다(이병량 외 2008, 51). 이명박 정부 역시 2007년 2월 〈공공기관의 갈등 예방과 해결에 관한 규정〉을 제정했고, 2009년 5월 기획재정부의 갈등관리심의위원회를 설치했고, 2009년 12월 사회통합위원회를 창설했으며, 2010년 7월 청와대 사회통합수석을 신설했다. 그럼에도 한국 정치사회의 양극적 갈등 구조와 치열한 갈등 양상은 좀처럼 해소되지 못하고 있다(엄상윤 2010, 243).

더군다나 경제 위기 이후 급격하게 도입된 신자유주의적 경제정책에 따른 사회적 양극화의 심화는 빈부 갈등은 물론 가계와 기업, 대기업과 중소기업, 수출산업과 내수산업, 정규직과 비정규직의 차이를 확대하고 이들 간의 갈등을 증폭하고 있다. 그만큼 사회 갈등의 양태가 복잡하고 다층화되었음을 알 수 있다. 문제는 갈등이 증폭되고 있다는 사실보다 갈등을 해소하거나 완화할 수 있는 정치적 메커니즘이 부재하다는 데 있다. 민주화는 이루어졌지만 이때의 민주화는 이익과 가치의 다원화에 조응하지 못하는 협애한 이념적 대표 체계 위에서의 민주화였다. 민주화되었음에도 사회 갈등을 집약하고 이를 대표해야 할 정당 체제가 좌와 중도를 배제한 우파만의 보수 독점적인 이익대표 체계라는 권위주의적 특징에서 벗어나지 못함으로써 좀 더 다층화되고 복합적인 사회 갈등을 관리하고 조정하는 데 실패할 수밖에 없었다.

4. 한국 사회 갈등의 구조와 성격

여기에서는 앞에서 본 국가 형성, 산업화, 민주화 과정을 통해 한국 사회의 갈등 구조가 어떻게 만들어졌는지를 살펴보고자 한다. 그리고 이런 구조를 기반으로 한국의 사회 갈등들이 실제 어떻게 나타나고 있는지를 구체적인 갈등 유형을 통해 검토함으로써 한국 사회 갈등의 성격을 드러내고자 한다.

1) 한국 사회 갈등의 구조

지금까지 살펴봤던 한국 사회 갈등은 시기적으로 볼 때 1987년 민주화 이전의 '갈등 억압 및 잠재기'를 거쳐 민주화 이후부터 1997년 경제 위기 이전까지의 '갈등 폭발기', 그리고 경제 위기 이후 현재까지의 '갈등 다변화 및 심화기'의 세 단계로 발전해 왔다고 할 수 있다.

사회 갈등의 시기별 변화를 보면 먼저 해방 이후 민주화 시기까지는 분단과 독재에 기반을 둔 이념 갈등과 민주화를 둘러싼 정치 갈등이 주요 갈등 유형으로 나타났다. 대표적인 갈등 사례는 조봉암과 진보당 사건, 4·19, 부마 사태, 광주 민주화 운동 등을 들 수 있다. 분단과 남한 단독정부의 수립, 한국전쟁과 휴전으로 이어지는 해방 8년사에는 반탁과 찬탁의 대립, 여순 사건, 제주 4·3, 한국전쟁 등 치열한 이념 내립이 있었다. 하지만 그 뒤 1987년 민주화가 이뤄질 때까지 갈등은 심각하게 드러나지 않았다. 극우 반공주의가 국가뿐 아니라 정치사회와 시민사회 전체를 지배함으로써 이념적 차이가 나타나는 것을 철저히 억압했기 때문이다. 이런 가운데 조봉암과 진보당의 등장은 매우 예외적인 사건이었으나, 이후에는 그런 갈등마저도 사라져 버릴 수밖에 없었다.

민주화부터 경제 위기까지는 민주화 운동에 이은 '7, 8월 노동자 대투쟁'이 보여 주듯이 노동자 투쟁이 주요 갈등 유형이었다. 또한 1987년 대통령 선거 이후 양김의 분열에 따른 지역 갈등이 선거의 주요 균열로 자리 잡게 되면서 지역을 둘러싼 갈등 역시 주요 갈등의 하나로 등장했다. 그뿐 아니라 1980년 광주 민주화 운동 이후 진보 운동이 성장하고, 1989년 3월의 문익환 목사를 시작으로 서경원 의원, 황석영 작가, 임수경 학생 등의 방북 행렬이 이어지면서 남북문제를 둘러싼 갈등 역시 가시화되었다(손호철 2006, 34).

표 1-2 | 한국 사회 갈등의 시기별 변화

	1945~87년	1988~97년	1997년 이후
시기 특성	갈등 억압 및 잠재기	갈등 폭발기	갈등 다변화 및 심화기
갈등 유형	이념 갈등, 민주화를 둘러싼 갈등	이념 갈등, 노사 갈등, 지역 갈등	이념 갈등, 지역 갈등, 노사 갈등, 정책 갈등, 계급 갈등, 이익 갈등, 다문화 갈등, 생태 환경 갈등, 성 갈등
갈등 사례	조봉암·진보당 사건, 4·19, 부마 사태, 광주 민주화 운동	노동자 대투쟁, 지역주의 선거, 노동법 투쟁	한미 FTA, 촛불 시위, 비정규직 문제, 세종시 논란, 토목 건설 사업, 도시재개발 사업
갈등 배경	분단, 독재	민주화, 노동권 강화	신자유주의, 양극화

경제 위기 이후는 신자유주의의 급격한 수용으로 계급 갈등(빈부 갈등)이 주요 갈등 유형으로 등장했지만 이익 갈등, 정책 갈등, 성 갈등 등 갈등 유형이 다변화되고 기존 갈등이 심화되는 특징을 보이고 있다. 특히 김대중·노무현으로 이어지는 개혁적 정부가 등장하면서 대북정책을 필두로 이 정부들의 정책에 대한, 보수정당의 반대를 비롯한 시민사회 내 진보와 보수의 갈등이 더욱 심화·증폭되었다.

앞에서도 지적했듯이 권위주의 아래 억압되었던 사회 갈등은 민주화 이후 폭발하면서 다변화되었지만 그것이 한국 사회와 민주주의를 발전시키는 긍정적인 요소라기보다는 한국 사회를 끝없이 파편화하고 분열시키는 요소로 작용하고 있다. 서구 선진국의 경우 경제성장과 민주주의의 발전은 사회적 갈등을 제도적 차원에서 수렴하는 과정이었다고 할 수 있다. 따라서 서구 선진국들은 산업화의 진전과 민주주의의 제도화에 기반을 두어 갈등을 제도화하고 사회 통합을 유지해 왔다. 하지만 한국이 해방 이후 국가 형성, 산업화, 민주화라는 근대화의 세 과제를 성공적으로 이끌어 냈다고는 하나, 이는 냉전 반공주의의 한계 위에서 만들어진 비민주적 경제체제이고 정치체제였다. 그 과정에서 현재까지 지속되고 있는 한국 사회 갈등의 주요한 구조적·제도적 특성들이 만들어졌다.

무엇보다 중요한 것은 사회 갈등에 대한 인식이 심각하게 왜곡되었다는 사실이다. 갈등이란 민주주의에서 정치를 조직하는 기반이자 중심 동력이라고 할 수 있다. 또한 그것은 외부에서든 내부에서든 누군가에 의해 위로부터 국가적 목표가 불러들여지고 그에 따라 국민이 동원되는, 이념과 가치가 일체화된 사회에 대항하는 다원적이고 민주주의적인 사회 세력과 가치의 도전을 의미한다고 할 수 있다(최장집 2009, 62-63). 따라서 갈등은 정치체제에 대한 참여로부터 배제되고 공동체가 산출하는 사회적 성과의 배분으로부터 소외된 집단의 조직화된 반대를 가능케 하는 기제라 할 수 있다. 다시 말해 민주주의 아래에서는 갈등을 통해서만 반대의 조직화가 가능하고, 갈등의 확대와 그에 따른 지지의 확산을 통해서만 이 조직화된 반대들이 정치체제 내로 통합되면서 자신들의 요구를 실현할 수 있다. 이 속에서 권력은 선제와 균형을 통해 녹점적이고 독단적으로 사용되지 않고 시민들에게 책임을 갖는 방향으로 운영될 수 있는 것이다.

그러나 냉전 반공주의에 기반을 둔 협애한 이념적 정치체제와 노동의 배제에 기반을 둔 왜곡된 경제체제는 사회 갈등을 부정적인 것으로 인식하게 했다. 이런 정치·경제적 조건에서 갈등은 단일한 국가적 목표, 예컨대 경제성장, 국가 경쟁력 강화, 경제 살리기 등을 실현하는 데 방해가 되는 분열적·해악적 징후 내지 현상으로 이해되었다. 한국 사회의 지배적인 담론이나 교육도 갈등을 부정하면서 일방적으로 사회 통합을 강조하는 내용으로 구성되어 있다. 사회 갈등에 대한 이런 부정적 인식은 민주화 이후에도 크게 변하지 않았다.

냉전 반공주의를 헤게모니로 한 정치 경쟁의 지형은, 광범위한 이념적 스펙트럼을 갖는 정치 경쟁을 불가능하게 하고 협애한 흑백논리적 양자택일로 정치를 축소했다. 이런 구조 아래에서는 민주주의 자체가 발전하기 어려울 뿐 아니라, 열린 이념적 공간 위에서 진보와 보수 간의 자유로운 정치 경쟁도 가능할 수 없었다. 결국 냉전 반공주의는 정치의 대표 체계를 협소화했을 뿐 아니라 이것을 시민사회와 수평적으로 연계하기 어렵게 만듦으로써 한국 사회에서 이념 갈등이 아무런 매개 없이 극단적으로 분출하는 구조를 허용했다.

2) 민주화 이후 한국 사회 갈등의 유형과 특징

여기에서는 민주화 이후 나타나고 있는 주요 사회 갈등으로서 이념 갈등, 지역 갈등, 노사 갈등, 빈부 갈등을 중심으로 한국 사회 갈등의 특징을 찾아보고자 한다. 먼저 이념 갈등과 지역 갈등은 냉전 반공주의의 영향으로 만들어진, 이념적으로 협소한 정당 체제와 관련해, 그리고 노사 갈등과 빈부 갈등은 권위주의적 산업화가 만들어 낸 재벌 중심, 노동 배제의 경제체제를 중심으로 살펴볼 것이다.

(1) 정당 체제의 문제 : 이념 갈등과 지역 갈등

좌는 물론 중도 세력마저 인정하지 않는 보수 독점적 정당 체제의 성립은 분단 정부 수립과 한국전쟁을 겪으면서 만들어진 뿌리 깊은 이념 갈등을 우리 역사에서 가장 전통적이고 극단적인 갈등 형태로 만들어 왔다. 전 세계적으로 현실 사회주의 국가들이 몰락하고 냉전 체제가 해체되면서 이념 간 갈등과 모순이 크게 약화되었음에도 이런 이념 갈등은 한국 사회에서 오히려 확대되고 있다. 특히 김대중 정부의 남북정

상회담 이후 햇볕 정책에 대한 대북 지원 퍼주기 논쟁에서부터 북한 인권 문제, 북한 핵 문제 등에 이르기까지, 정부 정책을 친북·용공으로 보는 시민사회와 정치사회의 냉전 세력들에 대한 대결이 이어져 왔다. 이런 현상은 노무현 정부 들어서 더욱 심화되어 주요 국경일에 한 장소에서 보수와 진보를 대표하는 집단들이 상반된 집회를 열고 있는 것이 현실이다(손호철 2006, 41-42).

하지만 보수와 진보 간의 극한적 이념 대결이 민주화 이후 더욱 첨예해졌다고 관찰되는 것과는 달리, 한국 사회의 이념 갈등을 다룬 그간의 많은 연구들은 한국의 이념 갈등이 일반적으로 인식하는 것처럼 심각하지는 않다는 경험적 분석 결과를 보여 주고 있다(윤성이 2006; 한준 2006; 김무경·이갑윤 2005; 강원택 2004). 이 연구들은 '〈국가보안법〉 폐지'를 둘러싼 일부 안보 이슈를 제외하고는 보수와 진보 간의 이념 갈등이 현상적으로 느끼는 것만큼 심각하지는 않다고 주장한다는 점에서 공통적이다. 더욱이 이런 안보 이슈조차 극단적 의견이 많은 양극화 현상이 발견되지 않는다는 점에서 그 갈등의 크기가 생각하는 것만큼 크지 않다고 말한다.

설문 조사를 통한 경험적 연구에서 보수와 진보 간의 이념 대립이 아주 심각한 갈등 양상을 보이지 않는 것으로 분석됨에도, 한국 사회에서 현상적으로 드러나는 보수와 진보 간의 극한적 갈등과 대립은 어떻게 설명할 수 있을까?

갈등이 억압되는 조건은 곧 정치가 약화되고 민주주의가 축소되는 환경이다. 정치의 약화를 통해 갈등의 표출이 억압될 때, 그런 갈등이 정치적으로 대표되지 못할 때 갈등은 더욱 파괴적인 양상을 띨 수밖에 없다. 갈등이 억압되면 그 부수적 효과로서 이데올로기의 역할이 커질 수밖에 없기 때문이다. 그리고 이는 더욱더 파괴적인 갈등을 불러오는 원인이 된다.

　그러나 무엇보다 이런 이념 갈등의 극단적 분출은, 집권자들이 정권의 반대자나 비판자들을 억압할 무기로 활용하기 위해 오히려 조장해온 측면이 없지 않다. 다시 말해 이념 갈등이 실재보다 더 극단적으로 보이게 하는 것은 그로부터 이득을 얻으려는 집단이 존재하기 때문이다. 보수와 진보 간 이념 거리보다 북핵 등 북한 관련 이슈에 대한 보수 정치권, 시민 단체, 언론, 학계 등이 주도한 담론의 효과가 더 중요하게 작용한다. 북한 인권 문제를 제기하며 북한 정권을 비난하는 단체의 선언문 채택이나 전단 살포, 시위나 집회를 통한 극단적 행위(화형식 등)들이 표출되고 이런 행위와 관련해 언론·학계의 담론 활동이 이어지면서 진보와 보수 간의 이념 대립이 극한적으로 확대되고 있다고 느끼게 한다는 것이다. 결국 한국 사회 내 이념 갈등이 우리가 현상적으로 느끼는 것만큼 심각하지 않음에도 모든 사람이 심각하다고 느끼는 것은 보수와 진보 간의 실제 이데올로기적 거리감보다 더 먼 것처럼 과장해 생각하게 만드는 담론의 효과 때문이다.

　우리 사회의 이념 갈등 문제는 보수와 진보 사이에 공론의 장이 존재하지 않으며, 합의의 통로 없이 상대방을 고려하지 않는 일방적인 소통 구조를 갖고 있다는 데 있다. 갈등이 이렇게 표출되는 구조에서는 합의에 기반을 둔 사회 통합은 물론이고 합리적 대화와 토론조차 기대하기 어렵다. 그러나 무엇보다 이런 이념적 차이를 정치적으로 대표할 수 있는 정당 체제가 만들어지지 못함으로써 정치적으로 해결되어야 할 갈등들이 해소되지 못하는 것이 극단적 이념 갈등을 낳는 가장 큰 원인이라고 할 수 있다.

　지역 갈등 역시 냉전 반공 체제가 만든 정당 체제의 한 결과로 설명할 수 있다. 평소에는 크게 중요하거나 심각하지 않은 지역감정이 선거

때만 되면 표의 지리적 분절로 나타나는 것은 이념적·계층적 갈등이 억압된 정치체제의 직접적인 결과라 할 수 있다. 민주적 개방 이후 지역은, 사회의 다른 직능적·계층적 갈등과 이익·열정이 표출되고 동원될 수 있는 정치적 경쟁이 이뤄지기 어려운 상태에서, 정치 엘리트와 정당이 선거 경쟁에서 승리하기 위해 동원할 수 있던 가장 손쉬운 정치적 자원이었다. 그 결과 민주화 이후 지배적 정당 체제로 지역 정당 체제가 만들어졌다. 샤츠슈나이더는 정치적 갈등 축이 여러 가지 대안을 중심으로 선택적으로 형성될 수 있으며, 기존의 정당 체제는 여러 대안 가운데서 다른 것들이 억제되고 특정의 갈등 축이 선택된 결과라는 사실을 강조한다. 따라서 특정한 정당 체제는 두드러진 갈등 축이 되도록 선택된 것과 억제된 것이 짝을 이룬 하나의 세트라고 할 수 있다.

이런 의미에서 볼 때 한국의 지역 정당 체세는 민주적 개방과 더불어 대중 동원이 필요했을 때, 다른 나라에서 일반적으로 발견되는 것처럼 정치 갈등의 영역을 전국적으로 최대화하는 계층적·직능적·기능적 이익과 균열을 따라 대중을 동원한 것이 아니라, 기존 구 정당 체제의 틀 속에서 지역을 수직적으로 분획함으로써 국지화된 갈등 축을 따라 대중을 동원한 결과라 할 수 있다(최장집 2010, 132-133).

정치학자 샤츠슈나이더는 선거 결과로 나타난 표의 지역적 편차는 지역주의의 결과가 아니라 기능 이익에 기반을 둔 갈등이 억압되는 정도를 말해 준다고 주장한다. 사르토리G. Sartori 역시 표가 지리적으로 큰 편차가 생기는 것은 정당 체제의 이념적 범위가 협소할 때 나타나는 일종의 부수 현상일 뿐이라고 말한다. 정당 간 이념 거리가 분명해지는 이슈가 등장할 때 표의 지역적 응집성은 약화된다는 것이다. 유럽과는 달리 노동에 기반을 둔 사회주의 정당이 없는 미국이나, 보수당과 노동당의 이념적 차이가 크게 줄어든 블레어 시대의 영국 선거가 지역적으로 표의 분포가 큰 편차를 보이는 것이 대표적인 예라 할 수 있다(박상훈 2009, 198). 한국에서 선거 때마다 지역적 선거 결과가 나타나는 것은 이념적 정당이 부재하기 때문이라고 할 수 있다. 따라서 한국의 정치가 이념적·계층적 이익과 균열을 대표할 때 지역적 선거 결과는 약화될 수밖에 없다.

(2) 경제체제의 문제 : 노사 갈등과 빈부 갈등

재벌 중심, 노동 배제의 불평등한 경제체제는 한국 사회의 노사 갈등 역시 죽음을 불사하는 극단적인 것으로 만들었다. 한국의 산업화와 경제 발전의 주역이었던 노동이 민주화 이후에도 경제적 성과물의 분배에서 소외될 뿐만 아니라 정치적으로 대표되지 못한 것은 격렬한 노사 갈등으로 이어졌다.

개발 주도형 국가 체제 아래서 성장 위주의 경제정책으로 노조 활동이 철저히 봉쇄되면서 노사 갈등은 간헐적으로 표출되는 데 머물렀다. 하지만 1987년 민주화 이후 억제되었던 욕구가 폭발적으로 분출하면서 극단적인 노사 간 갈등을 경험하게 된다. 이때까지 한국 사회의 노동조건은 저임금 수준에 노동 3권도 보장되지 않을 정도로 열악했다. 결과적으로 노사 갈등은 분출되자마자 전국적으로 확산되었다. 노사 갈등의 근본적인 원인은 경제성장에 따른 부의 축적과 그 배분을 둘러싼 불만이라고 할 수 있지만, 근본적으로는 군사 문화적 억압 구조 아래 사측이 보인 권위주의적 사고와 태도에 기인한다. 노동자를 인간으로 보기보다는 효율적인 생산성을 위한 하나의 기계적 요소로 보는 인식이 문제다. 기업주는 경제적 수요·공급의 시장 원리에 의해 이익 창출과 축적에만 노력했지, 노사 간의 공정한 경쟁 원리에 의한 쟁의권이 박탈된 상태에서 상대적으로 저임금의 고통을 감내했던 노동자와의 동반적 관계를 인정하지 않았다. 이런 점에서 민주화의 물결에 의해 노동자의 상대적 박탈감이 분출해 대규모로 확산되었던 현상은 결코 우연이 아니다. 부의 분배 문제는 여전히 한국 사회에 지속적으로 남아 있는 중요한 갈등 현상임에 틀림없다(서문기 외 2001, 38-39).

한국 사회에서 매년 벌어지는, 노조 총파업으로 상징되는 극렬한 노사 갈등은 결코 한국 노조의 강함을 의미하지 않는다. 정리 해고 조치에 맞서 죽음까지 불사하는 노동자의 대항은 노동의 약함을 반영한다. 노동이 강한 유럽을 비롯한 선진국에서는 결코 노사 간의 관계가 극렬한 갈등으로 점철되지 않는다. 노동이 자신이 누려야 할 정당한 경제적 몫을 합법적으로 분배받지 못함은 물론, 자본이 그것을 수용하게 할 정치적 대표 체계가 없는 한국에서 자본과 노동의 관계가 극렬한 갈등으로 치닫는 것은 당연하다.

권위주의적 산업화 과정 속에서 '선 성장, 후 분배' 전략에 따라 노동자의 저임금, 장시간 노동, 산업재해 등 열악한 노동조건은 물론, '부익부 빈익빈'이라는 상대적 박탈감으로 말미암아 노동의 불만은 축적되었다. 하지만 강력한 노동 통제 아래 노동자의 참여가 철저히 배제됨으로써 노사 간의 갈등은 제도적으로 해소되지 못한 채 총파업과 강경 진압이 반복되는 악순환의 고리를 끊지 못하고 있다. 노동자가 경제적 분배에 대한 논의에 참여하거나 정치적으로 대표될 기회가 제도적으로 보장되지 않음으로써 노사 간의 갈등은 더욱 격렬하게 표출되고 있다.

민주주의가 그 정의定義상 대중의 정치 참여와 이를 통한 대중조직들 간의 자유로운 선거 경쟁을 통해 대중 권력을 실현하는 체제라고 할 때, 노동자계급의 정치 참여를 허용하지 않는 것은 단순히 사회의 여러 다원적 사회집단 가운데 하나를 금압하는 것이 아니라 생산의 관계나 사회관계에서 그 중심에 위치하는 집단의 하나를 금압한다는 점에서 심각한 문제다. 한 사회의 핵심 집단으로서 노동의 경제적·정치적 참여를 금지할 때 이를 민주주의라고 부르기는 어렵다. 노동이 경제적 분배에서든 정치적 정치 참여에서든 배제되지 않고 정치과정에 통합될 수 있을 때에야 비로소 지금처럼 파업과 진압으로 점철된 극렬한 갈등이 반복되지 않을 것이다.

권위주의하에서도 경제성장과 고용 증대만으로 빈곤과 불평등 문제를 어느 정도 해결할 수 있었던 한국은 1997년 IMF 경제 위기를 겪으면서 급격한 빈곤과 불평등을 경험했다. 경제 위기 이후 사회 양극화 현상은 가계와 기업 간, 대기업과 중소기업 간, 정규직과 비정규직 간, 수출산업과 내수산업 간, 제조업과 서비스업 간에 나타나고 있다. 무엇보다 기업의 실질소득 증가율이 급증한 반면, 개인의 실질소득 증가율은 급격히 떨어졌다. 그 결과 전체 소득에서 개인 부문이 차지하는 비중(노동소득분배율)은 경제 위기 이후 크게 하락한 반면, 기업 부문의 비중(자본 소득분배율)은 가파르게 상승했다. 이 같은 사실은 경제 위기 이후 경제성장의 과실이 가계와 개인의 이익을 축소하고 기업의 이익을 확대하는 데 집중되었음을 보여 준다.

소득 양극화 현상은 무엇보다 정규직과 비정규직의 양극화에서 더욱 분명하게 드러난다. 1990년대 중반부터 노동시장 유연화 정책이 본격적으로 시행된 결과, 비정규직 비율은 1990년대 중반부터 증가하기 시작해 경제 위기 이후 더욱 확대되어 2011년 8월에는 전체 노동자의 49.4퍼센트인 865만 명에 이른다. 문제는 정규직 대비 비정규직의 임금 격차가 심각하다는 데 있다. 월 임금 총액 기준으로 2008년 3월 50.3퍼센트에서 2010년 3월 46.2퍼센트까지 확대되다가, 2011년 3월에는 47.9퍼

표 1-3 | 소득 양극화 추이

	2006년	2007년	2008년	2009년	2010년	2011년
소득 5분위 배율*	5.38	5.60	5.71	5.75	5.66	5.73
지니계수**	0.330	0.340	0.344	0.345	0.341	0.342
상대적 빈곤율***	16.6	17.3	17.5	18.1	18.0	18.3

주 : * 소득 5분위 배율(가처분소득 기준; 단위 : 배) : 소득 상위 20퍼센트인 5분위 계층의 소득과 하위 20퍼센트인
1분위 계층의 소득을 비교한 것.
** 지니계수(시장 소득 기준) : 0과 1 사이의 수치로 1에 가까이 갈수록 불평등도가 심해짐.
*** 상대적 빈곤율(시장 소득 기준; 단위 : %) : 소득이 중위 소득의 50퍼센트 미만인 계층이 전체 인구에서 차지
하는 비율.
자료 : 통계청.

센트, 8월에는 48.6퍼센트로 조금 축소되었다. 하지만 남자 정규직 임금
을 1백 퍼센트라 할 때 여자 정규직 임금은 66.4퍼센트, 남자 비정규직
임금은 51.7퍼센트, 여자 비정규직 임금은 40.5퍼센트로 그 격차가 매
우 크다(김유선 2011, 2).

2011년 기준 양극화를 보여 주는 소득 5분위 배율, 지니계수, 상대
적 빈곤율 등 3대 소득분배 지표 모두에서 양극화가 심해진 것으로 나
타났다. 소득 5분위 배율은 5.73으로 2010년에 비해 증가했다. 지니계
수는 0.342로 2010년 0.341에 비해 상승했으며, 상대적 빈곤율 역시
18.3퍼센트로 2006년 이래 가장 높은 수치를 기록했다〈표 1-3〉 참조).

더 큰 문제는 양극화 속도가 너무 빨라 정부의 복지 혜택이 효과를
거두지 못한다는 데 있다. 게다가 현재의 사회적 양극화 수준에 비하면
정부의 복지 정책은 이를 충분히 해소하기 어렵다는 한계를 갖는다. 아
직 빈부 갈등이 직접적인 사회적 갈등으로 표출되고 있지는 않지만, 양
극화가 심각한 수준으로 확대되고 있는 만큼 이에 따른 사회적 충돌이
발생할 때 그 파괴력과 파급력은 매우 심각하리라고 예상할 수 있다.

경제 위기 과정에서 한국의 경제·사회 시스템은 대대적으로 변화했
지만 그 과정에서 나타날 수 있는, 이익을 둘러싼 갈등과 경쟁, 그리고

그 결과에 따른 사회적 합의는 이뤄지지 않았다. 민주주의란 시민으로서의 인민들이 좀 더 평등하게 분배된 권리를 가지고 자신들이 소유하지 못한 자원들을 어떻게 할당할지에 대한 선호preference를 표현할 수 있게 해주는 체계라고 할 수 있다(쉐보르스키 1999, 16). 하지만 정부는 경제 위기에 따른 고통을 배분하는 과정에서 표출된 갈등을 조정하고 사회적 합의를 이끌어 내는 민주적 리더십을 발휘하지 못했다. 그 결과, 신자유주의적 정책을 급격히 수용함으로써 발생한 사회 양극화와 빈곤의 확대에 따른 빈부 갈등 역시 심각한 사회문제가 되어 가고 있다.

5. 결론

한국은 해방 이후 분단된 국가 형성, 산업화, 민주화라는 근대화의 세 과제를 성공적으로 이끌어 냈다. 하지만 그것은 냉전 반공주의의 한계를 바탕으로 한 국가 형성이었고, 권위주의와 노동 배제를 내용으로 한 산업화였으며, 이익과 가치의 다원화에 조응하지 못하는 협애한 이념적 대표 체제 위에서 달성한 민주화였다. 그 과정에서 현재까지 지속되고 있는 한국 사회 갈등의 주요한 구조적·제도적 특성들이 만들어졌다.

여기서 문제가 되는 것은 갈등이 증폭되고 있다는 사실 자체보다는 갈등을 해소하거나 완화하는 정치적 메커니즘이 결핍되었거나 부재하다는 데 있다. 근본적으로 사회 통합의 위기는 경제적 분배와 정치적 참여가 원활히 이뤄지지 않는 곳에서 발생한다. 분배 친화형 자본주의와 참여 보장형 민주주의가 발전된 선진국에서는 사회 통합이 안정적으로 유지되고 있다.

한국 사회 갈등의 역사와 갈등 관리의 경험에 비추어 볼 때, 갈등의 조정·관리는 단순히 행정부나 시민사회에 의한 조정 제도를 확립하는 것만으로는 충분하지 않다. 1990년대 이후 민주화가 진전되면서 사회 갈등에 대한 인식이 전환된 것은 사실이다. 과거 권위주의적·억압적 갈등 관리에서 탈피해 갈등 당사자들 간 합의를 유도하는 갈등 관리 장치를 마련하기 위한 시도가 지속적으로 이뤄지고 있다. 그러나 사회 갈등 관리 기구의 형식적 존재가 사회 갈등의 제도적 수렴을 보장하지는 않는다. 갈등의 문제는 갈등 관리의 거버넌스, 사회정책, 토론과 협상 같은 문화적 수준의 행위 양식뿐만 아니라 생산구조와도 밀접하게 관련된다. 따라서 사회 갈등이 가져올 사회 분열의 파괴적 역기능을 최소화하고 민주주의 발전의 순기능을 극대화하기 위한 갈등 관리의 제도화는 근원직으로 자본주의 체세의 변화와 더불어 민주주의 제도의 변화를 수반해야 한다. 이는 분배 친화형 자본주의와 참여 보장형 민주주의로의 발전을 필요로 한다.

자본주의와 민주주의의 제도적 유형과 성격은 사회 갈등의 발생과 표출 방식, 조정·관리에 직접적인 영향을 미친다. 따라서 한국 사회의 극단적 갈등을 해결하고 좀 더 사회 통합적인 사회를 만들기 위해서는 분배 친화적인 자본주의와 참여 보장적인 민주주의가 발전할 수 있도록 하는 것이 중요하다. 정치와 경제에서의 참여 확대야말로 사회 갈등을 사회 발전의 원동력이 되게끔 하는 가장 중요한 변화라 할 수 있다.

| 참고문헌 |

강원택. 2004. "남남 갈등의 이념적 특성에 대한 경험적 분석."『남남 갈등 진단 및 해소 방안』. 경남대 극동문제연구소.

기미야 다다시. 2008.『박정희 정부의 선택』. 후마니타스.

김무경·이갑윤. 2005. "한국인의 이념정향과 갈등."『사회과학연구』13집 2호. 서강대학교 사회과학연구소.

김세중. 2001. "박정희 산업화체제의 역사적 이해 : 발전국가 체제 형성의 역사사회학."『한국정치연구의 쟁점과 과제』. 한울.

김순영. 2005.『위기의 노동』. 후마니타스.

김유선. 2011.『비정규직 규모와 실태 : 통계청, '경제활동인구조사 부가조사'(2011.8) 결과』. 한국노동사회연구소.

래니, 오스틴. 1999.『현대 정치학』. 권만학 외 옮김. 을유문화사.

박길성. 2009. "한국 사회의 갈등 지형과 경향."『한국인의 갈등의식 : 2007년 한국인의 갈등의식 조사 결과 분석』. 고려대학교출판부.

박상훈. 2009.『만들어진 현실 : 한국의 지역주의, 무엇이 문제이고, 무엇이 문제가 아닌가』. 후마니타스.

박찬표. 2007.『한국의 국가 형성과 민주주의』. 후마니타스.

_____. 2010.『한국의 48년 체제 : 정치적 대안이 봉쇄된 보수적 패권 체제의 기원과 구조』. 후마니타스.

샤츠슈나이더, E. E. 2008.『절반의 인민주권』. 현재호·박수형 옮김. 후마니타스.

서문기 외. 2001.『한국 사회 갈등 구조에 대한 이해』. 삼성경제연구소.

선우현. 2002. "한국 사회에서 '진보/보수 간 이념적 대립구도'의 왜곡화 : 대북정책을 둘러싼 '남한 내 갈등 사태'를 중심으로."『진보와 보수』. 이학사.

손호철. 1999.『신자유주의시대의 한국정치』. 푸른숲.

_____. 2006.『해방 60년의 한국정치 1945~2005』. 이매진.

쉐보르스키, A. 1999.『자본주의사회의 국가와 경제』. 박동·이종선 옮김. 일신사.

엄상윤. 2010. "21세기 한국 정치사회의 갈등 구조와 양상 : 한국적 '이중딜레마'와 정책노선 갈등의 양극화·치열화."『세종정책연구』제6권 2호.

윤성이. 2006. "한국 사회 이념 갈등의 실체와 변화."『국가전략』제12권 4호.

이명진. 2009. "갈등 과정과 사회집단의 영향력 평가."『한국인의 갈등의식 : 2007년 한국인의 갈등의식 조사 결과 분석』. 고려대학교출판부.

이병량 외. 2008. "한국 사회 갈등 구조의 진단과 해석 : 수준, 원인, 대안을 중심으로."『한국공공관리학보』제22권 제4호.

조현연. 2008. "한국 민주주의와 군부독점의 해체 과정 연구."『복합적 갈등 속의 한국 민주주의』. 한울.

조희연. 2007. "한국의 이념 갈등과 '진보의 혁신', '보수의 혁신'." 한국정치학회·한국사회학
　　회 엮음. 『한국 사회의 새로운 갈등과 국민통합』. 인간사랑.
_____. 2010. 『동원된 근대화』. 후마니타스.
최장집. 1988. 『한국의 노동운동과 국가』. 열음사.
_____. 1989. 『한국현대정치의 구조와 변화』. 까치.
_____. 1996. 『한국 민주주의의 조건과 전망』. 나남.
_____. 2009. 『민중에서 시민으로 : 한국 민주주의를 이해하는 하나의 방법』. 돌베개.
_____. 2010. 『민주화 이후의 민주주의 : 한국 민주주의의 보수적 기원과 위기』. 개정판. 후마
　　니타스.
한국여성개발원. 2005. 『국민통합을 위한 사회 갈등 해소방안』. 한국여성개발원.
한준. 2006. 『한국의 이념 갈등 현황 및 해소방안』. 한국여성개발원.

Dahrendorf, Ralf. 1988. *The Modern Social Conflict*. University of California Press.
Deyo, Frederic C. 1987. "State and Labor in East Asia." Frederic Deyo ed. *The Political Economy of the New Asian Industrialism*. Cornell University Press.
Lipset, S. M. 1960. *Political Man : The Social Bases of Politics*. Doubleday.
Marshall, T. H. 1964. *Class, Citizenship and Social Development*. Doubleday.
Sargent, L. T. 1993. *Contemporary Political Ideologies : A Comparative Analysis*. Wadsworth Publishing Co.

| 2장 |

한국 자본주의 체제의 진화와 사회 갈등
생산 레짐론적 재조명

조혜경

1. 서론

해방 이후 한국 자본주의 체제는 세 번의 중대한 전환을 경험했다. 첫 번째 전환점이 된 것은 1961년 군사 쿠데타로 권력을 장악한 박정희 정권의 수출 지향적 후발 산업화 전략이었다. 이 시기에 확립된 권위주의적 개발 연대 체제는 한국형 자본주의 모델의 원형인 동시에 제도적 기원이라고 할 수 있다. 두 번째 중대한 전환점은 1987년 민주화 항쟁과 노동자 대투쟁으로 촉발된 정치 민주화와 경제 자유화 시대의 개막이다. 이 시기에는 권위주의적 발전 연대 체제의 극복과 민주주의와 시장 경제의 병행 발전을 목표로 내세운 위로부터의 점진적 구조 개혁이 이뤄졌다. 그러나 경제 자유화 개혁은 1997년 말 파국적인 외환 위기로 귀결되었고, IMF 관리 체제 아래 추진된 더욱 강도 높은 신자유주의적 구조 개혁으로 한국 경제는 다시 한 번 중대한 전환점을 맞았다. 외환 위기 이후의 구조 개혁은 권위주의적 발전 연대 체제가 낳은 역사적 유산을 극복한다는 측면에서 1987년 이후 본격화된 경제 자유화와 개방화 시대의 연장선상에 있다고 할 수 있다. 그러나 '개방을 통한 충격요법'으로 한국 자본주의의 체제적 전환을 시도한 정치적 프로젝트라는 점에서 이전 시기와는 구분된다. 외환 위기 이후 경제개혁 프로그램은 한국형 자본주의 모델의 대척점에 있는 영미식 자유 시장 자본주의 모델을 이식하는 과정이었다. 이를 통해 한국 자본주의 체제의 질적 전환을 시도했다고 할 수 있다. 그러나 한국형 자본주의 모델의 근간을 이루는 재벌의 독과점 지배 체제에 영미식 자유 시장 제도가 형식적으로 접합되면서 전자에 의해 후자가 포섭되는 결과를 낳았다.

이 장에서는 개발독재가 해체된 이후 한국 자본주의 체제의 신자유주의화가 지닌 특수성을 분석하고, 생산 레짐의 변화와 사회경제적 갈등의 상관관계를 해명하고자 한다. 역사적 제도주의 관점에 입각해 한국 자본주의 체제의 진화 과정을 제도적 변형과 구조적 지속성 사이의 긴장과 모순으로 설명하고, 이런 이중적 진화 과정이 한국 사회 갈등에 미치는 영향에 대해 살펴볼 것이다. 1990년대 이후 한국 자본주의 체제의 변화는 권위주의적 국가주의 패러다임이 경제 자유화와 개방화를 내건 신자유주의적 패러다임으로 대체되는 과정이었다. 그러나 신자유주의 패러다임에 입각한 위로부터의 강도 높은 구조 개혁이 시행되었음에도 한국 자본주의 체제의 제도적 특징은 경로 의존적 지속성을 유지하고 있다. 정치 민주화와 경제 자유화는 억압적 정치권력에 의해 일방적으로 관리·통제되었던 국가-자본-노동 권력관계를 재조정했다. 그럼에도 대기업 주도의 대량생산 체제와 가격경쟁력에 의존한 수출 지향적 성장 모델에는 근본적 변화가 없었으며, 권위주의적 국가주의 패러다임의 근간을 형성한 노동 배제적인 국가-자본의 성장주의적 공조 체제는 그대로 유지되고 있다. 외환 위기 이후 한국 자본주의 체제의 신자유주의적 개조가 진행되어 왔지만, 이런 변화가 한국 자본주의 체제의 제도적·질적 전환을 가져온 것은 아니다. 과거 개발독재 시기부터 현재 신자유주의 개혁의 시대에 이르기까지 한국의 생산 레짐은 재벌의 경제적 실적performance 극대화에 초점이 맞춰져 있으며, 이런 생산 레짐의 특징은 한국 자본주의 체제의 구조적 지속성의 핵심을 이룬다.

한국 자본주의 체제의 경로 의존적 진화 과정과 생산 레짐의 구조적 지속성은 국내 사회경제적 갈등 구도에도 직접적인 영향을 미친다. 한국의 사회경제적 갈등은 국가와 자본의 공생 체제가 보장하는 재벌의 독과점적 이익의 분배를 둘러싼 다양한 이해관계에서 비롯된다. 자율 시장 경쟁, 유연화, 탈규제를 내세운 신자유주의적 구조 개혁이 한편에서는 재벌의 지배력 확대라는 역설적 결과를 가져오고, 다른 한편에서는 고용 불안정과 분배 구조 악화로 인한 사회경제적 불안정성의 증대라는 부작용을 동반했다. 재벌의 경제력이 집중되고 시장 지배력이 확대될수록 사회경제적 양극화가 심화되고, 그에 따라 재벌이 독점한 이익의 분배를 둘러싼 사회경제적 갈등이 증폭되는 악순환이 발생하는 것이다.

2. 기존 연구의 쟁점

개발독재 이후 한국 자본주의 체제의 변화와 내재적 불안정성을 규명하는 학계의 논의는 '한국 경제의 신자유주의화' 담론으로 수렴되고 있다. 자유화와 개방화의 개혁 실험이 실패했다는 공통된 평가가 존재한다. 한국 경제의 신자유주의화와 개혁 실패에 대한 학계의 컨센서스에도 불구하고 1990년대 이후 사회경제적 위기의 원인과 해결 방안을 둘러싸고 상반된 견해가 대립하고 있다. 학계의 논쟁은 크게 국가 강화론, 시장 강화론, 시민 경제 강화론의 세 가지 진영으로 나뉜다.

첫 번째는 신자유주의의 핵심인 시장 만능주의를 비판하는 국가 강화론이다. 국가 강화론은 박정희 시대 '한국 경제의 기적'을 설명하는 발전 국가론을 계승한 것으로, 신자유주의적 세계화 시대에 한국 경제의 경쟁력을 유지할 성장 레짐을 모색하는 데 관심의 초점이 놓여 있다. 이런 맥락에서 영미식 신자유주의 모델에 비해 발전 연대에 체제적 우월성이 있다고 주장한다. 시장 자유화와 개방을 추구하는 신자유주의적 개혁이 국가 후퇴와 한국 경제 경쟁력의 토대인 재벌 체제 약화를 초래했다고 파악한다. 발전 연대 체제의 해체는 사회경제적 불안정성 및 위기의 원인으로 지목되고 국가에 의한 시장 통제와 재벌 체제의 긍정적 기능을 회복해야 한다는 과거 회귀적 해결 방안을 제시하고 있다(신장섭·장하준 2004; 장하준·정승일 2005).

두 번째 입장은 국가 강화론을 정면으로 반박하는 시장 강화론이다. 이 견해에서는 신자유주의적 개혁이 시행되었음에도 재벌 체제가 존속·강화된 현상에 주목한다. 국가 강화론과는 정반대로 재벌 체제를 한국 경제 비효율성의 원천이자, 경쟁력과 성장 잠재력을 저해하는 요인으로 규정한다. 사회경제적 위기의 원인을 개발 연대의 유산인 정경 유착과 관치가 존속되는 데서 찾고 있으며, 그 해결 방안으로 관치 종식, 재벌 체제 개혁 및 시장 규율 강화를 주장한다(김상조·유종일·홍종학 2007; 유종일 2008). 국가 강화론과 시장 강화론은 한국 경제가 직면한 문제의 원인과 해법에 대해 서로 상반된 견해를 보이고 있지만 국가 대 시장의 이분법적 논리 구조에 의거한다는 점에서 공통점을 갖는다. 국가 대 시장의 이분법적 논리에서 국가 강화론이 한국 경제의 신자유주의화가 국가 후퇴를 낳고 이에 따른 시장 실패의 위험을 강조하고 있는 반면, 시장 강화론은 관치의 존속과 국가 실패의 위험을 부각시키고 있다.

마지막 입장은 국가 강화와 시장 강화를 모두 비판하는 시민 경제(강화)론이다. 이 입장에서는 경제 자유화의 본질을 자본 권력 강화로 규정하고 자본 권력 강화로 인한 사회경제적 시민권 박탈을 사회경제적 위기의 원인으로 보고 있다. 개발독재 이후의 한국 사회를 "정치적 민주화와 경제적 자유화가 두 갈래로 갈라져 모순적 분열증을 안고 있는 체제"(이병천 2007)로 정의하고, 한국 경제의 신자유주의화를 경제적 자유화가 정치적 민주화를 잠식하는 과정으로 설명한다. 시민 경제론은 국가 강화론의 신자유주의 비판을 공유하면서도 시장경제와 개방의 순기능을 인정하고, 기능주의적 사고의 한계를 드러내는, 국가에 의한 시장규제에 대해서는 비판적 입장을 취하고 있다. 국가 강화론과 시장 강화론의 국가 대 시장의 이분법을 지양하는 한국형 제3의 길을 모색하고 있다. 정치 민주화의 추동 세력인 시민사회를 자본 권력에 대한 통제 주체로 설정하고 계급 협력과 사회적 합의로 갈등을 조정하는 시민적 사회경제를 대안으로 제시하고 있다(이병천 2007; 최태욱 외 2007; 최장집 2010).

앞서 살펴봤듯이 지금까지 개발독재 이후 한국 자본주의 체제 변화에 관한 학계의 연구는 경제 자유화와 개방화 개혁 노선의 신자유주의적 지향과 그 사회경제적 결과를 분석하는 데 집중되고 있다. 신자유주의화 담론에 의거해 개혁의 성격과 방향, 체제 변화의 일반적 경향을 설명하고, 신자유주의 개혁의 산물로서 사회경제적 양극화 현상을 지적하고 있다. 한국 경제의 신자유주의화는 1990년대 이래 전 지구적 차원에서 진행되는 변화 추이를 반영한다. 그러나 1990년대 신자유주의 패러다임의 세계적 확산이 국가별로 상이한 자본주의 체제의 동질화를 의미하지는 않는다. '자본주의 다양성'variety of capitalism 이론이 주장하듯이 신자유주의적 패러다임이 내화되는 방식은 국가별로 차이가 있으며 그 결과

물에서도 역사적 경로 의존성에 따른 자본주의 유형의 다양성은 유지되고 있다(Hall and Soskice 2001; Hancke, Rhodes and Thatcher 2007). 다음 본문에서 자세히 살펴보겠지만 제도 변화의 경로 의존성과 지속성은 한국의 자본주의 체제의 진화 과정에서도 확인된다.

외환 위기 이후 신자유주의적 개혁이 낳은 부작용에 대한 학계의 연구가 축적되고 있으나 개발독재 이후 변화된 한국 자본주의 체제의 성격에 관한 논의는 상대적으로 미흡하다. 대다수 학자들은 신자유주의화 담론에 입각해 한국 자본주의 체제의 변화를 제도적·질적 전환을 의미하는 영미식 주주 자본주의화로 설명하고 있으며, 일각에서는 한국 자본주의의 '금융화' 가설을 제시하고 있다(권우현 2004; 조복현 2004a; 조복현 2007; 김의동 2006). 그러나 주주 자본주의 제도의 도입으로 한국 자본주의의 체제적 성격이 기업의 존재 목적을 주주 이익 극대화에 둔 미국식 모델로 수렴된다고 해석하기에는 무리가 있다. 주주 자본주의적 시장 규율 시스템 도입은 외환 위기 이후 기업 구조 개혁의 핵심이 되었다. 주주 자본주의적 시스템이 총수의 전횡을 억제하고 경영 투명성을 높이는 대안적 모델로 간주되었기 때문이다. 그러나 사외 이사 제도 도입 등 주주 자본주의적 요소가 확산되었음에도 총수 및 창업주 가족을 중심으로 한 피라미드식 소유 구조를 토대로 지배주주가 소유권을 초과하는 통제권을 행사하는 기업 지배 구조의 한국적 특성은 그대로 남아 있으며, 외부 견제 세력으로서 주주의 경영 감시는 작동하지 않고 있다(송원근 2006, 44-46). 위로부터의 개혁이 부분적인 제도적 변형을 강제하고 있지만, 새로이 도입된 제도의 외형적 표현이 한국 자본주의 체제의 근본적 성격을 규정하는 것은 아니다. 예를 들어 자사주 매입, 고배당 등 주주 자본주의의 외형적 특징이 나타나고 있다. 그러나 한국 기업 지배 구조의 본질적 특징, 즉 극소의 지분을 보유한 재벌 총수가 계열사의 순환 출자를 통해 그룹 전체에 대한 완전한 통제 및 지배권을 행사하고 있으며, 재벌 총수가 자신이 행사하는 권한에 상응하는 법률적 책임을 지지 않는 파행적 소유 지배 구조를 주주 자본주의로는 설명할 수 없다. 그 결과 외환 위기 이후 재벌 개혁이 실패했다는 사실에 대해서는 논란의 여지가 없다(이진순 2003, 261-264; 김진방 2004, 185-186; 최정표 2007, 11-14).

이 글에서는 신자유주의 개혁이 초래한 변화와 그 사회경제적 결과를 분석하는 기존의 연구와는 달리 한국 자본주의 체제의 진화 과정에서 나타난 제도적·구조적 지속성에 주목한다. 한국 자본주의 체제의 기본적 성격을 노동 배제와 국가–자본 공생 체제로 규정하고, 이를 한국적 생산 레짐의 특징을 결정하는 핵심 요인으로 간주한다. 생산 레짐은 자본과 노동을 조직하는 방식이다. 이 글에서는 홀링스워스와 부아예(Hollingsworth and Boyer 1997)의 사회 생산 시스템social system of production 개념을 적용해 한국의 생산 레짐을 분석할 것이다. 사회 생산 시스템은 자본주의 체제를 구성하는 다양한 제도의 배열을 통해 하나의 사회경제적 체제로 통합되는 방식을 의미한다. 사회 생산 시스템을 구성하는 제도에는 노사 관계, 교육 훈련 시스템, 기업 간 관계, 기업과 소비자 간 관계, 금융 시스템, 자본과 노동의 관계를 규정하는 사회적 가치, 정치체제와 정책, 관습, 도덕적 원리, 규칙, 법 체제 등의 사회적 규범 등이 포함된다. 이런 공식적·비공식적 제도와 조직, 사회 가치 및 규범이 전체의 시스템으로 서로 응집·결합해 사회 생산 시스템을 구성하는 것이다(Hollingsworth 1997, 266-267). 다음에서 다룰 한국의 생산 레짐에 대한 분석에서는 자본과 노동의 관계, 금융 시스템, 기업 간 관계 및 상품 생산 체제로 한정한다. 이는 재벌의 실적 극대화를 위해 편제된 한국의 생산 레짐의 특징과 사회경제적 갈등 구도 및 그 변화를 설명하는 데 핵심적인 제도적 배경이기 때문이다.

3. 권위주의적 발전 연대 시기의 생산 레짐

자본주의 다양성을 둘러싼 초창기 논의의 자본주의 유형 분류를 적용할 경우 발전 연대 시기 한국 자본주의 체제의 제도적 특징은 '국가 주도 조정 시장경제'로 규정할 수 있다.[1] 개발 연대 체제는 유럽과 일본의 조정 시장경제 체제와 제도적 유사성을 갖는다고 할 수 있다. 그럼에도 개발 연대 체제의 조정 시장경제 작동 논리는 유럽과 일본의 조정 시장경제와 근본적으로 다르다. 유럽과 일본의 조정 시장경제는 자본과 노동의 계급 협력 및 시장 주체의 사회적 합의에 기초하고 있다. 이와는 대조적으로 개발 연대 체제는 국가–자본–노동의 수직적 권력관계를 특징으로 하는 권위주의적 성격의 조정 시장경제라고 할 수 있다. 시장을 대신해 국가가 정보 제공, 투자 결정, 자원 동원 및 배분에서 주도적인 역할을 담당할 뿐만 아니라 자본과 노동에 대해 국가가 강압적 통제와 규율을 행사하는 권위주의적 국가주의 체제였다. 국가주의 체제에서 국가는 자체 이익을 가지고 다양한 이익집단의 활동을 규정·포섭·억압하는 독립적 실체로 간주된다. 국가주의적 동원 체제를 기능주의적 관점으로 설명하는 발전 국가론에서 국가의 '상대적 자율성' 혹은 '배태된 자율성'embedded autonomy(Evans 1995)을 강조하는 것도 이런 맥락에서 이해될 수 있다.

개발 연대 시기 한국 자본주의 체제의 핵심은 "국가가 주도해 자본,

1_ Hall and Soskice(2001)에서는 자본주의 경제의 다섯 가지 제도적 영역 — 노사 관계, 직업 훈련, 기업 지배 구조, 기업 간 관계, 노동자 간 관계 — 을 구분하고 미시적 관점, 즉 기업의 관점에서 다섯 가지 제도적 영역에서 조정 기제가 작동되는 방식에 따라 자본주의 체제를 자유 시장경제와 조정 시장경제로 구분하고 있다.

즉 재벌을 육성하고 노동을 억압하는 것"(장상환 2006, 76)이라고 할 수 있다. 이런 개발 연대 체제의 제도적 특징은 1960~70년대 압축적 후발 산업화의 성공 요인이라고 할 수 있다. 그러나 개발 연대 시기 국가-자본-노동 권력관계의 불균형은 주요 행위자들 사이의 이익 갈등을 초래하고 내적 모순을 심화해 개별 연대 체제를 붕괴시키는 주원인으로 작용했다.

1) 국가-자본-노동 관계

개발 연대 체제에서 국가-자본-노동의 불균형 권력관계는 우선 노동 배제적인 국가와 자본의 양자 연합 관계와, 그 연합 관계에서 국가가 자본에 대해 우위에 있음을 의미한다(Jones and Sakong 1980; Lee 1992). 자본은 국가의 산업 정책을 실행하는 시장 주체로 기능하며 투자 결정의 자율성을 박탈당한 대신, 성과에 연계된 규율에 복종하는 대가로 국가의 지원과 보호를 제공받았다. 정부는 경제개발 5개년 계획에 따라 전략산업 분야로 선정된 소수의 기업에 독과점적 권한과 배타적 특권을 부여했고, 규모의 경제를 위한 대기업 집단화를 적극적으로 유도했다. 정경 유착으로 불리는 국가와 자본의 긴밀한 협력 관계는 자본의 성장과 이익 추구를 위한 핵심 채널로 활용되었으며(Chibber 2005), 노동에 대한 억압은 국가와 자본 사이의 발전 연대를 유지하는 중요한 기제로 작용했다. 개발 연대 체제의 노동 억압적 요소는 동아시아 자본주의 체제에서 공통적으로 나타나는 '노동 없는 코포라티즘'corporatism without labor의 보수적 성격을 그대로 드러내고 있다(Pempel and Tsunekawa 1979).

개발 연대 시기 한국 자본주의 체제의 또 다른 주요한 특징은 시장 주체의 조직화 수준이 매우 낮다는 점이다. 유럽의 조직화된 자본주의organized capitalism와는 달리 한국의 경우 국가와 자본의 양자 연합은 개별 자본 차원에서 이뤄졌다. 국가에 의해 선택된 개별 기업과 우연적이고 파편화된 협력 관계가 형성되었고, 개별 자본은 국가가 제공하는 보호와 특혜를 얻기 위해 서로 치열한 경쟁을 벌였다. 개별 자본과 국가의 파편화된 연합 체제하에서 개별 자본의 경쟁적 이익 추구는 총자본의 이익을 대표하는 기업가 단체의 형성을 가로막는 요인으로 작용했다. 1961년 박정희의 군사 쿠데타 직후 기업가 단체인 한국경제인협회(전국경제인연합회의 전신)가 결성되었으나 개별 자본의 근시안적인 이기주의와 경쟁 관계를 사회적 재생산의 관점에서 조정하는 총자본의 대표자 역할을 수행하지 못했다.

다른 한편 정부의 지시에 의해 결성된 중앙집권적 산별 노동조합은 대중석인 노동조합의 성장을 제약하고 조합원의 요구와 투쟁을 억압하는 노동 통제 수단으로 기능했다.[2] 1980년 전두환 정권이 출범한 직후 산별로 조직되어 있던 노동조합이 해산되고 기업 단위로 제한된 노동조합 체계로 대체되었다. 개정된 노동법에 명시된 제3자 개입 금지 조항으로 말미암아 노동 전체의 이해를 대변하는 노동자 대표 조직을 결성할 수 없는 상황에서 노동운동은 기업별로 고립·분산될 수밖에 없었다. 자본과 노동의 계급 협력과 타협을 이끌어 낼 전국적 중앙 조직의 부재는 자본과 노동의 이해관계를 개별 기업 수준으로 제한하고 대립적인 노사 관계가 고착화되는 배경이 되었다.

2_ 박정희 군사정권은 쿠데타 직후 노동자 쟁의 금지령과 임금 동결령에 이어 노동조합 해산명령을 내렸다. 이어 군사정부가 임명한 인사들에 의해 위로부터의 노동조합 재조직화가 진행되었다. 당시 군사정부는 군소 노조 난립의 폐단을 막는다는 명분으로 복수 노조를 금지하고 전국 단일의 산별노조 체제를 옹호했다. 그 결과 정부가 유일하게 합법적 노동조직으로 인정하는 한국노동조합총연맹(한국노총)이 1961년에 결성되었다(이원보 1996, 324-326).

2) 금융 제도

개발 연대 시기 금융 시스템은 국가의 개입과 통제가 가장 직접적으로 이뤄졌던 영역이다. 박정희 군사정권이 등장한 직후 부정 축재를 환수한다는 명분으로, 1950년대 말의 적산 불하 과정에서 재벌의 지배하에 들어갔던 조흥·상업·제일·한일은행 등 4개 시중은행이 다시 국유화됨으로써 민간 소유 은행은 자취를 감췄다.[3] 또한 1961년 중소기업 자금 공급을 전문으로 하는 중소기업은행, 1962년 서민 금융 전문 은행인 국민은행, 1967년 외국환 전문 은행인 외환은행, 1979년 서민 주택 금융 전문 은행인 주택은행, 1976년 수출 금융 전문 은행인 수출입은행 등 특별법에 기초해 국책 은행 성격을 띤 새로운 은행들이 신설되었다. 국가에 장악된 은행 시스템은 정부가 추진하는 전략산업 육성에 필요한 투자 재원 공급 기능을 담당했으며 기업에 대한 규율을 관철하는 주요한 통제 수단으로 기능했다.

기업의 자금 조달에서 내부 자금이 차지하는 비중은 1960년대 중반까지 50퍼센트대를 기록하다가 1970년대 말까지 30퍼센트 이하로 낮아졌다. 기업의 투자 자금 조달에서 외부 차입이 차지하는 비중이 높아진 것은 정부 개입의 결과였다(김상조 2003, 95). 국가가 금융 자원에 대한 독점적 지배력을 토대로 자본축적 방향을 결정하고 기업은 국가의 정책 방향에 순응할 수밖에 없었다. 이런 배경에서 은행이 자금 공급에서 주

3_ 1961년 6월 제정된 〈부정축재처리법〉과 부정 축재의 신속한 국가 환수를 위해 같은 해 10월 제정된 〈부정축재환수절차법〉은 시중은행 국유화를 정당화하는 법적 기반이 되었다. 군사정권은 부정 축재자들의 시중은행 주식을 일단 국고로 환수한 후 적당한 시기에 다시 민간에 불하하겠다는 방침을 발표했으나, 이는 시행되지 않았다(『아시아투데이』 11/03/17).

된 역할을 수행하는 은행 중심 금융 제도가 정립되었다.[4] 한국의 은행 중심 금융 제도는 선진국의 전형적인 은행 중심 제도와 형태적으로는 유사하지만 기능적 측면에서 성격이 전혀 다르다. 유럽과 일본의 은행 중심 금융 제도는 은행과 기업 간 지분 교차 소유를 기반으로 한 장기적인 협력·관계를 특징으로 하며, 은행은 자금 공급뿐만 아니라 기업 경영을 감시하고 규율하는 기능을 수행했다. 반면에 한국의 경우 정부의 소유·통제하에서 은행이 수행하는 역할은 산업 발전에 필요한 금융 지원을 담당하는 도구적·보조적 차원에 머물렀으며 은행과 기업은 단순한 채권·채무 관계를 넘어서지 못했다(송홍선 2003). 1980년대 들어 은행 자유화 조치가 시행되어 일부 시중은행이 민영화되고, 금리 규제 및 여신 관리 완화, 은행 경영 자율화가 제한적으로 이뤄지기는 했으나 은행의 지배 구조와 산업자본에 자금을 공급한다는 은행의 보조적 역할에 근본적인 변화는 없었다.

그러나 국내 저축이 부족한 상황에서 후발 산업화의 재원을 조달하는 은행의 역할은 제한적이었다. 1970년대 자본 집약적 중화학공업화를 추진하는 과정에서 막대한 설비투자 재원을 마련하기 위해 정부가 직접금융 시장 육성에 나섰으나 큰 성과를 거두지 못했다. 1970년대 비금융 산업부문의 자금 부족률은 연평균 13퍼센트로 자금 부족 현상이 매우 심각한 수준이었으며 투자 재원 자립도는 78.9퍼센트에 불과해 외자도입에 의존할 수밖에 없었다.[5] 1970년대 후반 금융권 대출이 급증했

4_ 은행 중심 금융 체계는 후발 산업국가에서 일반적으로 나타나는 현상이다. 한국의 경우 독일과 일본의 은행 중심 금융 체계와 마찬가지로 국내 저축이 부족한 조건에서 자원 동원을 극대화하는 효과를 낳았다고 할 수 있다. 독일과 일본의 은행 중심 금융 체계의 기원과 역할에 대해서는 Vitols(2001) 참조.
5_ 통계 수치는 한국은행 경제통계 시스템 DB에서 재구성. 투자 재원 자립도는 총저축률을 총

음에도 비금융 산업부문의 외부 자금 조달 가운데 은행 및 비은행 금융권의 대출이 차지하는 비중은 각각 22.9퍼센트, 12.7퍼센트로 낮은 수준에 머물렀으며 직접금융 시장은 19.4퍼센트에 불과했다. 반면에 정부의 직간접적인 금융 지원과 해외 차입이 전체 자금 조달의 45퍼센트로 압도적인 비중을 차지했다. 개발 연대 시기 정부가 은행, 외환 거래, 차관 도입을 독점한 상태에서 압축적인 후발 산업화의 재원 조달은 전적으로 정부의 통제 아래 이뤄졌다고 할 수 있다.

3) 기업 간 관계와 상품 생산 체제

개발 연대 체제의 기업 간 관계는 대기업 집단 간 경쟁과 대기업 집단 내부의 위계적 협력 관계라는 이중적 구조를 갖는다. 대기업 집단화는 1970년대 중화학공업화 과정에서 규모의 경제를 유도하는 정부 정책의 산물이었다. 1970년대 초반 자본 집약적인 중화학공업을 우선 산업으로 지정한 이후 정부는 대기업 중심의 대량생산 체제와 규모의 경제를 적극적으로 유도하고 대기업과 중소기업의 분업 관계를 형성하는 데도 직접적으로 개입했다. 사업 및 설비 확장 허가권과 자원 조달 및 배분의 독점권을 보유한 정부는 신규 시장 진출을 규제해 진입 장벽을 높이고 동일 산업 분야의 중복 투자와 과당경쟁을 억제함으로써, 산업 분야별로 소수의 대기업이 시장을 분할·지배하는 독과점적 경쟁 체제를 만들었다. 정부의 적극적 지원 아래 대기업들은 수평적·수직적 다각

투자율로 나눈 것으로, 한 국가가 투자에 필요한 재원을 자국 내에서 조달할 수 있는 정도를 나타내는 지표다.

화, 관련적·비관련적 다각화를 통해 사업 영역을 확장해 가며 대기업 집단으로 성장했다.

경제개발 5개년 계획에 따른 정부의 산업구조 고도화 정책과 우선 산업 특혜 지원에 힘입어 대기업의 비관련적 사업 영역 진출이 이뤄졌고 관련 사업 확대는 부품의 국산화율을 높이기 위한, 정부의 수입 대체화 정책에 부합하는 것이었다. 당시 대기업은 해외에서 기술·자본재·부품을 수입한 뒤 조립 가공해 완성재를 생산하는 데 주력하고 있었다. 정부는 산업의 대외 종속성을 완화하고 자립 기반을 확대하기 위해 자본재와 중간재의 수입 대체화 정책을 실행했다. 1975년 제정된 〈중소기업계열화촉진법〉은 정부가 계열화 특정 업종과 지정 계열화 품목을 지정하고 완제품을 생산하는 대기업이 부품 업체를 육성해 계열화하거나, 독립된 협력 업체와 폐쇄적인 하도급 거래 관계를 구축하게 했다. 또한 부품을 생산하는 중소기업을 보호하기 위해 대기업과 하청 중소기업 간에 분쟁이 발생할 경우 거래 당사자가 아니라 정부가 개입해 조정하게 했다. 이를 통해 전적으로 수입에 의존하던 자본재와 중간재 공급이 국내 생산으로 전환되었고 부품 공급자로서 중소기업이 급속히 성장했다. 그 결과 대기업이 담당하는 완제품 조립산업과 중소기업이 주축이 된 부품 산업이 동시 병행적으로 발전했으며 다른 개발도상국과는 달리 국내 기업 주도로 부품 산업이 성장해 갔다(정선양·이장재·안두현 2001, 117-119).

한국의 자동차 산업과 전자 산업의 성장은 앞서 언급한 정부 주도 대기업 집단화의 전형적인 사례에 속한다. 한국의 자동차 산업의 경우 해외에서 부품을 수입해 완성차를 조립·생산하는 기업이 먼저 탄생했는데, 부품 국산화와 수직 계열화 정책에 따라 완성차 업체가 부품 업체를 육성해 계열사로 편입하는 수직적 통합 과정을 거치며 대기업 집단화되었다. 대기업 집단의 주력 기업인 완성차 업체는 부품의 대부분을 계열사에서 조달하고 계열사 부품 업체에 경쟁 완성차 업체와의 거래를 규제하는 배타적인 거래 관계를 맺고 있다. 정부가 소규모 업체의 통폐합을 유도하고 신규 업체의 시장 진입을 제한한 결과, 대우·현대·기아 3사의 완성차 과점 경쟁 체제가 만들어졌다. 해외 업체와 합작해 출발한 한국 전자·전기 산업의 모태인 가전업의 경우도 자동차 산업과 유사한 경로를 거쳐 성장했다. 선발 업체인 금성(현 엘지전자)이 1960년대 초반 국내시장을 독점했으며 뒤늦게 전자 산업 허가권을 받은 삼성이 1969년 삼성전자공업(현 삼성전자)을 설립해 경쟁에 뛰어들었고 1974년 대우전자가 합류해 3사 과점 체제를 형성했다. 1980년대 우선 산업 분야로 선정되어 국가의 집중적인 지원이 이뤄진 반도체 산업에서는 삼성·현대·금성의 3강 경쟁 구도가 만들어졌다. 공업화 과정의 기초 산업인 철강 분야의 경우, 원료를 수입·가공해 중간 소재를 생산하는 상부 공정에는 민간 기업의 진출을 금지해 1970년에 설립된 국영기업인 포항제철의 완전 독점 체제가 유지되었고, 포항제철의 중간 소재 공급 독점에 의존하는 하부 공정에 대기업 집단이 경쟁적으로 진출했다.

개발 연대 시기의 기업 간 관계는 정부의 시장 분할적 경쟁 제한 정책과 대기업 집단화 정책에 의해 구조화되었다고 할 수 있다. 정부의 집중적인 보호와 지원이 이뤄지는 우선 산업 분야에서는 완제품 조립 생산을 담당하는 대기업이 부품 공급 업체인 중소기업에 수요 독점적인 지배력을 행사했다. 완제품 조립 생산 시장에서 나타난 대기업의 과점 경쟁 구도에 따라 부품 공급 업체 또한 기업집단별로 분절되어 부품 산업의 수평적 협력은 차단되었다. 기업집단별로 폐쇄적인 부품 공급망을 확보한 대기업은 경쟁 제한적인 국내시장의 독과점 체제와 해외시장의 완전경쟁적 체제의 이중적인 시장구조에서 서로 경쟁했다. 그 반면 소수 대기업에 부품을 공급하는 중소기업들은 대기업의 하청 관계에 편입하기 위해 경쟁하고, 하청 계열화하지 못한 중소기업들은 대기업이 진출하지 않은 소비재와 서비스 분야에서 독립 기업으로 존재하며 협소한 내수 시장에 주력했다.

1960년대까지 한국 경제의 성장과 수출을 주도했던 것은 중소기업 중심의 노동 집약적 경공업 분야였다. 그러나 1970년대 석유화학, 기계, 전기·전자, 자동차, 통신기기 등 자본 및 기술 집약적인 산업 분야에서 대기업 집단 중심으로 완제품을 조립 가공하는 대량생산 체제가 형성되었다. 완제품 조립 가공 산업에서 형성된 대기업의 독과점적 체제는 저임금 체제와 규모의 경제에서 발생한 이점을 통해 가격경쟁력을 확보하고 이를 무기로 선진국 시장을 공략하는 수출 주도형 성장 전략에서 비롯된 것이었다. 독과점 대기업 육성 정책의 산물로 형성된 완제품 대량생산 체제는 기술혁신의 내용과 유형에도 직접적인 영향을 미쳤다. 한국의 기술혁신은 대량생산 기술과 공정 기술을 향상해 대기업 집단이 생산하는 완제품의 가격경쟁력을 높이는 데 치중했다. 제품 기술 측면에서는 해외로부터 선진 기술을 수입해 이를 개선하는 '외래 혁신'과 '모방 혁신'을 토대로 신제품을 개발하고 부품 내부화 전략에 따라 기술 자립도를 점진적으로 높여 갔으며, 생산방식에서는 낮은 생산기술 수준과 장시간·고강도 단순 반복 노동의 테일러주의적 작업 조직이 결합된 생산 체계가 구축되었다(김환석 1990). 대규모의 자본과 기술을 수입하고 저숙련·저임금을 통해 중저가 상품을 대량생산해 수출하는 후발 개발도상국형 포드주의적 생산 체제는 저임금 체제에서 유지할 수 있는 것이었다.[6]

6_ 한국 생산 체제의 특징과 변화에 대한 자세한 내용은 김형기(1999) 참조.

4) 권위주의적 발전 연대 체제의 해체

권위주의적 국가를 정점으로 형성된 국가-자본-노동 관계의 위계적 질서는 단시간 내에 후발 산업화 과정을 효과적으로 조직화하기 위한 '발전 동원 체제'(이병천 2000)의 핵심이었으며 한국형 자본주의 체제의 제도적 기원을 형성한다. 그러나 개발 연대 체제에 내재된 권력관계의 불균형은 주요 행위자들 사이의 갈등을 촉발·심화하는 원인이 되었다. 우선 1980년대 들어 개발 연대 체제의 중심축을 형성했던 국가와 자본 간 양자 연합이 균열되기 시작했다. 1979년 2차 석유 위기의 충격과 함께 박정희 정권 시기 성장 체제의 부작용이 표출된 것이 그 배경이었다. 1970년대 박정희 정권의 중화학공업화 전략은 1974년 1차 석유 파동에 따라 세계적 불황이 도래했음에도 지속되었다. 1979년 발생한 2차 석유 위기는 중화학공업 분야의 중복 과잉투자로 허덕이던 한국 경제에 치명타였고, 결국 물가 폭등과 실업난을 초래했다.

전두환 신군부 정권은 1980년 9월 기업 체질 강화 대책을 발표했다. 중화학공업 분야의 과잉 설비를 해소하기 위해 20대 재벌에 대한 강제 구조 조정을 단행하고 산업합리화를 목표로 1984년부터 1988년까지 수차례에 걸쳐 대대적인 부실기업 정리 작업을 실시했다. 동시에 전두환 정권은 거시 경제정책 기조를 경제성장 중심에서 시장 안정 중심으로 전환하고 시장경제 제도를 확립하는 것을 목표로 점진적인 경제 자유화 개혁에 착수했다. 그 일환으로 경제력 집중을 막기 위한 일련의 재벌 규제 조치를 도입했다. 1981년에 〈독점규제 및 공정거래에 관한 법률〉(공정거래법)이 제정되었고 1982년에는 정부 소유 시중은행을 민영화하기에 앞서 재벌 기업의 은행 소유 지배를 막기 위해 산업자본의 은행 주식 보유와 의결권을 제한하고 재벌에 대한 여신 규제를 내용으로 하는 〈은행법〉 개정이 이뤄졌다. 은행권 대출이 재벌에 편중되는 것을 막기 위한 방안으로 동일인에 대한 대출과 지급 보증 한도를 은행 자기자본의 25퍼센트 이내, 총 지급 보증 한도를 은행 자기자본의 50퍼센트 이내로 제한했다. 더 나아가 거액 여신 총액 한도제를 도입해 은행 자기자본의 15퍼센트를 초과하는 대출의 총합계가 자기자본의 다섯 배를 넘지 못하도록 제한했으며, 바스켓 관리 제도를 도입해 은행마다 5대 및 30대 재벌에 대한 대출금의 총 대출에 대한 비율이 감독 당국에서 제시한 일정 비율을 넘지 못하게 했다. 이어 1980년대 중반에는 상호 출자 금지, 상호 지급 보증 금지, 출자 총액 제한 제도 등 재벌에 대한 규제와 지배 구조 개선을 위한 제도적 장치를 강화해 갔다. 반면에 내수 시장에서 대기업의 무분별한 사업 확장을 제한하고 중소기업을 보호하기 위해 1979년에 제정된 중소기업 고유 업종 제도의 적용 범주가 확대되었고, 중소기업에 대한 금융 지원을 원활히 하기 위해 1960년대 중반에 도입된 중소기업 대출 의무 비율 제도도 점차로 강화되었다.[7]

7_ 1979년 중소기업 고유 업종 제도가 도입될 당시 대상 품목은 23개였으나 1983년 103개, 1984년 205개, 1987년 287개로 확대되었다. 1989년 기준 대상 품목 가운데 조립 금속 제품 및 기계 장비 산업이 36.7퍼센트로 가장 높은 비중을 차지했으며 화합물, 석탄, 석유 고무 및 플라스틱 제품 14.8퍼센트, 섬유·의복 및 가죽 제품 9.8퍼센트로 구성되었다. 자세한 내용은 산업연구원(1992) 참조. 중소기업 대출 의무 비율 제도란 금융기관의 대출 증가액 가운데 일정 비율 이상을 중소기업에 지원하도록 강제하는 것이다. 1980년대 중소기업 의무 대출 비율 제도는 지방은행을 대상으로 강화되었다. 지방은행의 중소기업 의무 대출 비율은 1965년 30퍼센트에서 1980년 55퍼센트, 1986년 80퍼센트로 확대되었고 시중은행의 경우 1965년 30퍼센트에서 1980년 35퍼센트로 상향 조정된 이후 변화가 없었다. 1985년부터 외국은행 지점에도 25퍼센트의 중소기업 의무 대출 비율이 적용되기 시작했다. 자세한 내용은 한국은행 홈페이지(http://www.bok.or.kr/contents/html/htmlView.action?categoryTabId=4&menuNaviId=482&htmlBean.contentsid=2) 참조. 1994년 한국은행의 총액 한도 대출 제도 도입으로 금융기관이 자율적으로 중소기업 대출 확대를 유도하는 정책이 시행되면서 중소기업 대출 제도의 의무 규정은 완화되었다. 동시에 지방은행의 의무 대출 비율을 60퍼센트로 하향 조정하고 시중은행은 45퍼센트로 확대했다.

한편 자본 측에서도 개발 연대로부터 이탈하려는 움직임이 본격화되었다. 산업합리화를 명분으로 내세운 부실기업 정리와 강제 구조 조정 및 재벌 규제 정책에 직면한 재벌 기업들은 정치권력으로부터 독립을 시도했다. 1970년대 중화학공업화 시기에 국가의 연구 개발 투자에 의존했던 기업들은 독자적으로 생산성 향상 역량을 갖추기 위해 자체 연구 개발 투자를 확대해 갔다. 1980년대 중반, 연구 개발 투자에서 민간이 차지하는 비중이 80퍼센트로 높아지면서 민간 주도의 연구 개발과 기술혁신 체제가 정착되었다(김환석 1990). 정부로부터 독립을 시도하는 재벌 기업들은 신군부 정권의 경제 자유화 정책을 독자적인 활동 역량을 늘리고 시장 지배력을 확대하는 기회로 삼았다. 1980년대 초반, 금융 자유화 조치의 일환으로 시행된 시중은행 민영화 과정에서 재벌의 은행 소유를 막기 위해 동일인의 은행 주식 소유 상한을 총 주식의 8퍼센트로 제한하고, 정부 소유 주식 매각에서 법인과 개인의 주식 매입 한도를 5퍼센트로 제한하는 은산 분리 제도가 도입되었다. 그러나 정부가 은행 주식 소유 제한 조치를 시행했음에도 소수의 재벌 기업들은 민영화된 시중은행의 대주주 지위를 획득하고 은행을 장악했다. 또한 정부의 금융 규제와 감시·감독이 미치지 않는 비은행 금융권 진출을 가속화하고 직접금융 시장을 적극적으로 활용하기 시작했다. 정부의 의도와는 상관없이 금융 자유화는 재벌의 금융 지배를 초래해 자원 배분 권한이 재벌 기업으로 이전되었고, 대기업 집단이 소유·지배한 금융 자회사는 '재벌 사금고'로 활용되었다(송원근 2008, 79-82). 독자적인 자금 동원력을 확보한 재벌 기업들은 기업 규모를 키워 정치적·경제적 퇴출 위험을 줄이는 대마불사 전략으로 정부의 대기업 견제에 대응했다. 더욱이 정부 주도로 진행된 대대적인 부실기업 정리는 오히려 재벌의 대마불사형 팽창을 가속화하는 계기가 되었다. 총 8조 원에 육박하는 금융 지원이 동원된 기업 통폐합과 부실채권 정리는 기업 규모를 기준으로 진행되어 대기업 위주로 자본이 재편되었고 통폐합의 수혜를 받은 재벌 기업으로 경제력이 더욱더 집중되는 결과를 초래했다(최인철 1991).

마지막으로 민주화 운동이 확산되면서 민주 노조 운동으로 표출된 노동의 저항은 권위주의적 개발 연대 체제에 대한 중대한 도전이었다. 1970년대 중화학공업화 과정을 거치면서 민주 노조 운동이 영세 기업에서 대기업으로 확산되었고 신규 노조 설립이 급증했다. 민주 노조 운동은 1987년 노동자 대투쟁을 이끌어 낸 이후 전국노동조합협의회(전노협)를 결성하고, 임금 인상과 노동조건 개선, 복수 노조 금지 조항 폐지를 요구하며 민주 노조 운동의 합법화를 위한 투쟁을 전개했다. 자본과 권위주의적 국가에 대항하는 노동운동 세력이 등장하면서 국가에 의한 임금 억제와 물리적인 노동 억압 체제에 변화가 불가피했다. 자본은 1970년 노사문제를 담당하기 위해 설립된 한국경영자총협회(경총)를 통해 민주 노조 운동의 비약적 성장에 대한 조직적 대응을 강화했다. 경총은 한편에서 정부의 노동정책 결정에 개입하고 다른 한편에서는 "산업 평화" 구호를 내세워 보수적인 한국노총과 협력 관계를 구축해 민주 노조 운동을 견제하는 데 나섰다.

자본이 미발달한 산업화 초기 단계에 형성된 권위주의적 개발 연대 체제는 1980년대 내재적 모순에 의해 점진적인 해체를 경험했다. 계획경제식 경제 운용과 부분적 경제 자유화 정책이 혼합된 과도적 체제 아래에서 재벌에 대한 국가의 후견과 견제가 병존하며 서로 충돌했다. 대자본에 대한 국가의 견제는 정치권력과 자본 권력 사이에 긴장과 갈등을 초래했고 대자본 세력이 결집하는 유인으로 작용했다. 재벌은 한편에서는 전경련을 통해 조직화된 제도적 능력과 자원을 활용해 국가의 자율성을 제한하고 정부 정책의 특혜를 독점했다.[8] 다른 한편에서는 대마불사형 팽창을 통해 대자본에 대한 제도적 견제를 무력화했다. 그 결과 국가–자본 연합의 주도권이 국가에서 자본으로 이전되기 시작했다. 대기업의 이익집단체로 성장한 전경련은 국가와 자본의 갈등을 조정하는 조직적 단위로 기능하며 재벌 주도의 국가–자본 공조 체제를 형성하는 데 기여했다. 동시에 전경련은 경총과 공동으로, 전노협으로 대표되는 민주 노조 운동에 대한 적대적 대립 전선을 강화했다. 권위주의적 노동 통제 체제의 산물인 대립적 노사 관계와 노사 간 불신은 급진적인 사회운동과 전투적 조합주의가 결합된 노동조합운동의 성장을 가져왔고 자본과 노동의 갈등이 사회적으로 격화되는 결과를 초래했다.

4. 경제 자유화와 개방화 : 생산 레짐의 진화와 구조적 지속성

1) 생산 레짐의 구조적 지속성

1980년대 말 이후 정치적 민주화는 권위주의적 국가 주도 조정 자본주의 체제의 해체를 가속화하는 결정적인 계기로 작용했다. 정치적 민주화가 진전되면서 그에 상응하는 공정한 시장경제 질서 확립이 국가

8_ 1980년대 전경련은 4백 개가 넘는 회원사를 확보하고 재정 자립을 이루어 냄으로써 정부의 예산 지원에서 벗어나 기능적인 자율성을 획득했다. 1980년 『현대경제일보』를 인수해 『한국경제신문』으로 이름을 바꿔 대기업의 이익을 대변하는 이념 조직으로 활용하고, 1981년 경제기술조사센터를 확대·개편해 설립한 한국경제연구원은 전경련의 두뇌 조직 역할을 담당했다. 이석우(2002, 64-65) 참조.

적 과제로 등장하고 권위주의적 개발 연대 체제를 극복하기 위한 위로부터의 개혁 시도가 본격화되었다. 경제 자유화 및 개방화 패러다임이 권위주의적 개발 연대 체제의 대안으로 제시되면서, 계획경제식의 자원 배분과 전략적 산업 정책이 후퇴하고 보호주의를 대신해 국제화와 개방화가 추진되었다. 이런 개혁 시도는 1990년대 경제 세계화 추세를 견인하는 신자유주의 이데올로기의 국내적 수용을 의미했다. 1990년대 이후 한국 자본주의 생산 레짐의 진화는 대내적으로는 위로부터의 신자유주의적 개혁과 대외적으로는 세계화 추세에 적응해 가는 과정이었다.

한국 자본주의 생산 레짐은 권위주의적 개발 연대 시기에 형성된 대기업 중심의 제조업과 수출 가격경쟁력에 의존한 성장 모델에 기초하고 있다. 1990년대 이후 한국의 신자유주의적 구조 개혁은 개발 연대 체제의 완전한 청산을 목표로 내세웠음에도 기존의 성장 모델에 근본석 변화는 없었다. 개발 연대의 유산인 대기업 중심의 제조업과 수출에 의존한 성장 모델이 정권의 성격과 개혁 의도와는 상관없이 국가의 자율성에 구조적 제약 요인으로 작용했기 때문이다. 1980년대 부분적 경제 자유화의 경험에서 이미 입증되었듯이 한국 사회에서 경제 자유화와 개방화는 재벌의 영향력과 제도적 자원의 확대를 의미한다. 1990년대 초반 김영삼 정부 시기에 추진되었던 점진적인 경제 자유화 개혁은 과거 대자본에 대한 권위주의적 국가의 규율 체제를 붕괴시키고 국가에서 대자본으로 권력 이동을 완성했다. 국가의 조정 기능을 대체한 시장의 자율적 규제는 대자본의 제도적 자원을 강화하고 국가 행위가 대자본의 이익에 포획되는 연성 시장 국가의 출현을 가져왔다(이병천 1999). 연성 시장 국가 체제하에서 신자유주의적 개혁의 성과는 대자본의 이익으로 수렴된다. 1990년대 말 IMF 관리 아래 추진된 급진적인 신자유주의적 구조 개혁도 동일한 결과를 초래했고, 그 결과 대기업 주도의 대량생산 체

표 2-1 | 주요 경제지표 (단위 : %)

경제지표	1971~79년	1980~87년	1988~92년	1993~97년	1998~2002년	2003~07년	2008~10년
경제성장률	10.3	10.0	8.7	7.4	5.0	4.3	2.9
수출 증가율	24.4	14.2	7.5	16.1	10.8	13.2	6.6
민간 소비 증가율	7.5	7.6	8.9	7.3	4.6	2.9	1.8
총 고정자본 형성	26.8	28.3	34.2	35.7	29.1	28.9	29.0
제조업/ 총 고정자본 형성	24.0	25.3	29.1	23.5	22.0	25.5	26.5
수출/GDP	25.2	33.6l	29.2	28.0	37.8	39.4	51.7
산업구조 (부가가치 기준,* 명목)							
농림·어업	25.6	13.6	8.8	6.1	4.6	3.4	2.7
광공업	23.8	28.1	28.3	26.5	27.3	27.3	29.0
전기·가스·수도업	1.3	2.8	2.2	2.0	2.5	2.4	1.7
건설업	5.2	6.9	9.4	10.4	7.5	7.7	6.8
서비스업	44.1	48.6	51.3	55.0	58.1	59.3	59.8

주 : * 각 산업부문 간 구성 관계를 나타내는 산업구조를 측정하는 기준에는 두 가지가 있다. 첫째, 각 산업의 부가가
치 생산액을 기준으로 한 것과, 둘째, 각 산업에 종사하고 있는 취업 노동력을 기준으로 한 것인데 이는 전자와
구분해 산업별 취업 구조라고 불린다.
자료 : 한국은행 경제통계 시스템 DB.

제와 가격경쟁력에 기초한 수출 의존적 성장 모델은 더욱 강화되었다.

개발 연대 체제를 계승한 성장 모델이 존속하는 데 따른 생산 레짐의
제도적 지속성은, 첫째, 제조업 중심의 산업구조, 둘째, 생산자 위주의
정부 지원 정책, 셋째, 완제품 생산 위주의 산업 생산구조로 인한 부품·
소재 산업의 취약성으로 표현된다. 우선 한국 경제구조의 변화를 살펴
보면 생산과 고용구조의 변화가 비대칭적으로 이뤄지는 특이한 형태를
보인다. 〈표 2-1〉이 보여 주듯이, 1970년대 이래 총부가가치 생산에서
농림·어업의 비중은 축소되고 서비스업 비중이 확대되었으나 제조업
비중에는 큰 변화가 없었다. 총부가가치 생산에서 제조업이 차지하는
비중은 1970년 18.5퍼센트에서 지속적으로 상승해 1988년 30.1퍼센트
로 최고치를 기록한 이후 1997년 25.4퍼센트까지 낮아졌다. 그러나 외
환 위기 이후 제조업 비중이 다시 증가하기 시작해 2010년에는 30.6퍼
센트로 높아졌다. 총 고정자본 형성에서 제조업이 차지하는 비중도 동

표 2-2 | 주요국 산업구조 및 주요 경제지표 비교 (2003~07년 평균; 단위 : %)

국가	농어업	광공업*	서비스업	총 고정자본 형성/GDP	총 고정자본 형성에서 정부 부문 비중	정부 부문 고정자본 투자/GDP	복지 지출/ 정부 총지출
한국	3,6	37,7	59,0	28,9	18,47	5,34	30,30
일본	1,5	29,0	69,5	23,1	15,82	3,63	57,57
독일	0,9	29,5	69,6	17,9	7,97	1,42	64,21
영국	0,8	23,5	75,2	16,9	9,32	1,55	58,72
미국	1,3	22,2	76,6	19,1	12,80	2,43	50,47

주 : * 건설업 및 전기·가스·수도업 포함.
자료 : OECD 통계.

일한 추이를 보이고 있다. 제조업 중심의 경제구조가 여전히 지속되고 있는 것은 한국 경제성장의 수출 의존성과 밀접한 관련이 있다. 특히 외환 위기 이후 국내총생산GDP 대비 수출 비중의 급증과 더불어 총 고정자본 형성과 부가가치 생산에서 제조업 비중도 다시 높아지기 시작했다. 반면에 상승세가 지속되었던 서비스업의 비중은 2000년대 들어 정체 현상을 보이고 있다. 이런 추세는 1990년대 이후 선진 자본주의국가가 공통적으로 급속한 탈공업화 과정을 경험한 것과는 큰 대조를 이룬다.

대표적인 제조업 강국인 독일·일본과 비교할 때에도 한국의 제조업 비중과 고정자산 투자[9] 비중은 여전히 높은 수준을 보이고 있다 〈표 2-2〉 참조). 즉 한국의 경우 생산 측면에서 탈공업화 현상은 나타나지 않았다고 할 수 있다. 반면에 1990년대 이후 고용구조는 탈공업 현상을 분명하게 보여 준다. 제조업 고용은 1990년대부터 절대적·상대적으로 감소

9_ 장기간에 걸쳐 생산과정에 반복적·지속적으로 사용되는 유형 또는 무형의 산출물을 고정자산이라 하고, 생산 주체에 의한 고정자산의 취득을 총 고정자산 형성이라고 한다. 총 고정자본 형성은 취득 또는 처분의 대상이 되는 자산의 형태에 따라 주거용 건물, 기타 건물 및 구축물로 이루어진 건설 투자, 기계 장비 등으로 구성된 설비투자, 무형 고정자산 투자 등으로 나뉜다.

표 2-3 | 국내총생산 분배 구조 (명목 시장가격 기준, 단위 : %)

	1971~79년	1980~87년	1988~92년	1993~97년	1998~2002년	2003~07년	2008~09년
피용자 보수	34.0	40.0	44.3	46.6	43.7	45.6	45.7
기업 및 재산소득	47.2	37.1	34.3	30.8	30.6	30.2	30.0
고정자본 소모	8.0	9.9	10.4	11.5	14.0	13.1	13.2
생산 및 수입세 보조금	9.8	11.8	10.4	10.9	11.5	11.5	11.3
국외 순수취 경상 이전	1.0	1.3	0.5	0.2	0.2	-0.4	-0.1

자료 : 한국은행 경제통계 시스템 DB.

해 2010년 전체 취업자 가운데 제조업 고용이 16.9퍼센트까지 낮아졌다. 주요 선진 자본주의국가에서는 생산과 고용의 탈공업화가 동시적으로 진행되고 부가가치 생산과 고용 비중이 일치하는 경향을 보이고 있다.[10] 그와 달리 한국에서는 부가가치 생산과 고용구조 사이에 큰 격차가 존재한다.

또한 정부의 경제활동 비중이 높고 국가 지원 정책이 생산자 위주로 일관하고 있는 것도 개발 연대 체제의 잔재라고 할 수 있다. 〈표 2-3〉이 보여 주듯이 1990년대 이후 GDP 대비 생산 및 수입세 보조금 비중은 개발 연대 시기보다 오히려 높아졌다. GDP의 11퍼센트가 넘는 막대한 생산 및 수입세 보조금이 기업에 지원되고 있는 것이다. 총 고정자본 형성에서 정부 부문의 비중과 GDP 대비 정부 부문 고정자산 투자 비중은 다른 선진국에 비해 월등하게 높다. 2003년부터 2007년까지 연평균 정부 부문 고정자산 투자는 GDP의 5.34퍼센트로 동일 기간 GDP 대비 정부의 사회보장 기여금 지출 5.46퍼센트와 비슷한 수준을 보이고 있다. 높은 수준을 보이고 있는 정부 부문의 경제활동은 기업에 대한 직간

10_ 유럽연합과 미국의 생산 및 고용구조 변화에 대해서는 D'Agostino(2006) 참조.

접적인 지원 효과를 가질 뿐만 아니라 경제성장률을 뒷받침하는 데 정부의 역할이 여전히 중요하다는 것을 방증한다. 반면에 2000년대 들어 정부의 사회보장 및 복지 지출이 빠른 속도로 증가하고 있지만 다른 선진 자본주의국가에 비해 매우 미약한 수준에 머물고 있다(〈표 2-2〉 참조). 선진국의 정부 활동이 사회보장과 복지에 집중하고 경제 지원 정책이 수요자 위주로 구성되어 있는 것과 근본적인 차이를 보인다.

마지막으로 대기업 주도의 조립 가공형 산업구조와 부품·소재 산업의 취약성은 개발 연대의 제도적 유산으로 대기업과 중소기업 간 구조적 불균형을 낳은 근본 원인이다. 2004년 기준 전체 제조업에서 부품·소재 산업이 차지하는 고용과 생산액은 한국의 경우 각각 45.9퍼센트 및 42.3퍼센트로 일본 64.9퍼센트 및 78퍼센트, 중국 60.8퍼센트 및 64.8퍼센트에 비해 매우 낮은 수준을 기록하고 있다(김성진 2007, 115-116). 부품·소재 산업의 취약성은 부품·소재 산업에서 경쟁력 우위를 갖는 일본에 대한 한국 경제의 기술적 대외 종속성의 원인으로 작용해 왔다. 대기업의 완제품 수출이 증가할수록 생산에 필요한 부품·소재와 장비 수입이 늘어나는 구조는 바뀌지 않았으며, 특히 외환 위기 이후 대일 무역 적자가 기하급수적으로 증가하고 있는 것은 이런 한국 경제 산업구조의 취약성과 대일 기술 종속성이 오히려 악화되고 있음을 방증한다(강준구 2005).

2) 개발 연대 체제의 해체와 생산 레짐의 진화

권위주의적 개발 연대 체제가 점진적으로 해체되기 시작한 1980년대 이후 한국 자본주의 생산 레짐의 진화 과정은 1997년 외환 위기를 기점으로 크게 두 시기로 구분된다. 외환 위기 이전 시기에는 한편으로 산업구조 고도화와 민주 노조 운동의 비약적 성장으로 인한 실질임금의 급격한 상승이 나타났고, 다른 한편으로 경제 자유화와 개방화에 대한 적응이 이뤄졌다. 동시에 앞 절에서 언급한 1980년대 과도기적 체제가 극단적인 형태로 확장되는 시기이기도 했다. 결국 그 부작용은 산업 경쟁력 약화와 함께 1997년 외환 위기를 통해 폭발적으로 표출되었다. 1980년대 시작된 재벌의 대마불사형 팽창은 1990년대 초반 국가의 투자 조정과 규제 완화 이후 더욱 가속화되었고 외부 차입에 의존한 재벌 간 사업 다각화 경쟁은 김영삼 정권 시기에 절정에 달했다. 1991년 노태우 정권의 주력 업체 제도, 1993년 김영삼 정권의 업종 전문화 정책 등 재벌의 비관련 다각화를 억제하려는 시도가 계속되었지만 재벌의 자율성에 호소하는 방식은 아무런 효력을 발휘하지 않았다. 더구나 경제협력개발기구OECD 가입 조건을 충족하고자 실시한 점진적 금융 자유화와 개방은 재벌의 이해관계가 관철된 기형적인 방식으로 진행되었다. 장·단기 금리자유화 및 자본 유입과 유출 규제 완화는 재벌에 저비용의 자금 공급 기회를 확대하고 경영권 위협을 최소화하는 방향으로 추진되는 등 그 순서와 속도가 왜곡되었다.[11] 재벌의 이해관계를 반영한 기형적인 금융 자유화와 개방은 1997년 외환 위기의 배경이 되었다. 반면에 경제 자유화와 개방화는 개발 연대 시기의 폐쇄적 경제체제가 보장하는 재벌의 독과점 이윤과 지대 추구에 위협 요인이 되었고, 실질임금의 상승은 분배 구조에 변화를 가져와 기업의 이익을 상대적으로 축소시켰다. 〈표 2-3〉이 보여 주듯이 GDP에서 피용자 보수가 차지하는 비중은

11_ 외환 위기 이전 금융 자유화 과정과 문제점에 대해서는 Cho(1999) 참조.

표 2-4 | 제조업 부문 주요 재무 지표 (단위: %)

	1971~79년	1980~87년	1988~92년	1993~97년	1998~2002년	2003~07년	2008~09년
부채비율*	343.9	368.5	292.2	319.5	209.2	105.0	116.4
차입금 의존도**	49.5	45.2	42.8	47.6	41.3	24.0	26.2
금융 비용 부담률***	5.7	5.6	5.4	5.9	5.5	1.4	1.4
인건비/매출액	10.2	10.3	13.5	12.8	9.8	9.9	9.1
인건비/영업 총비용	10.8	11.4	15.0	15.1	11.6	11.3	10.4
매출액 경상이익률****	3.9	2.3	2.4	1.7	1.2	6.2	4.6

주 : * 자기자본 대비 유동부채와 비유동부채의 합계.
　　 ** 총자본 중 외부에서 조달한 차입금(회사채 포함) 비중.
　　 *** 대출이자, 회사채 이자 등 금융비용이 매출액에서 차지하는 비중.
　　 **** 매출액 대비 세전 순이익으로 기업의 주된 영업 활동뿐만 아니라 재무 활동 등 영업 이외의 활동에서 발생한
　　　　 경영 성과를 동시에 측정하는 지표.
자료 : 한국은행 경제통계 시스템 DB.

1970년대 34퍼센트에서 김영삼 정권 시절 46.6퍼센트로 높아져 최고 수준을 기록했고, 기업 및 재산소득은 동일 기간 47.2퍼센트에서 30.8 퍼센트로 줄어들었다. 동시에 차입에 의존한 외형 성장으로 인한 높은 금융 비용 부담에 더해 급격한 임금 상승으로 인건비 부담 증가는 1980 년대 후반부터 기업의 경영 실적과 재무 건전성을 지속적으로 악화했다 (〈표 2-4〉 참조).

　1997년 말 외환 위기에 따른 대혼란은 역사상 최초의 권력 교체를 가능하게 했고, IMF 관리 체제하에서 외환 위기를 초래한 구조적 원인 을 치유하기 위해 기업·금융·공공·노동 4대 부문의 구조 개혁이 추진 되었다. 김대중 정권과 노무현 정권의 개혁 노선은 한국형 자본주의 모 델의 대척점에 있는 영미식 자유 시장 자본주의 모델의 이식을 통해 한 국 자본주의의 체제적 전환을 시도한 위로부터의 정치적 프로젝트였다. 기업 부문 개혁은 재무 건전성을 무시한 재벌의 무분별한 팽창을 막고 실적 위주의 경영을 강제하기 위해 주주 자본주의적 시장 규율과 기업 감시 제도를 수입하는 것이었다. 특히 주식시장의 완전 개방과 더불어 외자에 의한 국내 기업의 적대적 인수·합병M&A을 허용하는 한편, 의무

공개 매수 제도를 전면 폐지한 것은 과거 정부 정책과의 근본적 단절을 상징적으로 보여 준다. 급진적인 금융 개방과 기업 구조 조정이 동시에 병행 추진되어 외국자본의 국내시장 진출이 가속화되었고, 외국자본의 국내 기업에 대한 지배력 확대는 과거에는 존재하지 않았던 강력한 시장 주체의 출현을 의미했다. 수익 극대화를 추구하는 외국인 주주가 재벌에 대한 외부 견제 세력으로 기능하며, 실적 위주의 경영과 시장 규율 강화의 견인차 역할을 담당했다. 정부의 부채비율 강제조정 조치에 따라 부채비율이 급격히 축소되었고 차입금 의존도가 외환 위기 이전의 절반 수준으로 낮아져 금융 비용 부담이 크게 완화되었다. 또한 매출액 대비 인건비 비중과 영업 총비용 대비 인건비 비중이 1970년대 개발 연대 시기보다 낮은 수준으로 하락했다. 그 결과 제조업 부문의 재무 건전성과 수익률은 외환 위기 이후 현저히 개선되었다(〈표 2-4〉 참조). 그러나 실적 위주의 경영과 경쟁력 강화 논리는 오히려 대기업 주도의 성장 모델과 생산 레짐을 더욱 강화하는 역설적 결과를 초래했다. 더구나 정부 주도하에 강제 단행된 재벌 간 사업 교환, 부실기업 퇴출과 통폐합은 1980년대 부실기업 정리 및 산업합리화 정책과 마찬가지로 소수 재벌로의 경제력 집중과 이들의 시장 지배력 강화로 귀결되었다. 특히 전통적으로 재벌 계열사가 장악하고 있는 자동차, 반도체, 정유, 정보·통신, 조선 등 5대 산업 부분에서 독과점 현상은 더욱 심화되었고 과거에는 없었던 은행권의 독과점 현상도 등장했다.[12]

12_ 공정거래위원회(공정위)는 2004년부터 2008년까지 광업 및 제조업 분야 상위 1개사의 시장점유율이 50퍼센트 이상 혹은 상위 3개사의 점유율 합계가 75퍼센트 이상인 독과점 시장점유율을 조사한 결과 46개 산업에서 독과점 시장구조가 더욱 심화되고 있다는 조사 결과를 발표했다. 또한 상위 50개사의 출하액 기준 일반 시장 집중도는 1998년 38.4퍼센트에서 2002년 32.4퍼센트로 낮아졌다가 그 이후 지속적으로 상승해 2008년 44.7퍼센트로 올

(1) 금융 제도의 변화

외환 위기 이후 국내 은행권은 정부의 공격적인 구조 조정 정책으로 급격한 변화를 경험했다. 위기 이전 35개 일반은행(정책금융 기관을 제외한 시중은행과 지방은행)이 13개로 축소되었고, 그 가운데 4개의 시중은행과 3개의 지방은행은 금융 지주회사의 자회사로 편입되었다. 저축은행·신협·새마을금고 등 서민과 영세 상공인을 위한 금융기관 수도 절반 이상으로 감소하고, 위기 이전에 재벌의 자금 조달 창구로 활용되었던 종합금융회사(종금사) 등 비은행 금융기관들은 금융 위기의 진원지로 지목되어 대대적인 퇴출 조치가 단행되었고 사실상 자취를 감추었다(Cho and Kim 1995, 20). 그 결과 수신과 여신의 주도권은 종금사와 같은 비은행 간접금융 기관에서 은행권으로 이전되어 시중은행의 금융시장 지배력이 강화되었다. 위기 이전에 은행권은 재벌 소유 종금사를 비롯한 비은행 금융기관의 공격적 확장에 밀려 시장점유율 축소를 경험했으나, 위기 이후 금융권 구조 조정을 거치며 국내 금융시장에서 독보적인 지위를 회복할 수 있었다. 동북아 금융 허브 구축을 국가적 장기 비전으로 내세운 노무현 정부가 자본시장 육성을 통해 은행 중심 금융 시스템을 시장 중심 시스템으로 전환하려고 시도했으나 별다른 성과를 거두지 못했다. 2000년부터 2010년 말까지 국내 전체 금융시장 자산에서 은행이 차지하는 비중은 71퍼센트로 보험사 15.4퍼센트, 증권사 4.8퍼센트와 비교해 압도적으로 높다(금융감독원 금융통계시스템 DB).

은행권은 위기 이후 외국자본 진출이 가장 공격적으로 이뤄진 산업

라섰다. 자세한 내용은 공정위 보도 자료(10/12/21) 참조.

부문이었다. 3개의 시중은행이 외국자본에 매각되었고, 민영화가 아직 이뤄지지 않은 우리금융을 제외한 나머지 3개 금융 지주회사의 외국인 지분율이 2007년 말 기준으로 60~80퍼센트, 3개의 독자적 지방은행 가운데 2개 은행의 외국인 지분율은 70퍼센트에 육박했다. 소유 구조 측면에서 국내 은행권이 외국자본의 지배하에 들어감으로써 국가의 은행 통제와 개입은 사실상 불가능하게 되었다. 외환 위기 이후 금융 시스템 재편은 개발 연대 시기부터 계승되어 온 고질적인 문제, 즉 외부 차입에 의존한 재벌의 무분별한 사업 확대가 은행 부실로 이어지는 악순환을 해결하는 데 집중했다. 정부의 금융 개혁은 재벌과 은행의 연결 고리를 차단해 은행 시스템의 안전성을 확보하는 한편, 대기업 금융을 자본시장의 규율과 감시 체제로 유도하는 것이었다.

이런 정부의 금융시장 재편 시도는 은행의 자산 구조에 근본적인 변화를 가져왔다. 대기업에 강제된 부채비율 규제로 은행권의 대기업 대출은 급격히 축소되었다. 반면에 외환 위기의 교훈으로 은행권의 위험 회피적이고 보수적인 대출 관행이 보편화되면서 상대적으로 부실 위험이 낮은 부동산 담보대출 위주의 가계 대출이 급증했다. 1990년 일반은행의 가계 대출은 전체 원화 대출의 6.9퍼센트에 불과했으나 김영삼 정권 시절 은행 자유화 조치와 더불어 1997년에는 18.3퍼센트로 높아졌다. 일반은행이 적자 행진에서 벗어나 회복기에 진입한 2001년부터 가계 대출 규모는 기업 대출 규모를 능가하기 시작했고, 2001년부터 글로벌 금융 위기 발생 이전인 2007년까지 총 대출에서 가계 대출이 차지하는 비중은 연평균 53.3퍼센트를 기록했다. 또한 가계 대출의 70퍼센트가 신용 등급 상위 1~4등급, 소득 4·5분위인 고소득층에 집중되었고, 신용 등급 하위 7~10등급은 전체 가계 대출의 15퍼센트에 불과했다. 반면에 외환 위기 이전 총 대출의 80퍼센트라는 압도적인 비중을 차지했던 기업 대출은 동일 기간 45.5퍼센트로 낮아졌다. 특히 대기업 대출이 급격히 축소되었다. 1992년 초반 은행권 총 대출의 37.1퍼센트를 차지했던 대기업 대출은 2000년대 중반 이후 4~5퍼센트대로 낮아졌다. 전체 기업 대출 가운데 중소기업 대출이 차지하는 비중은 1992년 58.4퍼센트에서 87.1퍼센트로 높아졌다.

또한 전체 대출의 90퍼센트 이상을 변동 금리 대출이 차지하고 있는 것도 은행권의 위험 회피적 대출 관행을 반영한다. 변동 금리 대출에서는 은행이 아니라 대출자가 이자율 변동 위험을 떠안게 된다. 그러나 이런 은행의 보수적 대출 관행이 은행 시스템의 안전성을 강화한 것은 아니었다. 그와는 반대로 정부의 은행 대형화 정책과 은행의 실적 위주 경영전략이 서로 상승작용을 일으켜 인수·합병을 통한 외형 확대와 시장 점유율 경쟁이 심화되었다. 2~3퍼센트의 낮은 예대 마진[13]으로 출혈경쟁이 격화되는 가운데 대출이 가계 대출 위주로 쏠리는 현상은 주기적 금융 불안을 야기했다. 2002~03년 신용 불량자 4백만 명을 양산한 '신용카드 대란'에 이어 주택 담보대출 남발은 주택 시장 거품을 유발했으며, 2007년 주택 담보대출 규제가 본격화되자 중소기업 대출을 경쟁적으로 확대해 갔다. 2008년에는 외화 유동성 위기에 직면해 정부의 개입으로 위기를 모면했다. 개별 은행의 보수적 대출 관행에도 불구하고 금융시장 전체의 불안정은 오히려 증대되는 역설적 현상이 나타났다.[14]

비금융 기업의 자금 조달 측면에서 나타난 가장 큰 변화는 위기 이전 30퍼센트에 못 미치는 내부 자금 비중이 2004년 62퍼센트로 급증하

13_ 대출이자와 예금이자의 차이, 즉 은행이 대출로 받은 이자에서 예금에 지불한 이자를 뺀 나머지 부분으로 은행 수익의 가장 중요한 원천이다.

14_ 외환 위기 이후 은행 제도의 변화와 경영전략에 대해서는 Cho(2011) 참조.

표 2-5 | 투자 재원 자립도 및 자원 조달 추이 (단위 : %, 10억 원)

	1975~79년	1980~87년	1988~92년	1993~97년	1998~2002년	2003~07년	2008~09년
투자 재원 자립도	85.9	96.2	105.1	97.6	116.4	107.2	106.9
자금 부족액	2,647	6,962	24,627	55,300	29,921	56,908	84,014
자금 조달액	5,459	14,466	44,770	98,166	43,090	128,619	184,997
자금 부족률	13.0	10.3	12.1	13.7	5.1	6.4	8.0
설비투자 증가율	30.6	7.3	12.8	9.1	5.8	5.0	-5.4

자료 : 한국은행 경제통계 시스템 DB.

며 외부 차입과 내부 조달 비중이 역전된 것이다(최호상 2006). 제조업 설
비투자의 경우 1990년부터 1997년까지 내부 자금 비중은 31.3퍼센트에
불과했으나 2004년 84.7퍼센트로 3배 가까이 상승했다(산업자원부 2005,
11). 내부 자금 위주의 자금 조달은 대기업의 수익성 개선과 재무 건전화
를 반영하는 것이지만, 동시에 외부 시장 규율의 제약을 받지 않는 자유
로운 투자 및 사업 확장 역량이 강화되었다는 것을 의미한다. 〈표 2-5〉
가 보여 주듯이 외부 차입에 의존한 재벌의 팽창이 중단되고 자금 부족
률도 큰 폭으로 하락했다. 구조 조정 과정에서 급격히 축소되었던 외부
자금 조달은 2005년 들어 위기 이전 수준을 회복한 후 급증하기 시작했
다. 그럼에도 자금 부족액과 자금 부족률이 오히려 증가하는 특이한 현
상이 나타났다. 더구나 위기 이전과 비교해 설비투자 증가율이 큰 폭으
로 감소하고 있음에도 자금 부족률이 증가하고 있는 것은 국내 금융 시
스템에서 자금 공급 기능이 왜곡된다는 점을 보여 준다. 이런 현상은 신
용 위험 등급에 따른 금융 접근 기회의 양극화를 반영한다.

　　대기업의 경우 외부 자금 조달에서 주식시장과 회사채 시장을 통한
직접금융 방식이 보편화되고 있는 반면, 중소기업의 자금 조달은 은행
대출에 의존하는 이원화된 자금 공급 체제가 등장했다. 이미 1980년대
개별 연대 체제 해체가 시작되면서 직접금융 시장은 은행 차입의 대안

표 2-6 | 비금융 기업 외부 자금 조달 구성 (연평균, 단위: %)

	1975~79년	1980~87년	1988~92년	1993~97년	1998~2002년	2003~07년	2008~09년
간접금융	35.6	39.7	36.8	34.3	17.2	36.4	39.0
예금은행	22.9	16.5	16.9	14.0	29.5	33.1	32.1
비은행 기관	12.7	18.6	20.2	19.3	-16.1	3.3	6.8
직접금융	19.5	30.2	41.3	43.3	53.6	37.4	41.7
기업 어음	1.7	3.5	4.5	11.1	-10.0	5.4	0.2
주식	13.7	16.9	18.7	14.1	49.1	26.5	16.2
회사채	4.0	9.7	18.1	18.1	16.0	5.1	24.8
해외 조달	11.2	2.4	4.9	7.2	7.2	7.1	4.2
기타	33.7	27.9	16.2	15.7	21.6	19.0	15.1

자료: 한국은행 경제통계시스템(ECOS) 자금순환표.

으로서 대기업이 외부 자금을 조달하는 중요한 통로로 사용되어 왔다. 외부 자금 조달 방식이 다변화되어 국내외 경기 상황에 따라 은행 차입과 직접금융 가운데 조달 비용 측면에서 유리한 방식을 선택할 수 있게된 것이다. 외환 위기 이후 대기업 여신이 급감하고 그 결과 전체 은행여신에서 대기업이 차지하는 비중은 5퍼센트를 넘지 않고 있다. 그럼에도 2002년 이후 비금융 기업의 외부 자금 조달에서 은행 대출이 차지하는 비중이 위기 이전 수준을 회복한 것은 중소기업 대출이 크게 늘어났기 때문이다〈표 2-6〉 참조).

중소기업은 정보의 불투명성이 높고 신용 여력이나 담보 능력이 대기업에 비해 부족하기 때문에 자본시장을 통해 자금을 조달하는 데는원천적으로 한계가 있다. 따라서 작은 규모에서 오는 근본적인 제약으로 말미암아 중소기업의 자금 조달은 오랜 관계에서 축적된 기업 내부정보를 토대로 한 전형적인 관계 금융의 영역에 속한다. 중소기업의 자금 조달에서 은행 대출 의존성은 불가피한 현상이다. 그러나 외환 위기이후 규모의 경제를 추구하는 은행권의 대형화 전략은 중소기업 금융발전을 저해하는 요인이 되고 있다. 은행 간 대출 경쟁이 중소기업 대출 증가를 가져왔으나 우량 중소기업 편중 현상이 발생해 신생 기업이나 신용 등급이 낮은 중소기업의 금융 접근 기회는 오히려 축소되었다(서근우 2003). 외환 위기 금융 개혁의 결과 은행의 자금 중개 기능은 위기 이전보다 퇴보했다(김현정 2002). 또한 가계 대출 위주의 소매 금융 편중은 은행 경쟁력에 필수적인 기업 경영 감시자와 정보 생산자 역할 강화에 역행하는 것이며, 중소기업 금융에서는 여전히 단순한 채권·채무 관계를 넘어서지 못하고 있다.

외환 위기 이후 한국 금융 제도는 제도 비교 연구에서 일반적으로 구분하는 은행 중심과 시장 중심 금융 제도의 기준을 적용해 설명하기는 어렵다. 이미 1980년대부터 보편화된 대기업의 직접금융 위주의 외부 자금 조달 방식을 근거로 내세워 한국의 금융 제도를 시장 중심 제도로 분류하는 것은 설득력을 갖지 못한다.[15] 주식시장 활성화에도 불구하고 2005년 주식시장의 자금 조달액(신규상장과 유상증자)은 같은 해 명목 GDP의 1.4퍼센트에 불과했다. 또한 회사채 시장을 통한 자금 조달은 외환 위기 직후 일시적인 급증 현상을 보인 이후 순상환 기조와 함께 감소세로 돌아섰다가 2008년 글로벌 금융 위기 이후 채권 발행이 다시 급증하고 있다. 채권시장을 통한 자금 조달은 신용 경색기의 저금리 기조에 편승해 나타나는 한시적 현상이며, 따라서 채권시장의 자금 공급 기능이 원활하게 이뤄지고 있다고 볼 수 없다. 외환 위기 이후의 금융정책이 자본시장 기능 강화를 통해 시장 중심 금융 시스템으로의 전환을 일관되게 추구해 왔으나, 정책의 의도와 실제 결과 사이에는 커다란 괴리

15_ 외환 위기 이후 금융 구조 재편의 결과 한국의 금융 제도가 은행 중심에서 시장 중심으로 전환했다는 주장은 이진순(2003), 조복현(2004b), 이건범(2005) 참조. 이런 주장에 대한 비판은 유철규(2006) 참조.

가 존재하는 것이다. 자본시장에서 정보 생산과 감시 기능을 주도하는 기관 투자자의 비중이 매우 낮을 뿐만 아니라 단기 수익을 우선시하는 기관 투자자의 투자 행태는 자본시장의 자금 공급 기능 활성화에 오히려 장애 요인이 되고 있다.

더구나 〈은행법〉의 금산 분리 원칙은 유럽형 은행 중심 제도와 영미형 시장 중심 제도의 형성과 발전을 사실상 불가능하게 만들고 있다. 국내 〈은행법〉은 은행의 비금융 기업 지분 소유 한도를 5퍼센트로 제한하고 있으며, 비금융 기업의 은행 지분 소유는 의결권 주식의 4퍼센트, 전체 은행 지분의 10퍼센트로 제한하고 있다. 앞서 서술했듯이 외환 위기 이후 국내 금융시장이 은행 중심으로 재편되고, 은행으로의 자산 집중이 한층 높아졌다. 그럼에도 국내 〈은행법〉의 금산 분리 원칙으로 말미암아 은행이 직접금융 시장에서 자금 공급과 시장 감시 기능을 수행하는 데 근본적이 제약이 뒤따른다. 다른 한편에서는 은행 위주의 금융 시장 재편은 시중 자금이 은행으로 집중한 결과일 뿐이며, 내용적으로 유럽형 은행 중심 금융 제도와는 근본적인 차이를 갖는다. 유럽형 은행 중심 금융 제도의 핵심은, 대기업의 경우 지분 교차 소유를 통한 은행과 기업 간 긴밀한 결속, 중소기업의 경우 관계 금융적 결속이다. 즉 은행은 기업 정보의 축적과 생산을 담당하고 기업과 장기적이고 안정적인 상호 결속 관계를 구축해 인내 자본patient capital을 공급함으로써, 기업 성장에 동반자 역할을 수행하는 것이다. 외환 위기 이후 보편화된 은행의 보수적 단기 수익 추구 경영 행태는 기업과 장기적이고 안정적인 관계를 구축하는 것과는 상반되며, 은행의 자금 공급 기능은 은행의 단기 수익성을 우선시하는 불안정한 채권·채무 관계를 벗어나지 못하고 있다. 비록 외형적으로 한국 금융 제도는 은행 중심적 형태를 띠고 있지만, 유럽형 은행 중심 금융 제도의 본래적 의미와는 거리가 멀다고 할 수 있다. 외환 위기 이후에 실시된 금융 개혁의 결과 직접금융 시장과 간접금융 시장 양쪽에서 자금 공급 기능이 현저히 약화되고, 금융과 기업 간 단기적 거래 관계를 특징으로 하는 금융 제도가 고착화되고 있다.

(2) 상품 생산 체제의 변화와 기업 간 관계

외래 기술 도입에 의존한 기술혁신, 저임금·반숙련 노동력, 소품종 대량생산 체제를 특징으로 하는 한국의 생산 레짐은 1980년대 말 이후 위기에 봉착했다. 대내적으로 막강한 교섭력을 갖는 대기업 노조의 임금 인상 투쟁이 격화되고 그로 인해 인건비 부담이 증가하면서 가격경쟁력이 악화되었다. 더구나 1990년대 들어 동남아시아와 중국 등 후발 신흥 시장국들이 저임금에 기초한 공격적인 수출 전략으로 선진국 시장 진출을 가속화하고, 신흥 시장국의 저가품 수출 공세에 직면한 선진 자본주의국가들이 보호무역주의를 강화하기 시작했다. 그 결과 해외시장에서 저임금 국가와의 가격경쟁은 더욱 치열해졌다. 이런 대내외적 환경 변화에 직면한 기업의 대응은 크게 두 가지 방향으로 진행되었다. 첫째, 표준화된 완제품 대량생산 체제를 더욱 조직화해 인건비 부담 축소와 가격경쟁력 회복을 시도했다. 둘째, 정부의 개방화 정책에 편승해 생산비 절감을 위한 해외 진출이 급증했다. 특히 외환 위기 이후 노동 집약적인 단순 조립 가공 공정의 해외 이전이 가속화되면서 생산 사슬이 국제화되었다.

1970년대 포드주의적 대량생산 체제의 위기에 직면한 선진 자본주의국가에서는 정보·통신 기술혁명과 고임금 노동력의 유연한 활용을 결합한 새로운 생산 체제로 이행했다. 일본에서는 대량생산의 유연성과 효율성을 극대화한 린 생산 체제가 대안 모델로 등장했고, 독일에서는 전통적인 숙련노동과 신기술을 결합하면서 고부가가치 제품 시장에서 안정된 지위를 누리는 다변화된 품질 지향 생산 체제가 형성되었다.[16] 1990년대 한국에서도 일본식 린 생산방식 도입을 통한 유연 대량생산 체제로의 전환을 시도했으나 강성 노조의 거센 저항에 부딪혀 성공을 거두지 못했다. 그 대신 제조업의 전 산업 분야에서 노동 의존도를 낮추기 위해 생산 설비 자동화에 공격적인 투자가 이뤄졌다. 외환 위기 이후에는 가격경쟁력을 유지하기 위한 비용 절감형 구조 조정이 한층 가속화되었다. 핵심 부품 부문에서는 대기업 집단 내부의 수직 계열화된 협력 관계를 유지하는 반면, 나머지 범용 부품 공급의 경우에는 비노조 사업체로 아웃소싱을 확대하고 거래선을 다변화했다. 과거 완성차 업체와 부품 업체가 직접·전속 거래 관계를 맺는 단층적이고 폐쇄적인 하청 구조가, 중층화되고 개방형으로 전환되기 시작한 것이다. 계열사 부품 업체를 정점으로 한 피라미드형의 하도급 위계질서 아래 여러 부품 업체와 복수 거래를 함으로써 부품 업체 간 납품 단가 경쟁을 촉진하는 새로운 하도급 거래 관계가 형성되었다. 부품 업체 간 단가 경쟁은 납품 단가 하락을 초래했고, 중소 부품 업체에 대한 대기업의 가격 통제력을 강화했다.[17] 또한 생산 설비 자동화율을 높이기 위한 투자를 더욱 확대하는 한편, 저비용의 비정규직 파견 노동자 고용을 늘려 인건비 부담을 최소화하고 해외 생산 기지를 설립하는 데 박차를 가했다.[18]

16_ 선진 자본주의국가의 탈포드주의 전략에 대해서는 박준식(1997), 김애경(1999) 참조.

17_ 주요 산업에서 대기업·중소기업의 거래 관계 변화와 그것이 경영 성과에 미친 영향에 대해서는 장석인·이경숙·박광순 외(2010) 참조.

18_ 자동차 산업의 경우 외환 위기 직후 대량 정리 해고를 실시한 결과 고용이 20퍼센트포인트 감소하고 정규직 임금의 약 60퍼센트에 불과한 비정규직 고용이 전체 고용의 20퍼센트에

표 2-7 | 투자자 규모별 해외직접투자 추이 (단위 : 건, 백만 달러)

시기	총 투자액	대기업			중소기업		
		건수	투자 금액	대중국 투자	건수	투자 금액	대중국 투자
1968~80년	145.2	313	99.5	–	179	45.6	–
1981~87년	1,230.5	488	1,167.9	–	236	61.6	–
1988~92년	4,525.5	1,448	3,357.6	39.1	2,313	1,150.8	165.2
1993~97년	15,340.5	2,752	10,407.4	1,647.9	8,158	4,773.5	1,732.3
1998~2002년	22,636.1	2,750	16,724.0	2,092.4	9,358	5,364.6	1,264.6
2003~07년	51,264.7	4,461	33,715.7	8,800.1	20,753	14,738.3	5,315.2
2008~10년	54,216.8	4,235	52,250.0	5,672.7	13,824	13,096.5	2,982.1

자료 : 수출입은행 해외투자통계 DB.

1968년에 시작된 한국 기업의 해외직접투자는 1980년대 말까지 미미한 수준에 머물다가 1990년대 들어 급증했다. 1980년대 해외투자는 90퍼센트 이상이 대기업에 의해 이뤄졌으며 원자재 확보가 주목적이었다. 1990년대 들어 선진국의 보호주의 경향이 대두되면서 무역 장벽을 회피하기 위한 대기업의 대▨선진국 간접 수출형 투자가 확대되었고, 중소기업은 인건비 상승에 대응하기 위해 노동 집약적 경공업 분야에서 중국과 동남아 등 아시아의 저임금 국가를 대상으로 한 해외직접투자를 크게 늘렸다. 외환 위기 이후에는 대기업 주도로 생산비 절감을 위한 대중국 투자가 본격화되었다.

〈표 2-7〉이 보여 주듯이 1990년대에는 중소기업이 대중국 투자를 견인했다면 외환 위기 이후에는 대기업의 투자가 중소기업을 크게 앞지르고 있다. 2002년 중국이 미국을 제치고 한국 기업의 해외투자 1위 국가로 부상한 이후 2007년까지 대기업의 생산 기지 이전이 급증하고 핵

달했다. 또한 공장 자동화를 위해 공격적 투자를 실시한 결과 설비 자동화율은 일본보다 높은 수준을 보이고 있으며 해외 생산이 국내 생산을 앞질렀다. Noble(2010) 참조. 자동차 산업의 하도급 관계에서 나타난 변화에 대해서는 조성재·이병훈·홍장표 외(2004) 참조.

표 2-8 | 제조업 대기업·중소기업 수출의존도 (단위 : %)

	2002년	2003년	2004년	2005년	2006년	2007년	2008년	2009년
대기업	44.2	50.1	54.7	55.0	55.9	55.3	57.9	58.1
중소기업	23.0	26.7	27.8	23.7	23.4	14.3	15.6	16.8

자료 : 한국은행 기업 경영 분석 결과.

심 중간재를 공급하는 협력 업체의 동반 진출이 이뤄지면서 대중국 투자는 황금기를 맞이했다. 1991년부터 2001년까지 제조업 분야의 해외 직접투자에서 대중국 투자가 차지하는 비중은 평균 21.6퍼센트에 불과했으나 2002년에서 2007년 사이 57.8퍼센트로 높아졌다. 외환 위기 이후 자동차와 통신기기 등 한국의 수출 주력 상품을 생산하는 대기업의 글로벌화 전략은 한국의 수출산업 구조에 대변혁을 가져왔다. 대기업이 생산 기지를 해외 이전하면서 중간재 무역 거래가 급증했고,[19] 한국의 주요 수출 시장은 과거 최종재 소비 시장인 선진국에서 생산 시설이 위치한 저임금 국가로 전환되었다.[20] 수출 상품의 가격경쟁력을 확보하기 위한 대기업의 해외 생산 확대는 대기업의 수출의존도를 높이는 효과를 가져왔으나, 중소기업의 수출의존도는 2004년 정점에 도달한 후 감소 추세로 돌아섰다(〈표 2-8〉 참조). 또한 전체 수출에서 중소기업의 수출이 차지하는 비중은 2003년 42.2퍼센트에서 2008년 30.9퍼센트로 큰 폭으로 하락했고 대기업 납품을 통한 중소기업의 간접 수출도 같은 기간 10.9퍼센트에서 7.9퍼센트로 감소했다(최용민·박진우·홍지상 2010, 4).

19_ 2010년 기준 한국의 대중 수출액 가운데 중간재는 73퍼센트의 압도적인 비중을 차지하고 있으며, 자동차, 기호·가공식품, 의류 제품 등 소비재 수출 비중은 3.2퍼센트에 불과했다(『헤럴드경제』 11/05/06).

20_ 한국 수출산업 구조의 변화에 대한 자세한 내용은 제현정·홍지상·김여진(2010) 참조.

중소기업 수출 비중이 하락한 주원인은 다음과 같다. 첫째, 국내 중소기업의 주요 수출 품목인 중·저급 기술 경공업 제품이 중국의 저가 수출 공세에 직면해 경쟁력을 상실했고, 둘째, 대기업의 해외직접투자가 급증하면서 수출에서 대기업 편중 현상을 더욱 심화하는 결과를 초래했다. 대기업의 해외투자와 수출 증가의 선순환 효과의 혜택이 전적으로 대기업 계열사에 주어지고 중소기업 수출에는 별 도움이 되지 않은 것으로 나타났다. 더구나 대기업의 생산 기지가 해외로 이전하면서 부품을 현지에서 직접 조달하거나 제3국에서 수입하는 생산 사슬의 국제화가 빠르게 진행된 것도 중소기업 수출 비중이 하락한 요인으로 작용했다.[21] 그 결과 대기업과 중소기업 간 수출 양극화 현상이 심화되었다.

외환 위기 이후 가격경쟁력 극대화에 주력한 대기업의 생존 전략은 중소기업 침체와 대기업과 중소기업 간 격차 확대의 주요 원인이 되었다. 대기업의 생산 기지 해외 이전과 생산 사슬 국제화 추세로 대기업 편중의 수출구조가 고착화된 한편, 대기업의 국내 생산에서도 핵심 부품의 내부화와 범용 부품을 글로벌 소싱하는 양면 전략이 보편화되어 부품 수입은 늘고 국내 조달은 상대적으로 축소되었다. 특히 2001년 이후 중국으로부터 부품 수입이 급증하기 시작해 전체 부품 수입에서 중국이 차지하는 비중은 2001년 9.4퍼센트에서 2008년 28퍼센트로 높아졌다. 같은 해 중국은 일본을 제치고 한국에 가장 많은 부품을 수출하는 국가로 등장했다. 대규모 유통 업체의 경우에도 국내 조달보다 가격이 저렴한 완제품을 직접 수입하기 시작했다(『매경이코노미』 05/02/22). 더구

21_ 가령 자동차 부품에서 중소기업의 수출 비중은 2000년에 65.0퍼센트에 달했으나 2009년에는 37.1퍼센트로 크게 하락했다. 중소기업 수출의 하락 원인에 대한 자세한 내용은 최용민·박진우·홍지상(2010) 참조.

표 2-9 | 제조업 대기업·중소기업 경영 성과 비교 (단위 : %)

시기	총 자산 이익률*		기업 순이익률**		매출액 순이익률***	
	대기업	중소기업	대기업	중소기업	대기업	중소기업
1990~97년	1.5	1.2	1.7	0.9	6.7	6.8
1998~2001년	-2.1	1.3	-2.7	1.1	3.3	6.2
2002~09년	6.5	3.2	6.1	2.5	8.0	5.5

주 : * 총자산 대비 당기순이익의 총자산에 대한 비율.
　　** 총자본 대비 당기순이익과 이자 비용의 합계.
　　*** 매출액 대비 당기순이익.
자료 : 한국은행 경제통계시스템(ECOS) 기업경영분석.

나 2006년 말 중소기업 고유 업종 제도가 폐지되어 내수 시장에서 중소기업에 대한 보호막이 사라진 이후 정수기, 생수, 문방구류, 자동차 정비, 광고 대행, 빵집 체인, 인테리어, 골프 연습장, 콜택시, 막걸리·두부 제조 등 업종을 불문하고 중소기업 영역에 대기업의 무차별적 진출이 이뤄지고 대기업 집단의 계열사 수가 급증했다(『한국일보』 11/05/13).[22] 자본, 기술, 인력, 마케팅 조직, 정보력에서 우위를 지닌 대기업이 공격적으로 사업을 확장한 결과 내수 시장에서 중소기업의 입지가 축소되었다.

　〈표 2-9〉를 보면 위기 이전 대기업과 중소기업의 경영 실적에는 큰 차이가 없었으나, 외환 위기 이후 격차가 확대되는 경향을 보였다. 대기업 완제품 생산 사슬의 국제화 추세, 수출과 내수에서 대기업의 지배력 확대가 대기업과 중소기업 간 양극화의 원인으로 작용하고 있다. 외환 위기 이후에 나타난 생산 레짐의 변화는 이중적 결과를 초래했다. 대기

22_ 15대 재벌의 계열사 수는 2007년 472개에서 2010년 4월 679개로 신규 편입 회사는 332개, 제외 회사는 125개로 총 207개가 증가했다. 신규 편입 계열사 332개사 중 제조업은 80개사(24.1퍼센트), 비제조 서비스업은 252개사(75.9퍼센트)로 비제조 서비스업으로의 출자가 3.1배나 많은 것으로 나타났다. 내수 시장에서 재벌의 공격적인 확장이 진행 중임을 알 수 있다. 자세한 내용은 경실련(2010) 참조.

업의 비용 절감형 성장 전략으로 대기업의 가격경쟁력과 수익성은 개선되었으나 한국 경제의 부가가치 창출 능력은 오히려 약화되었다. 대기업의 재무 건선성과 경영 실적이 개선되었음에도 주력 수출산업에서 부가가치율[23]은 오히려 큰 폭으로 하락했다. 2000년에서 2008년 사이 자동차, 조선, 통신기기, 철강, 가전, 일반 기계 산업의 부가가치율은 완성차와 가전을 제외하고 하락세를 보였다. 통신기기의 부가가치율은 27.2퍼센트에서 19퍼센트로 하락폭이 가장 컸으며 철강 산업 23.5퍼센트에서 15.1퍼센트, 일반 기계 30.7퍼센트에서 24.9퍼센트, 조선업 32퍼센트에서 28.6퍼센트로 그 뒤를 이었다. 반면에 완성차는 23퍼센트에서 23.3퍼센트로 큰 변화가 없었으나, 자동차 부품은 22.1퍼센트에서 18.1퍼센트로 감소했고, 가전의 경우에는 14.8퍼센트에서 15.1퍼센트로 미미한 수준의 상승세를 보였다(장석인·이경숙·박광순 외 2010, 13-14). 전 산업의 부가가치율도 1995년 44.7퍼센트로 최고치를 기록한 후 2000년 43.0퍼센트, 2005년 41.2퍼센트, 2006년 40.6퍼센트, 2007년 40.1퍼센트, 2008년 36.8퍼센트로 지속적인 하락 추세를 이어가다가 글로벌 금융 위기 직후 일시적으로 국제 원자재 가격이 급락하면서 2009년 전 산업 부가가치율이 37.8퍼센트를 기록하며 14년 만에 상승세를 보였다. 그러나 같은 해 미국과 일본의 부가가치율인 56.9퍼센트와 49.5퍼센트에 비교했을 때, 한국의 부가가치 창출 능력은 매우 낮은 수준에 머물고 있다(『파이낸셜뉴스』 11/04/29).[24]

주요 산업에서 부가가치율이 하락한 데는 생산 자동화에 주력한 대

23_ 각 부문 생산물 1단위 생산에 따라 창출되는 부가가치의 단위.
24_ 자세한 내용은 한국은행(2011) 참조.

량생산 체제의 강화로 인한 임금 기여도 감소, 대기업의 국제화 전략으로 인한 산업 간 연관성 약화, 치열한 경쟁으로 인한 이윤율 하락 등 다양한 요인이 복합적으로 작용했다. 외환 위기 이후 한국 경제의 대외적 연관성은 심화된 반면에 대내적 연관성은 약화되어 대기업의 완제품 생산과 수출 성장이 중소기업의 부품·소재 생산의 성장을 이끌지 못하는 성장 구조의 분절화가 고착화되었다. 이 같은 생산구조의 분절화와 대기업·중소기업의 양극화는 설비투자 양극화를 동반했다. 산업 형태별로 설비투자 추이를 보면 외환 위기 이후 대기업이 지배하는 조립 가공 산업의 설비투자 비중이 급격히 확대되고 있는 반면에 중소기업이 담당하는 소재 산업의 설비투자 비중은 큰 폭으로 감소해 소재 산업의 위축을 초래하고 있다(이덕재 2004, 122-125). 더구나 대기업 생산 사슬의 국제화는 경제 세계화 추세에 편승한, 포드주의적 내량생산 체제의 공간적 확장을 의미하는 것으로 기술적 대외 종속성을 탈피하지 못하고 산업구조의 고부가가치화가 지연되는 부정적 효과를 동반했다.

지금까지의 논의를 종합할 때, 외환 위기 이후 한국 생산 레짐의 변화는 대기업 실적 강화 전략의 전환과 밀접한 관련이 있다. 개발 연대 시기 대기업의 상품 생산 체제를 특징짓는 소품종 대량생산의 포드주의적 생산방식은 위기 이후 대기업의 실적 강화 전략이 전환하면서 일정한 변화를 경험했다. 위기 이전 대기업의 실적 강화 전략이 국내외 시장 점유율 확대를 통한 외형 성장을 추구했다면, 위기 이후에는 설비투자 위주의 비용 최소화 및 수익 극대화 전략이 핵심을 이루고 있다. 위기 이후 설비투자 위주의 수익 극대화에 집중하는 대기업의 실적 강화 전략이 시행된 결과 생산공정 자동화와 중층화된 하도급 구조를 토대로 대량생산 체제의 유연화 추세가 빠르게 확산되고 있다. 그러나 위기 이후 대기업의 대량 유연 생산 체제는 선진국에서 일반적으로 나타나는 포스트 포드주의의 노동 중심 유연 생산방식과는 근본적인 차이가 있다. 선진국의 포스트 포드주의적 생산 체제는 테일러주의적 소품종 대량생산 체제가 숙련노동의 전문화를 통한 다품종 소량 생산 체제로 대체되는 과정이었다. 그와 달리 한국적 유연 생산 체제는 노동 배제적인 설비 자동화를 통한 유연화를 특징으로 한다. 생산기술 중심의 유연화는 한편에서는 노동의 탈숙련화를 초래하고, 다른 한편에서는 막대한 설비투자 비용을 회수하기 위한 대량생산 체제를 유지한다. 기술 중심의 자동 유연화에 기반을 둔 대기업의 소품종 대량생산 체제는 과거 포드주의적 생산방식의 숙련 경시적이고 노동 배제적인 성격을 더욱 강화하고 탈숙련과 장시간 노동의 네오테일러주의를 확산하는 결과를 가져왔다(조성재·정준호·황선웅 2008, 124-125).

5. 생산 레짐의 변화와 사회경제적 갈등

여기에서는 앞서 살펴본 한국 자본주의 체제의 진화 과정과 사회경제적 갈등의 상관관계를 살펴보고자 한다. 대기업 주도의 제조업 대량생산 체제와 대기업 실적 강화 전략이 지배적으로 관철되는 생산 레짐은 사회경제적 갈등 구도에도 직접적인 영향을 미친다. 한국의 사회경제적 갈등은 국가와 자본의 공생 체제가 보장하는 재벌의 독과점적 이익의 분배를 둘러싼 다양한 이해관계에서 출발한다. 권위주의적 국가의 물리력에 의해 억압되었던 다양한 이익집단의 요구는 1980년대 들어 사회경제적 갈등으로 분출하기 시작했다. 1990년대 이후 신자유주의적 개혁 과정은 다양한 이해관계자 간 경쟁 및 이익 구도의 재편을 가져왔다.

1980년대 한국의 사회경제적 갈등이 자본·노동 간 대립이 주를 이뤘다면, 1990년대 이후 신자유주의 개혁의 진행 과정에서 자본과 노동의 단순한 대립 구도는 복잡하고 다층적인 형태로 분화하기 시작했다. 그에 따라 새로운 사회경제적 갈등 요소가 등장하고 갈등 유형이 다변화되고 있으며 갈등 영역 또한 넓어지고 있다.

1) 사회경제적 갈등의 확대재생산 메커니즘

1990년대 정치 민주화가 진전되면서 다양한 이익집단의 합의를 통해 사회경제적 갈등을 조정하려는 시도가 등장했다. 1980년대 말 민주노조 운동의 폭발적 분출 이후 선투적 노동운동의 확산을 방지하고 임금 상승을 안정적으로 관리해야 할 필요성이 제기되었고, 1990년대 초 한국 최초의 사회적 합의 기구인 한국경제사회협의회가 출범했다. 그러나 한국경제사회협의회는 민주 노동운동 세력을 배제한 정부·경총·한국노총의 보수적 세력 연합이라는 태생적 한계를 지니고 있었다. 김영삼 정권 시절 중앙 수준의 임금 협상을 최초로 시도한 경총과 한국노총 간 노사대표자회의에서도 민주 노동운동 세력은 계급 간 협력의 대상에서 제외되었으며, 기업별 단위가 아닌 중앙 차원의 임금 협상은 노사 간 협력 관계를 구축하기 위해서라기보다는 하나의 임금정책 수단으로 활용하려는 의도가 강했다(신동혁 2003, 17-19). 그 결과 대립적 노사 관계는 그대로 유지되고 보수와 급진적 노동조합 세력 간 균열과 갈등을 부추기는 결과를 초래했다. 외환 위기 이후 대량 정리 해고를 동반한 비용 절감형 구조 조정에 따른 갈등 비용을 최소화하려는 정치적 노력의 일환으로 민주노총을 포함한 노사정위원회(노사정위)가 설립되고 최초의 노사정 합의를 도출하는 성과를 거두기도 했다. 그러나 노사정위로 상 징되는 국가-자본-노동의 협력 관계는 위기 봉합적 차원의 일시성을 벗어나지 못했다.

외환 위기 이후 구조 개혁의 급진성은 정치적 의도와는 상관없이 재 벌의 시장 권력을 더욱 강화한 반면, 파편화된 기업별노조 체제와 중앙 차원에서 보수와 급진적 노동자 대표 조직이 균열함에 따라 자본-노동 세력 관계의 불균형은 더욱 심화되었다. 2008년 말 현재 국내 노동조합 조직률은 10.5퍼센트로 매우 낮은 수준이며, 국내 노동조합의 92.6퍼센 트가 기업별노조 형태를 취하고 있다(김정한·김향아·김가람 2009, 7-8). 노동 조합의 구조적 취약성과 자본의 압도적 힘의 우위로 인해 자본 측에서 는 노동과 타협하고 동의를 구하는 사회적 합의를 선호할 유인이 부재 하다. 그 결과 한국경제사회협의회에서 노사정위에 이르기까지 사회적 합의를 제도화하기 위한 시도는 정부 주도로 진행되어 왔다. 그러나 대 자본의 이익에 포획된 연성 시장 국가 체제하에서 정부 주도형 사회적 합의 제도는 근본적인 한계를 가질 수밖에 없으며 오히려 이해 당사자 간 갈등을 조정·관리하는 메커니즘의 형성·발전을 저해하는 요인으로 작용한다. 연성 시장 국가 체제하에서 신자유주의적 개혁이 재벌의 이 익 증대로 귀결되고, 재벌의 경제력 집중과 시장 지배력이 확대될수록 재벌이 독점하는 이익의 분배를 둘러싼 사회경제적 갈등은 증폭되는 악 순환의 고리가 형성되었다.

외환 위기 이후에 나타난 생산 레짐의 변화는 고용 및 노사 관계의 변화를 동반했다. 앞장에서 살펴본 위기 이후 대기업 실적 강화 전략의 산물인 저비용·기술 중심적 유연 대량생산 체제는 고용 및 노사 관계에 혼란과 모순을 야기했다. 대기업 경영진이 단기적인 수익 극대화를 위 한 고용조정 전략을 적극적으로 활용하기 시작하면서 위기 이전에 장기적 고용 관계에 기초한 기업 내부노동시장이 붕괴하고, 구조 조정이 상시화되었으며, 다양한 형태의 비정규직 고용 및 외주화를 통한 간접 고용이 확대되는 등 고용 관계의 유연화 및 분절화 현상이 가속화되었기 때문이다(배규식·윤진호·조효래·이정희 2008, 30). 위기 이후 빠르게 진행되고 있는 한국의 노동 유연화는 생산 레짐의 변화, 즉 유연 자동화 추세에 부합하는 고용 관계의 변화라고 할 수 있다. 노동 유연화는 이미 1970년대 선진국을 중심으로 포드주의 위기를 맞아 대응책으로 등장한 이래 세계적 추세가 되었다고 할 수 있으나, 한국의 경우 선진국의 경험과는 다른 특징을 보이고 있다. 한국의 노동 유연화는 노동 외부화를 통한 유연화가 지배적인 형태로 관철되고 있다. 즉 기업 내부노동시장 외곽에서 집중적으로 나타나고 있으며, 동시에 전근대적 고용 관계인 사내 하도급 형태의 간접 고용이 노동 외부화 추세를 주도하고 있다는 점이 특징적이다(은수미·이병희·박제성 2011).[25] 2008년 3백 인 이상 대기업을 대상으로 실시한 노동부의 사내 하도급 실태 조사에 따르면 전체 1,764개 기업 가운데 54.6퍼센트인 963개 업체에서 사내 하도급을 활용하고 있으며 하도급 노동자는 원청 노동자의 28퍼센트에 해당하는 36만9천 명으로 집계되었고(이병희 2011), 업종별 사내 하도급 고용은 제조업의 경우 생산직의 44.4퍼센트, 단순직의 51.5퍼센트, 비제조업에서는 단순직의 74.1퍼센트를 차지하는 것으로 나타났다(조성재 2011).

외환 위기 이후 기업 내부노동시장이 해체되고 외부노동시장 의존

25_ 사내 하도급은 노동자 조달만을 담당하는 기간제나 파견제와는 전혀 다른 성격의 간접 고용 형태다. 사내 하도급은 원청 업체로부터 위임을 받아 생산공정을 대행하는 것으로 사업 수행에서부터 노동자 조달 및 노동에 대한 지휘 감독까지 모든 과정을 하도급 업체가 책임 지게 된다. 파견제와 기간제와는 달리 아무런 규제를 받지 않는 간접 고용의 사각지대라고 할 수 있다.

도가 높아지는 추세로 인해 전반적인 고용 불안이 증대되는 가운데 노동 외부화를 통한 유연화 추세는 이원화된 고용 관계를 출현시켰다. 노동시장 분절로 인한 고용 관계의 이원화는 기업별 노동조합의 한계와 더불어, 정규직과 비정규직 및 간접 고용에 대한 자본의 이중적 전략에 의해 노사 관계의 이원화를 초래했다. 1987년 이후 노동조합운동은 대기업 사업장의 장기 고용 관계를 토대로 임금 인상과 노동조건 개선을 압박하는 포드주의적 타협 체제를 추구해 왔다. 그러나 위기 이후 내부 노동시장이 해체되고 노동 유연화가 진행되면서 노조 조직률은 하락했고 포드주의적 타협 체제의 토대도 위협받기 시작했다. 이런 위협에 대해 노동조합은 전투적 방식에 의존해 기업 내부노동시장의 보호와 배타적인 자기 이익을 추구하는 것으로 대응했다. 이에 자본은 전투적 실리주의를 지향하는 노조와의 직접적 충돌을 피하고 작업장 차원에서 노사 담합을 통해 합의를 도출하는 전략에 집중하고 있다. 대기업 사업장을 중심으로 일반화되고 있는 노사 담합 관계는 노동조합운동의 보수화와 더불어 기업 내부노동시장의 유연화를 제약하고 노동 외부화를 가속화하는 원인으로 작용하고 있다. 대기업 생산직의 경우 내부노동시장이 축소되었음에도 여전히 내부노동시장의 규제가 작동하고 있는 것과 달리, 사무직의 내부노동시장은 빠른 속도로 해체되고 있는 것(김영미·한준 2008)은 생산직 정규직 노동자가 중심이 된 기업별 노동조합의 전투적 실리주의가 성공적으로 관철되고 있음을 보여 준다.

반면에 기업 외부노동시장의 비정규직, 간접 고용 노동자 및 하청 계열화된 중소기업은 대기업 경영진과 정규직 노동조합의 담합과 타협 체제에서 완전히 배제되어 일방적인 희생을 강요당하고 있다. 자본 또한 정규직 노동조합에 포섭 전략을 펴는 것과 달리, 비정규직과 간접 고용 노동자에게는 노사 관계의 존재 자체를 부정하는 극단적 대립 전략을 고수하고 있다. 이처럼 자본의 철저한 배제 전략이 실시됨에 따라 비정규직과 간접 고용 노동자들은 극단적인 생존 투쟁과 노동조합 인정 투쟁을 동시에 진행하고 있다(배규식·윤진호·조효래·이정희 2008, 257). 정규직·비정규직의 노사 관계 이원화로 인해 1987년 이전의 노사 관계 및 노동운동이 부활하는 역설적인 현상을 나타나고 있는 것이다.

지금까지의 논의에서 외환 위기 이후 생산 레짐의 변화와 사회경제적 양극화의 내적 연관 관계를 확인할 수 있다. 대기업의 유연 대량생산 체제는 대기업의 독과점 이익을 배분하는 과정의 위계적 계층화 현상을 초래했다. 독과점 이익 배분의 계층화는 우선 대기업과 중소기업 간 이익 분배의 불균형에서 나타난다. 이는 대기업과 중소기업 간 실적 격차가 확대되고 동시에 대기업과 하청 계열화된 중소기업의 수익성이 서로 반비례하는 추세에서 입증된다. 대기업의 수익성이 향상되는 시기에 중소기업의 수익성은 오히려 하락하는 경향(임혜란 2010)과 함께 납품 단가가 인하되는 추세는 하도급 거래 관계에서 나타나는 대기업의 독점적 지배력과 이익 집중화 현상을 적나라하게 보여 주고 있다.[26] 또한 고용 관계의 이원화는 이익 배분 계층화의 또 다른 측면을 반영한다. 비록 규모가 축소되었지만 여전히 잔존하고 있는 기업 내부노동시장의 정규직 노동자는 이익 배분에서 우선적 권한을 갖는다. 반면에 비정규직 및 사내 하도급 노동자는 대기업의 숙련 경시적이고 노동 배제적인 유연 대량생산 체제에서 고용조정 비용 및 생산비용 절감에 결정적인 역할을

26_ 2001~07년 제조업 부문 중소기업의 임금수준은 156퍼센트, 원자재 물가지수는 273퍼센트 상승했음에도, 오히려 하도급 거래에서 납품 단가는 단일 부품 및 중간 부품을 기준으로 각각 2.4퍼센트 및 2.3퍼센트 하락했다. 하도급 거래의 만성적인 납품 단가 인하 압박이 심각한 수준에 도달했음을 알 수 있다. 자세한 내용은 조덕희·양현봉(2010, 115-116) 참조.

담당하고 있음에도 이익 배분에 대한 정당한 권리를 박탈당하고 있다.

마지막으로 이익 배분의 위계적 구조에서 최하층에 위치하는 것은 범용 부품 공급 업체의 노동자라고 할 수 있다. 외환 위기 이후 대기업 고용이 급격히 감소하고 있는 것과 달리 중소기업의 고용이 완만한 증가세를 보이는 것은, 유연 대량생산 체제가 고도화되는 과정에서 핵심 부품을 제외한 나머지 영역에서 하도급 거래 관계가 확산되었기 때문이다. 동시에 대기업과 중소기업의 상대임금 격차가 지속적으로 확대되고 있는 것은 이런 하도급 거래 관계의 확산과 밀접한 관련이 있다(조덕희·양현봉 2010, 82-83). 앞서 언급했듯이 하도급 거래 관계에서 대기업의 지배력은 중소기업의 실적 악화와 임금 지불 능력 악화라는 악순환을 낳고 있으며, 최저임금 인상에 대한 중소기업의 강력한 저항을 초래하고 있다.[27]

위기 이후 대기업의 실적 강화 전략이 내부노동시장의 정규직 노동자의 고임금과, 노동조합을 우회해 저임금 고용을 적극적으로 활용하는 고용 유연화 방식으로 표현되고 있다. 정규직 노동자의 포섭 비용이 대기업의 수익성에 부정적 영향을 주고 있으나, 중소기업과 비정규직 노동자를 배제함으로써 얻는 이익이 포섭 비용보다 클수록 대기업의 노사 담합 관계를 지속할 유인이 충분히 존재한다. 유연 자동화 추세에 따라 대기업 내부노동시장의 정규직 노동자에게서 전반적인 탈숙련화 경향이 나타나는데, 이 점에서 정규직 노동자에 대한 고임금을 정당화하기

27_ 2007년 경총과 경제 5단체가 3백 인 미만 320개 사업장을 대상으로 공동 실시한, 최저임금에 대한 업계 실태 조사 결과에서 중소기업의 77.4퍼센트는 현행 최저임금을 높은 수준이라고 평가하고 최저임금 인상에 반대한다는 입장을 표명한 바 있다(『머니투데이』 07/06/21). 이후 중소기업중앙회와 중소기업단체연합회 등 중소기업 관련 단체가 최저임금 동결을 공식적으로 주장하고 나서면서 노동계와 정면 대립하고 있다.

어려운 것이 사실이다. 그럼에도 자본의 입장에서는 소수의 정규직 노동자에 대한 포섭 전략을 유지함으로써 대기업과 중소기업 간 임금격차와 정규직·비정규직 분할 지배를 적극적으로 활용해 반사적 이익을 얻고 있다(조성재 2005, 216-217). 위기 이후 대기업의 실적 강화 전략에 내재화된, 비정규직 및 중소기업에 대한 사회경제적 배제와 이익 배분의 계층화는 사회경제적 갈등 구도에 직접적인 영향을 미치고 있다.

2) 사회경제적 갈등 구도의 다층화

신자유주의적 구조 개혁이 초래한, 경제성장 및 기업 실적의 양극화 현상은 한편에서는 자본–노동 대립을 격화시켰고, 다른 한편에서는 기존 자본–노동의 단순한 대립 전선을 해체했다. 그 결과 사회경제적 갈등 구도는 복잡하고 다층적인 형태를 띠기 시작했다. 첫째, 앞 절에서 살펴본 외환 위기 이후 대기업의 가격경쟁력 확보 전략과 이를 보조하는 정부 정책은 국가와 자본에 대한 노동의 거센 저항을 불러왔다. 대기업의 생산 설비 자동화와 생산 기지 해외 이전 전략으로 고용의 탈공업화 추세가 빠르게 진행되면서, 기업별노조 단위에서 고용 안정과 임금 인상을 도모하기 위한 수세적·방어적 성격의 전투적 조합주의가 확산되었다. 고용 위기가 심화되고 노조 조직률이 하락하면서 수세에 몰린 민주노총은 2005년 새로운 노사정 합의 기구 설립을 주장하는 '사회적 교섭' 노선을 제안하기도 했으나, 이는 내부 합의를 도출하지 못한 채 폐기되었다. 당시 노무현 정부의 노동 유연화 정책과 노동자 투쟁 강경 진압으로 노·정 갈등이 악화되는 가운데(『한겨레 21』 05/10/14), 2006년에는 한미 자유무역협정FTA에 반대하는 노동계 투쟁에 타협주의를 표방하는 보수적인 한국노총까지 가세하며 노·정 관계는 극한적 대립 상황으로 치달았다.

둘째, 외환 위기 이후 대기업의 상시적인 비용 절감형 구조 조정 및 노동시장 유연화 제도 개혁이 실시된 결과 노·노 갈등이 등장했다. 한국에서 노동시장 유연화는 비정규직 고용이 정규직 고용을 대체하는, 한국적 특색을 지닌 고용 양극화 현상을 초래했다.[28] 동일 노동에도 불구하고 임금과 사회보장에서 차별적 대우를 받는 비정규직 및 간접 고용 형태의 확산은 소득 양극화의 주원인으로 작용하고, 정규직과 비정규직 노동자 간 노동시장 분절화와 차별적 대우로 인한 노·노 갈등을 불러왔다. 외환 위기 이후 제조업 고용이 탈공업화하는 추세를 보이며 구조적 실업이 증가하면서 고용 불안을 야기했고, 이는 비정규직을 정규직 고용 보장을 위한 안전판으로 이용하려는 정규직 노동자의 이기주의를 낳았다. 대기업과 공공 부문 정규직 중심의 한국 노동조합운동은 정규직 조합원의 분배 이익과 고용 안정을 높이기 위한 기업 내부노동시장 규제 강화 전략에 몰두하는 경향을 보이고 있다(배규식·윤진호·조효래·이정희 2008, 246). 또한 정규직 중심의 노동조합은 비정규직 노조와 연대하기보다 정규직 조합원의 이익을 보호하는 데 우선하고 비정규직 노조를 통제·관리 대상으로 간주하는 경향을 보이고 있다. 그 결과 정규직과 비정규직 노조 간에 불신과 경쟁, 상호 견제가 만연한 노·노 갈등 관계가 형성되었다.[29]

28_ 노동시장 유연화와 고용 양극화에 관해서는 전병유·김혜원·신동균(2006), 황종률(2010) 참조.

29_ 1998년 민주노총이 합법화되었음에도 한국 노동운동은 오히려 복합적인 위기 상황에 직면했다. 한국 노동운동의 문제점과 위기를 둘러싼 논쟁은 박승옥(2004), 김형기(2004), 김혜진(2007) 참조.

셋째, 외환 위기 이후 한국 경제의 대기업 편중 심화, 성장 구조의 분절화, 그리고 경제 성과의 양극화는 대기업과 중소기업 간 이익 갈등을 가져왔다. 대기업 부품 조달의 국제화, 대기업·중소기업 하도급 관계의 중층화와 개방화로 말미암아 하도급 업체에 대한 대기업의 독과점적 수탈과 가격 통제력은 더욱 강화되었다. 독과점 시장 지배력을 활용한 대기업의 납품 단가 인하 전략은 중소기업의 수익성 악화와 중소기업의 고용 불안 및 저임금을 구조화하는 원인으로 작용했다. 대기업의 독과점적 수탈은 대기업·중소기업의 갈등을 초래하는 한편, 중소기업의 노사 갈등을 심화하는 요인이 되고 있다. 또한 내수 시장에서 중소기업 영역에 대기업의 공격적 진출은 대기업·중소기업 간 이익 갈등이 서비스 업종을 비롯한 경제 저변으로 확산되는 결과를 낳았다.

6. 결론

1960년대 이후 한국 생산 레짐은 국내외 사회경제적 환경의 변화에 대한 자본의 공세적 대응과, 민주화 이후 정치 주도의 위로부터의 개혁 시도가 서로 길항하고 융합하는 모순적 과정을 거치며 진화해 왔다. 이미 1980년대 중반부터 대자본의 독점적 지배력 확대를 제어하고 산업 및 성장 구조의 불균형을 해소하기 위해 다양한 제도적 장치가 도입되었다. 또한 1990년대 이후에는 위로부터의 경제 자유화와 개방화 개혁이 명시적으로는 권위주의적 개발 연대 체제를 청산하겠다는 목표를 내세웠음에도 그 성과가 지극히 제한적이었으며, 과거 개발 연대 체제의 구조적 불균형을 더욱 확대·심화했다는 역설을 낳았다. 이런 역설적 현상의 구조적 원인은 개발 연대 시기 노동 배제적 국가 주도의 국가-자본의 공조 체제에서 노동 배제적 대자본 주도의 국가-자본 공조 체제로 전환되고, 대자본의 이익에 국가가 포획되는 연성 시장 국가가 등장한 데서 찾을 수 있다. 민주화 이후 연성 시장 국가의 출현과 함께 경제 자유화와 개방화 개혁은, 그 의도와는 반대로, 대자본에 편중된 구조적 불균형이 극단적인 형태로 확대되고 대기업 성장의 적하 효과trickle-down effect 가 해체되는 결과를 가져왔다. 특히 외환 위기 이후 구조 개혁의 급진성은 이런 생산 레짐의 불균형과 노사 관계의 분절화를 견인해 사회경제적 양극화를 구조화하는 원인이 되었다. 대자본이 주도하는 국가-자본 공조 체제는 한국 자본주의 체제의 제도적 특징인 동시에 진화 과정의 경로 의존성을 결정하는 핵심 요인이다. 외환 위기 이후 한국 생산 레짐은 신자유주의적 변용을 거쳤음에도 그 본질적 특징인 대자본의 이익 극대화 논리가 변화 과정을 관통하고 있다.

1990년대 이후 한국 자본주의 체제의 진화 과정은 사회경제적 갈등을 확대재생산하는 부작용을 동반했다. 경제 자유화와 개방화 개혁의 성과가 대자본의 이익 증대와 지배력 강화로 수렴할수록 대자본의 독과점적 이익 분배를 둘러싼 사회경제적 갈등이 격화되는 악순환은 지속될 수밖에 없다. 외환 위기 이전에 성장주의로 표현되는 정치적·사회적 합의는 사회경제적 갈등을 완화하고 흡수하는 유일한 기제였다. 그러나 1990년대 이후 신자유주의적 개혁에 내재화된, 대자본의 이익 집중화와 이익 배분 계층화는 성장주의적 갈등 관리의 한계를 보여 주고 있다. 대자본 친화적이고 노동 배제적인 연성 시장 국가 체제는 사회경제적 갈등을 조정·관리할 능력을 상실했을 뿐만 아니라, 오히려 사회경제적 갈등을 증폭시키고 사회경제적 불안을 정치 불안으로 확장하는 핵심 요인으로 작용하고 있다. 본문에서 살펴봤듯이 대기업의 독과점 이익 배분의 계층화를 대자본이 전략적으로 활용하고 있는 상황에서 경제주체의 자율적인 갈등 조정을 기대하기는 어렵다. 또한 정부의 사회경제정책은 여전히 성장주의 이데올로기적 편향과 성장 지향적 목표에서 벗어나지 못한 가운데, 대자본의 실적 강화 전략의 보조 수단으로 전락했다. 국가정책이 오히려 사회 통합에 필수적인 제도적 기반의 내재적 발전을 가로막는 장애 요인이 되고 있는 것이다. 이렇듯 한국의 자본주의 체제는 사회경제적 갈등과 충격을 흡수할 수 있는 정치적·경제적·사회적 제도 기반이 결여되어 있다. 사회경제적 갈등을 확대재생산하는 한국의 자본주의 체제는 지속 가능하지 않다. 현재의 지속 불가능한 성장 체제를 지속 가능한 형태로 전환하기 위해서는 과거의 성장주의를 대체하는 사회 통합적 패러다임이 요구된다. 금융 시스템, 상품 생산 체제의 노사 관계와 기업 간 관계 등 개별 제도적 영역에서 사회 통합적 패러다임에 기초한 개혁을 진행하기 위해서는 연성 시장 국가 체제의 근본적 전환이 전제되어야 한다. 한국 사회는 역사적으로 국가의 물리적 강제력을 동원해 갈등을 봉합하고 합의를 강제하는 권위주의적 갈등 해소 방식에 주로 의존해 왔다. 권위주의적 갈등 해소 방식의 대안으로 상호성에 입각한 사회경제적 갈등 조정과 사회적 합의제 거버넌스 구축이 필요하다. 동시에 연성 시장 국가 체제의 전환을 실현하기 위해서는 상호성에 입각한 거버넌스에 참여하는 다양한 주체들 간의 권력 균형이 일정하게 담보되어야 한다. 즉 사회적 합의제 거버넌스를 구축하는 과제를 위해서는 현재의 비대칭적 권력관계를 재조정하는 과정이 동반되어야 할 것이다.

| 참고문헌 |

강준구. 2005. 『기술 구조 측면에서 본 대일 무역 적자의 원인과 시사점』. 대외경제정책연구원.

경실련. 2010. 『총자산 상위 15대 재벌의 출자액, 계열사 수 변동 분석결과 발표』.

권우현. 2004. "금융화와 금융주도 축적체제." 제2회 경북대학교 새정치경제학연구팀 학술대회 발표논문집(2004년 5월 15일).

김상조. 2003. "기업 지배 구조의 변화 : 금융 구조와의 관계를 중심으로." 유철규 엮음. 『한국 자본주의 발전 모델의 역사와 위기』. 함께읽는책.

김상조·유종일·홍종학. 2007. 『한국 경제 새판짜기』. 미들하우스.

김선빈 외. 2009. 『상생의 경제학』. 삼성경제연구소.

김성진. 2007. 『한중일 부품소재산업 현황 및 경쟁력 비교와 시사점』. 산은경제연구소.

김애경. 1999. 『지식기반경제에서의 숙련형성 정책』. 한국직업 능력개발원.

김영미·한준. 2008. "내부노동시장의 해체인가 축소인가 : 기업 규모별 임금격차 분해를 통해 본 한국노동시장의 구조 변동, 1982~2004." 『한국사회학』 42권 7호.

김의동. 2006. "한국 경제의 금융부문 역할 심화 추세와 함의." 경상대학교사회과학연구원 엮음. 『한국 자본주의 축적 체제의 변화 : 1987~2003』. 한울.

김정주. 2006. "경제 위기 이후 산업구조의 변화와 대안적 산업 정책 방향의 모색." 유철규 엮음. 『혁신과 통합의 한국 경제모델을 찾아서』. 함께읽는책.

김정한·김향아·김가람. 2009. "2008년 노동조합 조직현황 분석." 한국노동연구원.

김진방. 2004. "한국 재벌의 소유와 지배." 전창환·김진방 외. 『위기 이후 한국 자본주의』. 풀빛.

김현정. 2002. "외환 위기 이후 은행·기업 관계의 변화." 한국은행 금융경제연구원.

김형기. 1999. 『한국 제조업 생산 체제의 특성과 혁신방향』. 한국노동연구원.

_____. 2004. "위기의 노동운동 10대 문제점과 대안." 『한국노동운동, 무엇이 문제이고 어디로 가야 하나』. 전태일기념사업회 주최 토론회 발표문.

김혜진. 2007. "정규직-비정규직 갈등의 신화와 진실." 『월간 말』 9월호.

김환석. 1990. 『기술혁신의 관점에서 본 한국의 자본주의 발전』. 과학기술정책연구원.

노중기. 2002. "코포라티즘과 한국의 사회적 합의." 『진보평론』 13호.

박준식. 1997. 『생산의 정치와 작업장 민주주의』. 한울.

박승옥. 2004. "왕자병에 걸린 노동운동." 『한국노동운동, 무엇이 문제이고 어디로 가야 하나』. 전태일기념사업회 주최 토론회 발표문.

배규식·윤진호·조효래·이정희. 2008. "87년 이후 노동조합과 노동운동 : 한국 노사 관계 시스템의 변화와 미래전망." 한국노동연구원.

산업연구원. 1992. 『중소기업 사업보호제도의 발전방안 : 중소기업고유업종지정제도를 중심으로』.

산업자원부. 2005. "외환 위기 이후 기업의 재무구조와 투자 추이 분석 및 시사점."

서근우. 2003. "중소기업 금융의 현황과 과제." 한국금융연구원.

송원근. 2006. "우리나라 기업 지배 구조의 대안 모색을 위해." 유철규 엮음.『혁신과 통합의 한국 경제모델을 찾아서』. 함께읽는책.

_____. 2008.『재벌개혁의 현실과 대안 찾기』. 후마니타스.

송흥선. 2003. "기업-금융관계의 변화 : 부실기업정리제도를 중심으로." 유철규 엮음.『한국 자본주의 발전 모델의 역사와 위기』. 함께읽는책.

신동혁. 2003. "한국의 사회적 합의에 대한 연구 : 김대중 정권하의 노사정위원회를 중심으로." 국민대학교 정치외교학과 석사 학위논문.

신석훈. 2009. "주주 자본주의에 대한 법경제학적 접근 : 우리나라 회사 지배 구조정책에 주는 시사점."『정책연구』(한국경제연구원) 7호.

신장섭·장하준. 2004.『주식회사 한국의 구조 조정 : 무엇이 문제인가』. 장진호 옮김. 창비.

유종일. 2008.『위기의 경제』. 생각의나무.

유철규. 2006. "한국 금융 시스템의 평가와 재구축 과제." 유철규 엮음.『혁신과 통합의 한국 경제모델을 찾아서』. 함께읽는책.

유철규 엮음. 2006.『혁신과 통합의 한국 경제모델을 찾아서』. 함께읽는책.

윤진호. 1998.『노동조합 조직체계의 동향과 정책과제』. 한국노동연구원.

은수미·이병희·박제성. 2011. "노사 관계 및 인적자원관리 연구." 한국노동연구원.

이건범. 2005. "현단계 한국금융의 성격과 금융혁신의 방향."『동향과 전망』통권 64호.

이덕재. 2004. "위기 이후 설비투자동향과 축적론적 함의." 전창환·김진방 외.『위기 이후 한국 자본주의』. 풀빛.

이병천. 1999. "역사적 관점에서 본 한국 경제의 위기 해석."『경제학연구』47권 4호.

_____. 2000. "발전국가 체제와 발전딜레마 : 국가주의적 발전동원체제의 재조명."『경제사학』28권.

_____. 2007. "상호성과 시민 경제의 두 흐름."『시민과 경제』12호.

이병희. 2011. "사내하도급 활용실태와 경제적 효과."『산업관계연구』21권 2호.

이석우. 2002. "한국 부실채권의 발생구조와 국가-자본의 관계 : 역사제도주의적 접근법을 중심으로." 건국대 대학원 정치학과 석사 학위논문.

이원보. 1996. "1960~70년대 한국의 산별노조." 김금수 외.『산별노조의 과거, 현재 그리고 미래』. 한국노동사회연구소.

이진순. 2003.『한국 경제 위기와 개혁 : 관치에서 시장으로』. 21세기북스.

임혜란. 2010. "한국 대·중소기업 양극화 현상의 정치경제."『21세기정치학회보』20권 1호.

장상환. 2006. "1990년대 자본축적과 국가의 역할." 정성진 외.『한국 자본주의의 축적 체제 변화 : 1987~2003』. 한울.

장석인·이경숙·박광순·이항구·홍성인·정은미·김종기·김경유. 2010.『주요산업별 대·중소기업 성과 및 거래구조 분석과 정책적 시사점』. 산업연구원.

장하준·정승일. 2005.『쾌도난마 한국 경제』. 부키.

전병유·김혜원·신동균. 2006.『노동시장의 양극화와 정책과제』. 한국노동연구원.

전창환·김진방 외. 2004.『위기 이후 한국 자본주의』. 풀빛.

정선양·이장재·안두현. 2001. "주요산업의 기술혁신체제." 과학기술정책연구원 연구보고서.

정성진 외. 2006.『한국 자본주의의 축적체제 변화 : 1987~2003』. 한울.

제현정·홍지상·김여진. 2010. "2000년대 주요 수출품목의 수출구조 변화 및 시사점."『Trade Focus』9권 18호. 한국무역협회 국제무역연구원.

조덕희·양현봉. 2010. "제조 중소기업의 고용창출 성과 및 과제." 산업연구원.

조복현. 2004a. "금융주도 축적체제의 형성과 금융자본의 지배."『사회경제평론』23호.

_____. 2004b. "외환 위기 이후 금융 제도의 변화와 경제적 효과." 사회경제학회 공동학술대회 발표문.

_____. 2007. "한국의 금융 시스템 변화와 금융화 발전."『사회경제평론』29호.

조성재. 2005. "우리나라 하도급구조와 고용 관계." 한국노동연구원 하도급구조와 고용 관계 토론회 발표문.

_____. 2011. "사내하도급 실태와 개선방향."『노동리뷰』1월호.

조성재·이병훈·홍장표·임상훈·김용현. 2004.『자동차 산업의 도급구조와 고용 관계의 계층성』. 한국노동연구원.

조성재·정준호·황선웅. 2008. "한국 경제와 노동 체제의 변화." 한국노동연구원.

조영철. 2007.『금융세계화와 한국 경제의 진로 : 민주적 시장경제의 길』. 후마니타스.

조희연·김동춘 엮음. 2008.『복합적 갈등 속의 한국 민주주의』. 한울.

최용민·박진우·홍지상. 2010. "중소기업의 수출비중 하락과 대응전략."『Trade Focus』9권 61호. 한국무역협회 무역연구원.

최인철. 1991. "1980년대 부실기업 정리과정에 관한 연구."『사회경제평론』3호.

최장집. 2010.『민주화 이후의 민주주의 : 한국 민주주의의 보수적 기원과 위기』. 개정판. 후마니타스.

최정표. 2007.『실패한 재벌정책』. 해남.

최태욱 외. 2007.『한국형 개방전략 : 한미 FTA와 대안적 발전모델』. 창비.

최호상. 2006. "기업자금조달의 구조변화와 시사점."『SERI 경제포커스』제112호.

황종률. 2010.『노동시장의 유연화와 양극화』. 국회예산처.

한국은행. 2011.『2009년 산업연관표 작성 결과』.

『머니투데이』. 07/06/21. "중기 77.4퍼센트 최저임금 지금도 높다."

『매경이코노미』. 05/02/22. "Global outsourcing."

『아시아투데이』. 11/03/17. "쿠데타정권 은행을 점령하다(상) : 5·16 후 시중은행 국유화, 관치금융 출발."

『파이낸셜뉴스』. 11/04/29. "2009년 한국 부가가치율 14년 만에 반등."

『한겨레 21』. 05/10/14. "사회적 교섭, 희망인가 배반인가."

『한국일보』. 11/05/13. "시장경제 망치는 대기업 '지네발' 경영."

『헤럴드경제』. 11/05/06. "중국 2015년 세계 최대 수입 시장."

금융감독원 금융통계시스템 DB.
금융감독원 은행통계시스템 DB.
수출입은행 해외투자통계 DB.
한국은행 경제통계시스템 DB.

Chibber, V. 2005. "The Politics of a Miracle: Class Interests and State Power in Korean Developmentalism." D. Coates ed. *Varieties of Capitalism, Varieties of Approaches*. New York: Palgrave Macmillan.

Cho, H. K. 2011. "South Koreas Experience with Banking Sector Liberalization." *SOMO Report*. Amsterdam.

Cho, Y. J. and J. K. Kim. 1995. "Credit Policies and the Industrialization of Korea." World Bank Discussion Papers 286.

Cho, Y. J. 1999. "Financial Crisis in Korea: A Consequence of Unbalanced Liberalization?" Paper prepared for World Bank Conference. Washington D.C.

Coates, David. 2000. *Models of Capitalism : Growth and Stagnation in the Modern Era*. Polity Press.

D'Agostino A., R. Serafini and M. Ward-Warmedinger. 2006. "Sectoral Explanations of Employment in Europe." *The Role of Service*, ECB Working Paper, no. 625.

Evans, P. B. 1995. *Embedded Autonomy : States and Industrial Transformation*. Princeton, NJ. : Princeton University Press.

Hall P. A. and D. Soskice eds. 2001. *Varieties of Capitalism : The Institutional Foundations of Comparative Advantage*. Oxford University Press.

Hancke, B., M. Rhodes and M. Thatcher eds. 2008. *Beyond Variety of Capitalism : Conflict, Contradictions, and Complementarities in the European Economy*. Oxford University Press.

Jones, L. P. and I. Sakong. 1980. *Government, Business, and Entrepreneurship in Economic Development : The Korean Case*. Cambridge, Mass.: Council on East Asian Studies, Harvard University.

Hollingsworth, J. R. and R. Boyer eds. 1997. *Contemporary Capitalism : The Embeddedness of Institutions*. Cambridge University Press.

Hollingsworth, J. R. 1997. "Continuities and Changes in Social Systems of Production: The Cases of Japan, Germany, and the United States." J. R. Hollingsworth and R. Boyer eds. *Contemporary Capitalism : The Embeddedness of Institutions*. Cambridge University Press.

Lee, C. H. 1992. "The government, financial system, and large private enterprises in the economic development of South Korea." *World Development* vol. 20 no. 2.

Norble, G. W. 2010. "Fordism Light: Hyundai's Challenge to Coordinated Capitalism." BRIE Working Paper 186. Institute of Social Science University of Tokyo.

Pempel, T. J. and K. Tsunekawa. 1979. "Corporatism without labor? The Japanese anomaly." *Trends toward Corporatist Intermediation.*

Streeck, W. 2009. *Re-forming Capitalism : Institutional Change in the German Political Economy.* Oxford University Press.

Vitols, S. 2001. "The origins of bank-based and market-based financial systems: Germany, Japan, and the United States." W. Streeck and K. Yamamura eds. *The Origins of Nonliberal Capitalism : Germany and Japan in Comparison.* Ithaca, NY: Cornell University Press.

3장

한국 노동 체제의 특징과 '유연화의 정치'
한국 사회 갈등의 원인으로서의 노동 체제 분석

장진호

1. 머리말

한 사회의 정치·경제를 구성하는 하위 체제에는 정치체제, 경제체제, 복지 체제 등이 있다. 경제체제를 구성하는 중요한 축으로는 생산 체제와 노동 체제labor regime가 있다.[1] 한 사회의 노동 체제는 그 사회 구성원 다수의 삶 자체에 필수적인 일자리 및 노동조건을 규정한다는 차원에서만이 아니라, 여타 다른 하위 체제들과 긴밀한 연관성을 갖는다는 차원에서 이해되어야 한다. 개인의 일자리 획득은 당사자가 속한 사회의 노동에 대한 수요를 반영하며, 이는 하나의 정치·경제 안에서 고용이 창

1_ 물론 체제들의 배치에 대한 이와 같은 나열은 다소 비체계적인 단순 묘사에 해당한다. 이보다 더 정교한 사회시스템에 대한 이론적 개념화는 조절 이론을 참조할 수 있다. 이에 따르면, 축적 체제와 노사 관계는 상호 조응하고 있으며, 노사 관계의 내적 구성 요인으로는 고용 체계, 임노동 관계, 노조의 조직화 방식이 존재한다(이종래 2006, 239).

출되는 산업부문의 내적 특수성 및 외적 조건들, 가령 특정 사회에서 각 산업부문의 비중과 특수한 성격 및 세계 체제 속에서 그 사회가 차지하는 분업상의 위치와 기능에 의해 규정되는 조건 등과도 분리될 수 없다. 그뿐 아니라 자본주의적 생산 체제하에서 임노동은 기본적으로 자본과의 계약관계 속에서 노자 관계를 형성하게 되는데, 이때 이 노자 관계의 특성은 생산 체제를 규율하거나 지원 또는 관리하는 국가의 행위나 정책에 의해 주도되거나 매개되는 정치 환경과도 무관하지 않다. 이런 정치 환경이 형성·재편되는 데는 국가만이 아니라 노동과 자본 역시 적극적으로 개입하고 상호작용한다. 이런 측면에 좀 더 주목하는 분석적 개념으로서 노동 체제는 "노동 정치labor politics 과정에서 생산되고 구조적으로 응집되어, 일정 기간 동안 안정적으로 재생산되는 상호작용의 틀"을 가리키며, 여기서 노동 정치란 작업장 내 노동 및 생산과정에 개입된 주체들 간의 정치를 의미하는 생산의 정치politics of production와 대비되는 것으로서 "노동-자본-국가 3자의 정치적·전략적 상호작용 일반"을 의미한다(노중기 2008, 19).[2]

역사적으로 국내에서 민주 노조 운동이 노동운동 헤게모니를 쟁취하는 1987년 이전까지의 시기를, 상층 노조 조직을 중심으로 살펴보면 두 시기로 구분할 수 있다. 첫 번째 시기는 1945년 해방 후 조선공산당 박헌영 계열이 주도한 조선노동조합전국평의회(전평)를 중심으로, 1947년 미군정이 이를 불법화하기까지 변혁적 노조 운동이 전개된 시기다.

2_ 산업사회학에서 1990년대 후반부터 기존의 노사 관계나 노자 관계 대신 자주 사용되어 온 노동 체제라는 개념은 "노동문제를 둘러싼 노사정 간 노동 정치의 제도화 양식" 정도로 정의될 수 있으며, 국가의 역할을 중요하게 부각하고 노동문제의 정치적·경제적·사회적 다면성을 포괄하는 데 유용하다는 장점이 있는 반면, 아직 개념적 합의를 획득하지 못한 불완전한 개념으로 보는 시각도 있다(김재훈 2003, 210).

그리고 두 번째 시기는 1946년 미군정이 반공 단체들을 중심으로 조직을 지원해 같은 해 대한독립촉성노동총연맹(대한노총)이 출범하고, 1948년 남한 단독정부가 수립된 뒤에는 그 조직이 이승만 자유당의 기간基幹단체화한 데 이어서, 1961년 5·16 군사 쿠데타 이후 같은 해 8월 중앙정보부가 허용한 노동조합 재조직을 통해 한국노총이 조직을 주도하면서 이런 어용 상층 노조 조직이 조직 노동 부문을 독점 지배하던 시기다(조돈문 2011, 4장; Koo 2001, 27). 여기서는 앞선 시기에 대한 자세한 논의는 생략하고, 민주적 노동운동 및 이에 기반을 둔 상층 노동조직의 노동운동 내 헤게모니와 노사정 사회적 합의 기구의 존재를 전제하는 현재의 노동 체제와 좀 더 직접적인 연관성을 갖는 시기인 '1987년 이후의 노동 체제들'에 주목하고자 한다.

국내의 노동 체제는 박정희 정권에 의해 1960년내 초부터 급속하고 대대적인 산업화 정책이 추진된 이래 수십 년간 '억압적 배제 체제'라고 명명될 만큼, 국가가 자본의 이해를 대리해 억압적 방식을 통해 직접적으로 노사 관계에 개입하고, 노동을 생산 및 정치 영역에서 배제하는 방식으로 통제해 왔다(노중기 2008, 87).[3] 물론 1970년 노동자 전태일의 분신 항거 이후 노동운동이 조직화되고 항거가 분출되기는 했지만 노동 체제 전반을 새로이 전환하기까지는 군사독재 정권의 지배, 그리고 이에 따른 일방적 노동 억압과 배제에 대항해 정치 민주화 및 작업장 민주화를 향한 집단적인 요구의 분출을 기다려야 했다. 그리고 1987년 6월 민주화 항쟁과 그 뒤를 잇는 7~9월의 노동자 대투쟁을 경험하고서야 비로소

3_ 1987년 이전의 노동 체제에 대해서는 '억압적 배제 체제'만이 아니라, '국가 조합주의'(최장집 1993; 최장집 1997), '국가 단원주의'(임현진·김병국 1993), '시장 권위주의'(송호근 1991) 등 차별화된 강조점에 따라 다양한 용어와 개념들이 분석을 위해 적용되어 왔다.

'87년 체제'라고 할 수 있는 노동 체제로의 전환이 이뤄졌다.[4] 국내의 노동 체제는 이처럼 억압적인 국가의 통제 아래 있던 노동자들이, 대투쟁을 통해 민주 노조 운동의 폭발을 경험하기 시작한 1987년을 하나의 분기점으로 하고, 외환 위기 직후 IMF 같은 국제금융 기구의 국내 경제정책 관리와 더불어 강화된 정부와 자본의 신자유주의적 노동 유연화 공세 속에서 노동운동이 이후 이에 수세적으로 대응해 온 계기였던 1997년을 또 하나의 분기점으로 해, 통상 '1987년 노동 체제'와 '1997년 노동 체제'로 구분되어 왔다.

국가의 억압적이고 반민주적인 노동정책이라는 특징을 지닌 '1987년 노동 체제'는 노동이 개별 전투에서 패배했지만, 민주노총을 만들고 민주노동당이 시민권을 얻었다는 점에서, 최종적으로 전쟁에서 승리한 것으로 평가된다. 1997년 외환 위기 이후 형성된 노동 체제는 앞의 체제와 구별되는 '종속적 신자유주의 노동 체제'로 규정되며, 이 시기 노동운동은 제도화되고 안정되었으나 역설적으로 이전의 힘을 잃기 시작한 것으로 평가된다(노중기 2008, 9-10, 116). 특히 1997년 외환 위기 이후 노동운동이 힘을 잃게 된 구조적 배경에는 생산직 노동자들이 처한 계급 상황의 악화가 있다고 지적되기도 한다. 생산직 노동자 비중의 감소, 비정규직의 증가, 현업 노동자들의 고령화, 꾸준히 감소되던 노동시간의 증가, 고학력 화이트칼라 노동자층과의 임금 차별 증대, 노동시장 유연화로 인한 고용 압박 증대 등이 그것이다(임영일 2006a).

4_ 1987년 6월 민주화 항쟁과 7~9월 노동자 대투쟁 간의 관계에 대해서는, 양자를 단절적인 사건들로 보기보다 1987년 민주화 운동을 함께 구성하는 두 축으로 보는 시각을 수용한다(노중기 2008, 2장 참조). 김선혁은 노동이 민주주의를 실질적 차원에서 규정한 반면, 6월 항쟁 당시의 다른 집단들은 민주주의를 주로 절차적 차원에서 규정한 것으로 대립시키기도 한다(Kim 2000, 95).

여기서는 1987년 이후 이런 한국 노동 체제의 변화를, 한편으로 상층 노동조합 조직의 변화 및 노사정 사회적 합의 기구의 형성을 포함하는 조직과 제도의 차원에서, 그리고 다른 한편으로 국가-자본-노동이라는 노동 체제 구성 주체들 간의 정치적 길항 관계 차원에서 살펴보고, 현재 국내의 노동이 처한 갈등 상황을 이런 노동 체제의 역사적 경험에 비춰 판단할 수 있는 일종의 준거를 마련하고자 한다. 특히 1997년 이후 노사정위원회(노사정위)와 같은 사회적 합의 기구가 등장했음에도 여전히 지속되거나 어떤 차원에서는 확대되기까지 한, 노동 체제 영역에서의 갈등을 근본적으로 규정하는 요인을 '유연화의 정치'politics of flexibilization로 명명하고, 이에 주목해 논의를 전개하고자 한다. '유연화의 정치'란, 국가와 자본이 노동과의 상호작용에서 우선적으로 노동 유연화라는 목표를 관철하기 위해 권력 자원을 사용해 노동 제제를 형성하거나 재편하는 노동 정치 행위로서, 의사 결정, 여론 형성, 법제화, 공권력 이용 등을 포함한 정치 행위를 가리킨다. 노동 유연화에 입각한 고용조정에는 임금 유연성(임금 인상 동결), 수량적 유연성(정리 해고), 노동시간 유연성(잔업 시간 및 근무시간 단축), 조직 유연성, 기능적 유연성(배치전환) 등이 포함된다. 1997년 외환 위기 이후 다수의 국내 기업에서 이런 고용조정 수단을 시행한 것으로 드러났다(이진동·주무현 2003).[5] 이 글에서는 1997년 외환 위기 이후 강화되어 온 국가와 자본의 '유연화의 정치'에 대해 노동의 입장에서 대응적 정치 행위를 필요로 하는 과정에서, 전보다 '복

5_ 그런데 '유연화의 정치'를 통해 노동 유연화를 구현하면서 단순히 기업의 경제적 비용 절감만을 노리는 것은 아니다. 가령 대규모 정리 해고를 시행하는 근본적인 이유가, 이를 통해 전투적인 노조원들을 정리함으로써 노조의 조직력을 약화하고 회사에 적대적인 세력을 제거하는 데 있다고 보는 분석도 존재한다. 이는 외환 위기 이후 자본이 일자리 나누기보다 대규모 정리 해고를 선호한 중요한 이유를 설명할 수 있는 단초를 제공한다(박준식 2004, 203).

합적인 갈등 구조'로 노동 체제가 전화되어 온 것으로 현재 상황을 파악하고자 한다.

논의는 다음과 같이 구성된다. 먼저, 노동 체제와 노동 정치를 좀 더 잘 이해하기 위해 노동 체제를 구성하는 주체들인 국가-자본-노동의 정치 행위 선택들을 분석을 위한 개념으로 유형화한다. 다음으로는, 1987년 노동 체제하에서 등장한 민주 노조 총연맹체로서 전국노동조합협의회(전노협)와 전국민주노동조합총연맹(민주노총)의 조직 형성 과정을 살펴본다. 그리고 이와 같은 상층 노동조직의 변화와 더불어, 노사관계개혁위원회(노개위)와 같은 노사정 간 사회적 합의 기구가 형성된 과정을 정리한다. 이어서 국가-자본-노동에 의한 노동 정치의 유형들을 1987년 이후 노동 정치에 적용하고, 1997년 외환 위기 직후 형성된 사회적 합의 기구로서, 그전의 김영삼 정부 시기에 만들어진 노개위보다 제도화의 수준이 높고 장기적으로 유지된 노사정위를 살펴보면서, 1997년 이후의 노동 체제에서 등장한 세 정부(김대중·노무현·이명박 정부)의 집권 시기별로 '유연화의 정치'가 어떻게 작동하는지를 확인한다. 마지막으로, 현재 노동 체제의 성격과 갈등 상황을 강력하게 규정하는 신자유주의적 '유연화의 정치'가 지닌 특수성을 규명하고, 이에 대한 노동의 '대항 정치' 전망을 논의하고자 한다.

2. 노동 체제와 노동 정치

노동 체제는 노동 정치를 구성하는 주체들인 국가-자본-노동에 의한 전략적 상호작용의 영역이다. 그리고 경제구조, 국가 정치, 노동 정치,

작업장 정치와 같은 복합적인 층위의 정치과정이 노동 체제에 영향을 미친다. 이때 그 영향은 결정론적으로 해석될 수 없으며, 각 주체는 동질적인 행위자이기보다 내적으로 균열되어 있다(노중기 2008, 20-21).

　노동 체제가 형성되는 데 영향을 미치는 노동 정치에 관여하는 주요 주체들을 국가·자본·노동으로 대별할 때, 각각의 구성 주체들이 시기와 국면에 따라 실행하는 정치 행위의 특성은 다음과 같이 유형화할 수 있다. 그람시적 구분을 빌리자면, 국가와 자본은 노동에 대해 억압적 정치 politics of coercion와 헤게모니 정치politics of hegemony를 실행할 수 있다.[6] 먼저, 국가 차원에서의 억압적 정치는 노동운동을 비타협적 억압과 배제의 대상으로 환원하고, 쟁의가 발생했을 때 경찰 등 공권력을 동원한 시위 진압이나 파업 분쇄, 쟁의 관련자의 구속 수감이나 손해배상 청구와 같은 법석 처벌 등에 주력해 대응한다는 특성을 보인다. 이에 반해, 국가 차원에서의 헤게모니적 노동 정치는 노동을 자본과 함께 노동정책을 비롯한 제반 정책을 협의하고 결정할 공동 주체로 간주하고 사회적 합의 기구에 참여시킨다. 좀 더 세분하자면, 국가가 노동을 정책 협의 및 결정의 동등한 상대로 대우하며 합의 결과를 성실히 이행하는 '긍정적' 합의주의와, 노동을 참여로 유인해 '유연화의 정치'를 단지 정당화의 외관 속에서 관철하기 위한 노동 통제 수단으로서 합의 기구를 이용할 뿐인 '부정적' 합의주의로 나눌 수 있다.

　이와 같이 국가의 헤게모니적 노동 정치로서 '긍정적' 합의주의에 해

6_ 노중기(1995)는 한국의 제6공화국 당시 국가의 노동 통제 전략을 분석하는 데, 그람시적 구분을 따라, '억압적 배제 전략'과 '헤게모니적 배제 전략'을 구분하고 있다. 여기서도 역시 국가의 노동 정치에 대해 '억압'과 '헤게모니'의 구분이 적용되며, 국가만이 아니라 자본에 대해서도 이와 같이 구별되는 방식의 노동 정치 실행 측면에 초점을 맞춘다.

당하는 것을, 통상 유럽의 사회적 합의주의 또는 사회 조합주의로 번역되기도 하는, 사회 코포라티즘social corporatism으로 간주할 수 있다. 이는 특히 자본주의 다양성에 대해 근래 확산된 논의상의 유형 구분에서 조정 시장경제coordinated market economies, CME로 분류되는, 북유럽 혹은 대륙 유럽의 (종종 이상화되는) 사회적 합의주의에 해당할 것이다. 이에 반해 '부정적' 합의주의란, 사회적 합의 기구의 제도적 외양만 (일시적으로) 갖춘 상태에서 그것이 오히려 국가와 자본이 노동에 대한 유연화를 강제할 일방적인 조치들을 정당화하는 '구실'로 이용되는 경우를 가리킨다. 특히 멕시코나 체제 전환기의 동유럽권에서는, 이런 사회적 합의 기구가 IMF 등에 의해 사회적 갈등을 봉합할 수단으로 권장되거나 실제로 설치된 바 있다. 이들 사회에서의 사회적 합의 기구 혹은 코포라티즘적 외양을 지닌 제도는, 중심부 자본주의 국가들 가운데서도 이 같은 중앙의 사회적 합의 기제가 최소화된 형태인 미국과 영국 등의 자유 시장경제liberal market economies, LME를 특징짓는 신자유주의적 경향과 배치되는 것이 아니라, 오히려 신자유주의적 목표에 기여하는 구성적 기구로 볼 수도 있다(노중기 2008, 298, 321, 330). 다른 한편, 유럽의 조정 시장경제에서 유지되어 온 사회 코포라티즘도 1980년대 이후 신자유주의적 성격이 강화되고 변형되어 그전의 케인스주의적 '수요 측면 코포라티즘'과는 성격을 달리하는 '공급 측면 코포라티즘'이 되었다고 보는 분석도 있다(Thelen 2001; 정성진 2003).[7]

7_ 물론 CME로 함께 분류되는 나라들 안에서도 북유럽형과 독일·일본형 간에 '효율성'이라는 차원에서 상이한 평가를 내리기도 한다. 즉 일자리 창출에서는 전자가 더 유리한 반면, 기업의 혁신 능력에서는 후자를 더 우위에 두는 식으로 구분한다(정이환 2006, 58). 한편, 단순 고용률을 비교했을 때 미국이 대륙 유럽 국가들에 비해 상대적으로 고용률이 높은 부분은, 유럽의 노령자 비율이 높다는 인구 구조상의 특성을 고려해야 더 정확히 판단할 수 있다(조

다음으로, 자본의 차원에서 억압적 정치는 노동을 대화 상대로 인정하지 않으며 억압과 배제 일변도로 관계를 설정하면서, 노동쟁의가 발생했을 때 구사대나 용역을 동원해 시위 및 파업을 분쇄하는 등 폭력적 방법을 선택하거나 공권력에 의존하고, 손해배상 청구 등 법적 처벌에 주로 기대는 식으로 노동에 대한 억압적 통제 방식을 옹호하는 정치 행위들을 가리킨다. 자본은 이런 외부적 억압 수단을 동원하는 것과 별개로, 작업장 내에서 억압적인 조치를 발동할 수도 있다. 가령 임금 삭감, 작업 속도 강화, 공장폐쇄 같은 조치들이 그렇다(틸리·틸리 2006, 360). 자본의 헤게모니 정치는 노동을 기업 내 교섭이나 중앙 교섭 혹은 노사정 합의 기구에서 대화와 공동 의사 결정의 상대로 인정하고 합의 사항을 성실히 수행하는 긍정적인 종류와, 기업 가족주의 이데올로기나 신경영 전략, 노조 배수나 기업별노조주의적 경향을 강화할 수 있는 '내부화' 전략을 행사하는 부정적인 종류로 구분할 수 있다. 특히 1990년대 초부터 국내 주요 대기업들을 중심으로 추진된 신경영전략은 임금 교섭을 중심으로 형성된 기존의 노사 관계와 달리, 기업 내부 노동조건으로 전략 중심을 옮겨 기존 교섭 구조를 변화시키려는 것으로 나타났다. 생산기술 합리화, 직무 재구조화, 신인사제도, 기업 문화 교육 강화 등을 내용으로 하는 신경영전략은 결과적으로 노동조합의 교섭력을 약화하거나 심지어 노동조합이 소멸하는 결과를 낳기도 했다(강신준 2003, 159-160; 정진상 2006, 44).

그렇다면 노동 측에서의 노동 정치는 어떤 형태로 나타나는가? 노동 정치는 일차적으로는 노동 체제를 구성하는 다른 주체들인 국가 및 자

영철 2007, 386).

본에 직접적이고 물리적인 동원을 통해 저항하는 '대항 정치'의 전술을 구사하고, 다른 한편으로는 사회 구성원 일반을 대상으로 지지와 장기적인 영향력을 확보하는 정치적 전술을 구사한다. 다시 그람시적 구분을 빌리자면, 노동 정치를 '기동전'에 해당하는 정치와 '진지전'에 해당하는 정치로 구분할 수 있다(그람시 1993, 241-257). 그람시는 『옥중수고』에서 영국에 대한 식민지 시기 인도의 정치투쟁을 기동전·진지전·지하전의 세 가지 전쟁 형태로 구분한다(그람시 1993, 242). 예컨대 불매동맹은 진지전의 형태, 파업은 기동전의 형태, 그리고 무기와 전투부대를 은밀히 준비하는 것은 지하전의 형태에 해당한다고 대응시킨 바 있다.

진지전적 노동 정치를 다시 긍정적 종류와 부정적 종류로 나눠 볼 수 있는데, 전자는 노동의 정치가 사회적 합의 기구를 적극적으로 유리하게 이용하거나, 시민사회에 대한 대항 헤게모니counter-hegemony를 적절하게 구축해 사회적 지지를 획득하고 여론을 주도하는 경우라고 볼 수 있다. 후자는 노동의 정치가 국가와 자본의 부정적 헤게모니 정치의 전술적 수단일 뿐인 사회적 합의 기구와 그것에 참여하라는 압박에 이끌려, 동등한 주체로서 실질적인 협의를 나누거나 합의 기구에 참여하는 데서 균형 잡힌 성과를 거두지 못하고 '유연화의 정치'에 이용되는 경우를 가리킨다. 노동의 정치에서 기동전이라 함은, 작업장 내의 시위나 가두에서의 대중 시위 혹은 파업 등 노동의 전투성militancy을 표출하는 대중 동원과 물리적 역량 과시를 통해 노동의 목표를 실현하려 하는 행위를 가리킨다. 노동의 기동전도, 노동의 연대나 사회적 합의 형성의 목표와 차원에서 판단할 때, 다시 긍정적 기동전과 부정적 기동전으로 구분할 수 있다. 긍정적 기동전은 노동의 정치가 공공적 의제를 표방하거나 연대적 목표를 지향해 쟁의에 나서는 경우에 주로 해당하고, 부정적 기동전은 노동의 정치가 기업별노조주의와 경제주의적 목표에 국한되거나

표 3-1 | 국가·자본·노동의 정치

주체	정치 유형		사례
국가	헤게모니 정치	긍정적	긍정적 합의주의 (중립적 중재자의 역할)
		부정적	부정적 합의주의 (합의 기구로 노동 유연화 일방 강행 정당화)
	억압적 정치		경찰 등 공권력을 동원한 시위 진압 및 파업 분쇄, 법적 처벌
자본	헤게모니 정치	긍정적	노동을 대화와 의사 결정 상대로 인정
		부정적	신경영전략, 기업별노조주의 포섭, 정리 해고 등 유연화 강행
	억압적 정치		구사대, 용역을 통한 시위 진압 및 파업 분쇄, 법적 처벌
노동	진지전	긍정적	사회적 지지 확보, 여론 주도
		부정적	정부·자본 주도적 사회적 합의주의에 견인
	기동전	긍정적	연대적 전투성 (노동 내/사회적 연대, 공공 의제 추구)
		부정적	경제주의적 전투성 (기업별노조 고립, 경제주의 의제 함몰)

결박되어, 그 형식상의 전투성에도 불구하고 내용상으로는 공공적 의제를 제기하거나 연대적 함의를 갖추지 못하는 경우를 가리킨다.[8]

노동 측의 정치에서 '긍정적' 전술과 '부정적' 선술의 구분은, 실제 역사 전개의 국면 속에서 목표와 결과가 서로 엇갈리거나, 언술적 표명과 실제 의도상의 괴리와 같은 이유 등으로 말미암아, 그 결과에 대한 역사적 의미를 배제한 채 당시 드러난 전술상의 외양만을 형식적으로 판단했을 때 다소 임의적인 구분이 될 수 있는 위험도 존재한다. 가령 1987년 체제를 특징짓는, 1987년 노동자 대투쟁 시기와 그 직후에 일어난 많은 노동쟁의는 임금 인상과 같은 경제주의적 목표를 내걸었지만, 동시에 이를 실현할 수단으로서 민주 노조를 결성한다는 점에서 시대적 과제를 병행하는 포괄적 목표까지 내재되었기에 오히려 긍정적 기동전의 요소를

8_ 노동운동의 공공적 의제 제기와 관련해 사회복지, 기간산업, 자연과 문화 등 사회 구성원들의 필수적 생활 서비스 영역에서 개입할 수 있는 '사회 공공성 운동'을 주목할 수 있다. 이 영역에서의 공공적 개혁은 '사회 연대 교환'에 기초해, 종종 동일하게 '개혁'으로 일컬어지기는 하지만 오히려 반대되는 방향으로의 전환인 시장화와 이윤화에 저항하는 것을 가리킨다(오건호 2008).

표 3-2 | 국내 시기별 노동 체제, 노동운동, 상층 노조 조직과 사회적 합의 기구

	국민국가 형성기 (1945~48년)	권위주의 통치기 (1948~87년)		민주화 이행기~현재 (1987년~현재)	
노동 체제	대립적·과도기적 체제*	후견인적 억압 체제**	억압적 배제 체제	87년 체제	97년 체제 (종속적 신자유주의 체제)
노동조직·노동운동의 지배적 성격	변혁적	어용적		민주적 (민주노총)	
상층 노조 조직	전평 (1945~47년)	대한노총 (1946~61년)	한국노총(1961년~)		
			민주노총(1995년~)		
사회적 합의 기구	-	-		노개위 (1996년 4~11월)	노사정위 /노사민정위 (1998년~)

주 : * '대립적·과도기적 체제'는 국가 형성의 과도기에 전평과 미군정이 이 목표를 두고 첨예한 갈등 관계를 형성하던 시기적 특징을 나타낸다.

** '억압적 배제 체제'는 1961년 박정희 군사정부 시기의 노동 체제를 가리키나, 이승만 민간 독재 시기에도 민주적인 노동운동은 억압·배제당하는 대상이었다. 하지만 군사정권 시기 정보기관이 노동조합을 일상적으로 통제·감시했던 데 반해, 이승만 시기 집권 정당은 노조라기보다 정치조직에 가까웠던 대한노총과 온정주의적이고 후견인적 관계를 형성했다는 점에서 '후견인적 억압 체제'로 다시 구별해 볼 수 있다(조돈문 2011, 4장 참조). 한국의 노동관계법이나 노동 규율이 본격적인 공업화 이전인 1950년대에서 1960년대 중반 시기에 (제한적이지만 1953년 노동법에 이식된 자유주의적 성격과 더불어) 오히려 덜 억압적이었고, 1970년대 초부터 1987년까지 더 억압적이고 권위주의적인 성격을 띠었다는 지적은 이런 측면을 반영한다(김동춘 2006, 271).

지닌다. 즉 이 시기의 '전투적 노조주의'는 "[제한적이지만, 연대성과 변혁성을 갖는] 사회운동 노조주의의 중요한 특성들과 협소한 기업 단위 경제주의의 한계들이 복합적으로 작동"하고 있었다고 평가된다(노중기 2008, 487). 각 주체들에 의한 노동 정치의 유형을 정리하면 〈표 3-1〉과 같다.

앞서 살펴본 바와 같이 국내 노동 체제의 특징을 조건 짓는 노동운동의 역사는 해방 후 몇 개 시기로 구획될 수 있는데, 이런 시기 구분은 주로 상층 노조 조직의 형성 및 정치적 특징과 긴밀히 연관된다. 해방 직후의 변혁적 상층 노조 조직인 전평, 미군정기와 이승만 시기에 자리 잡은 어용 조직인 대한노총과, 그 뒤를 이어 군사정권 시기 조직되어 1961년 출발한 한국노총, 그리고 1987년 노동자 대투쟁 이후 민주 노조 운동의 성과물로 등장한 전노협이나 민주노총은, 각각 해방 후의 국민국가 형성기, 민간 및 군사독재 정권의 권위주의적 통치 시기, 민주화 이행기부터 현재까지라는 세 시기에 대응하며, 노동운동과 노동 체제의 성격이라는 차원에서도 이런 시기 구분을 가능하게 해주는 조직적·제도적인 핵심 구성 요소다.[9] 그리고 1987년 이후 현재까지의 세 번째 시기는 다시 1987년 노동 체제와 1997년 노동 체제로 구분할 수 있다. 억압과 배제 일변도의 권위주의적 정치체제가 정당성을 상실하고 민주적 노동운동이 헤게모니를 행사하던 이 시기에는, 노개위나 노사정위와 같은 노사정 사회적 합의 기구가 본격적으로 등장해 새로운 노동 정치의 작동 방식을 보여 주었다. 여기에서는 국내 민주화 이행 초기의 노동 체제인 '87년 체제'를 특징짓는 상층 노조 조직의 형성에서부터 논의를 시작하고자 한다.

3. 1987년 노동 체제

1) 민주 노조 총연맹체의 등장 : 전노협(1990년)과 민주노총(1995년)

1987년은 국가의 억압적인 통제하에 있던 노동자들이 하반기의 공세적인 대투쟁을 거치면서 주도적으로 민주 노조를 결성하고 임금 및

9_ 물론 상층 노조 조직의 성격과 작업장 단위 노조의 성격이 항상 일치하는 것은 아니다. "한국에서는 작업장 단위 노조(분회)가 비록 국가의 테두리를 벗어나지는 못했으나 나름대로의 활동 공간을 갖고 있었기 때문에 현장 노동자들의 저항이 줄기차게 발생했다. 1960년대 말에는 한국노총 산하 산별노조의 활동을 통해서, 그리고 1970년대 들어서는 개별 기업, 분회단위 노조 결성을 통해 임금 인상 투쟁이 지속된 것이 그 예이다"(김동춘 2006, 275).

노동조건의 개선을 강력하게 요구하기 시작한 해로 기억된다.[10] 이에 대해 국가와 자본은 초기의 수세적 국면이 지나자, 한편으로는 공안 정국을 조성하는 등 국가 공권력의 억압을 통해, 다른 한편으로는 신경영 전략과 임금 인상 등을 통해 대응해 갔다.

상층 노조 조직 차원에서 변화를 살펴보자면, 당시 결성된 신규 노조들은, 법적 제약으로 인해, 유일한 합법적 총연맹 조직인 한국노동조합총연맹(한국노총) 및 그 산하 연맹을 상급 단체로 해 출발했으나, 1987년 말부터 곧바로 독자적 연대 조직을 목표로 업종·지역·그룹에 따른 별도 조직으로 결집하기 시작했다. 조직화는 이처럼 세 방향으로 전개되었다. 첫째, 1987년 12월 마산창업노동조합총연합(마창노련) 창립으로 시작해 제조업 생산직 노조들이 중심이 되어 서울·부산·진주·대구·인천·경기남부 등지에 지역노동조합협의회(지노협)를 건설한 지역별 연대 조직, 둘째, 1987년 11월 사무전문직노동조합협의회 결성에서 시작되어 병원, 언론, 사무·금융, 교사, 대학, 연구소 등 비제조업 전문 분야에서 대거 노동조합을 건설한 사무 전문직 노동자들이 중심이 되어 1990년 전국업종노동조합회의(업종회의)를 건설한 업종별 연대 조직, 셋째, 현대·대우·기아 등 재벌 그룹별로 조직된 연대 조직[현대그룹노동조합총연합(현총련)·대우그룹노동조합협의회(대노협) 등]이었다(최장집 1993, 133-137).[11]

10_ "울산 현대엔진 노동조합의 결성(1987년 7월 5일)으로 불붙기 시작한 7~9월 노동자 대투쟁은 남도 지역을 거쳐 서울의 구로공단에 이르기까지 전국으로 확산되었다. 그 결과 이 시기에 새롭게 건설된 노조만도 1,361개에 이르고 조합원 수도 90만 명에서 150만 명으로 증가했다. 폭발적인 노동조합의 건설로 노동조합은 이제 노동자의 대중조직으로 일반화된다"(김진균 2008, 26).

11_ 1990년 전노협이 결성되기 직전까지, 17개의 지노협과 13개의 업종협이 건설되었다. 각각의 구성 조직들에 대한 상세한 현황은 김진균(2008, 27-28) 참조.

국가와 자본의 탄압에 공동으로 대응하고 1988년 졸속으로 개정된 노동법을 민주적으로 개정하기 위해 1988년 8월 민주 노조 진영은 전국 노동법개정투쟁본부를 결성했고, 이후 12월에는 한시적인 투쟁 조직의 한계를 극복하고자 지역·업종별노동조합전국회의(전국회의)를 결성했다. 서울올림픽이 끝나면서 노동운동에 대한 탄압이 강화되었음에도 민주 노조 운동은 전국적 구심을 형성하는 것을 목표로 했고, 전국회의가 모 태가 되어 1990년 1월 22일 지노협들의 협의체로서 6백여 개 노조, 22 만여 명의 조합원을 포괄하는 전노협을 결성하기에 이르렀다. 전노협이 결성되었던 바로 그날에 정부 여당인 민정당은 당시 야당이던, 김영삼 주도하의 민주당 및 김종필 주도하의 공화당과 '3당 합당'을 통해 현재 새누리당(옛 한나라당)의 뿌리가 되는 민자당을 출범시켰다. 그 결과 당시 의 여소야대 정국은 보수 연합 주도의 공세 국면으로 진환되었고, 이는 자본과 국가에 의해 '정치주의적 노동운동의 진원지'로 간주되던 전노협 조직을 해체하려는 탄압이 전면화되는 데 기여했다. 전노협은 건설되자 마자 정부의 집중 탄압으로 조직을 사수하기 위한 투쟁을 벌여야 했으 나, 1990년 5월 KBS 투쟁과 현대중공업 파업을 지원하면서 해방 정국 이후 최초로 노동운동 탄압 분쇄를 위한 총파업을 선언해, 전노협 조직 을 보존하면서 아직 조직 역량이 취약했던 대기업 노조와 업종회의에 민주 집행부가 들어설 수 있게 하는 등 큰 힘을 실었다(김진균 2008, 30).

전노협은 조직적으로는 당시의 기업별노조 체제를 타파하고 산별노 조의 전국 중앙 조직을 건설하고자 했다. 하지만 전노협에는 사무직 등 비제조업 업종 노조들과, 현총련 산하 대공장 노조들이나 대우조선 등 제조업 분야의 일부 대기업 노조들이 참여하지 못했다. 이들 중 전자는 조직의 안정화 문제에 몰두해 나름의 성과를 쌓아 가고 있었고, 후자는 전노협 지도부와 긴밀한 협조 관계를 유지하는 등 각 사안별 연대 관계를 선호하기는 했다. 하지만 이들은 생산직 노조와의 결합에 부담을 느끼거나, 한국노총 민주화론을 받아들이거나, 신경영전략과 같은 노무관리 체제의 변화에 따른 노사 관계의 기업 내부화 효과 등으로 인해 전노협에 불참하거나 참여를 유보했다. 그럼에도 민주 노조 총연맹 조직을 건설한다는 목표 아래 1990년 말에는 전노협에 가입된 7개 노조를 포함해 16개 대기업 노조들(현총련 산하 노조 4개, 대노협의 핵심 노조 3개, 포항제철 노조 포함)이 연대를 위한 대기업노조회의(연대회의)를 출범시켜 대기업 노조들과 전노협의 거리는 좀 더 가까워졌다. 당시 전노협은 급진적 활동가들에 의해 위로부터 조직되어 활동 노선상 투쟁과 탄압의 악순환을 불러오는 측면이 있고, 비재벌 노동 집약적 제조업체를 중심으로 하는 등 조직 기반이 협애하다는 한계가 지적되었고, 오히려 16개 대기업 노조가 참여해 결성된 연대회의가 한국의 경제구조에서는 생산직 부문에서 가장 중요한 노동조직상 발전을 가져왔다는 평가가 제시되기도 했다(최장집 1993, 137). 그럼에도 전노협 결성은 지역과 업종별 연대의 최종적 단계로서 연대 범위가 전국적 규모로 확대된 것을 의미했고, 이는 노동자계급이 독자적인 조직적 행위 주체로 성장했으며, 국내 노사 관계의 기본 틀인 기업별노조 체제를 변화시키려는 작업이 본격적으로 시작되었음을 의미했다(노중기 1995, 112). 하지만 그다음 해인 1991년에 대우조선 분규가 발생했고, 그 대책 회의를 열던 연대회의 간부 67명 전원이 연행 및 구속되었으며, 시위하던 중 전경과 충돌한 대학생들의 사망·분신과 박창수 한진중공업 위원장의 옥중 사망 등이 잇따랐다. 이에 전노협이 총파업 등으로 강력하게 대응 투쟁을 펼쳤으나 정부의 공세가 거세졌고, 소속 사업장에서는 고용 불안으로 인해 조직 기반이 약화되면서 전노협 조직은 내부 갈등과 이반이 이어져 대폭 약화되었다.[12]

1991년에는 한국 정부가 국제연합[UN]과 국제노동기구[ILO]에 가입한 것을 계기로, 1988~89년의 전국회의와 유사한 성격의 조직으로서 ILO 기본 조약 비준 및 노동법 개정을 위한 전국노동자공동대책위원회(ILO 공대위)가 1991년 10월 결성되었다. 정부와 자본은 1991년 하반기부터 '자본의 유연한 노동력 이용'을 보장하기 위해 개별적 노사 관계법(〈근로 기준법〉)을 개악하려 했는데, 1991년 ILO공대위가 결성된 것을 기점으로 2년여 동안 전노협을 중심으로 한 민주 노조 진영은 노동법 개정을 핵심적인 투쟁 사안으로 삼았다(김진균 2008, 47). 여기서 전노협의 위상은 사무 전문직 업종협의회, 대공장 노조들과 함께 민주 노조 진영의 3대 조직 중 하나로 축소되었다. ILO공대위에서 전노협이 상징하는 전투적 인 운동 노선은 약화되었고, 과거와 달리 사무 전문직 업종 노조들의 영 향력이 커졌다. ILO공대위는 1992년 정부의 단결권 침해 사실을 ILO에 제소하거나 국제 노동단체의 지원과 협력을 이끌어 내기도 했고, '총액 임금제 철회 투쟁'의 중심이 되었다. 1993년 김영삼 정부가 출범하면서 노동에 대한 물리적 통제는 줄었지만 '고통 분담론', '세계화', '국가 경쟁 력 강화' 등의 이데올로기 공세가 한층 강화되었다. 같은 해 ILO공대위 는 한국노총과 경총의 임금 합의를 거부하는 투쟁을 벌였다. 이처럼 정 세가 변화되면서, 6월에는 ILO공대위가 대표자 회의체이자 공동 사업 추진체인 전국노동조합대표자회의(전노대)로 개편되었다. 여기서는 업종 회의·전노협·현총련·대노협에 각각 1명씩의 공동대표가 배정되었다. 1994년에도 김영삼 정부는 한국노총·경총의 임금 합의를 강행하고 무

12_ "1990~91년의 총파업은 1987년 이후 성장한 민주 노조들의 연대 투쟁의 정점이었다. ……
비록 전노협은 가입 조직이 절반으로 축소되고 지도부가 구속되는 등 조직의 훼손이 심각
했지만, 7백여 개 노조, 30만 명에 달하는 조합원이 전노협에 조직적으로 참관하거나 교류
할 정도로 민주 노조 운동의 지평은 넓어졌다"(김진균 2008, 31).

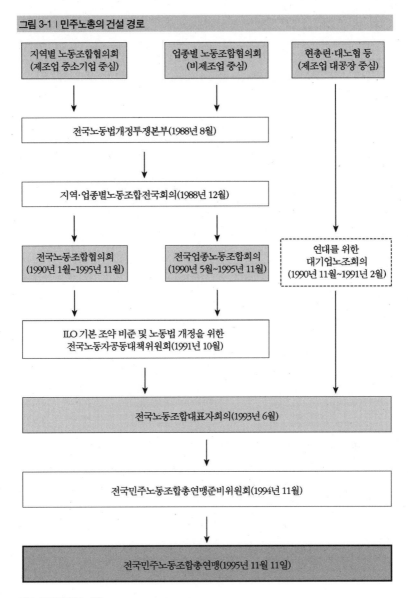

그림 3-1 | 민주노총의 건설 경로

지역별 노동조합협의회
(제조업 중소기업 중심)

업종별 노동조합협의회
(비제조업 중심)

현총련·대노협 등
(제조업 대공장 중심)

전국노동법개정투쟁본부(1988년 8월)

지역·업종별노동조합전국회의(1988년 12월)

전국노동조합협의회
(1990년 1월~1995년 11월)

전국업종노동조합회의
(1990년 5월~1995년 11월)

연대를 위한
대기업노조회의
(1990년 11월~1991년 2월)

ILO 기본 조약 비준 및 노동법 개정을 위한
전국노동자공동대책위원회(1991년 10월)

전국노동조합대표자회의(1993년 6월)

전국민주노동조합총연맹준비위원회(1994년 11월)

전국민주노동조합총연맹(1995년 11월 11일)

자료 : 임영일(2006b, 190).

쟁의 원년 선언을 하는 등 민주 노조 운동을 통제하려고 했으나, 전노대와 전노협은 이를 반대하는 데 그치지 않고 한국노총 탈퇴 투쟁을 전개해 한국노총의 기반을 약화한 동시에 민주노총 건설을 현실 과제로 제기했다. 이에 자극을 받은 한국노총은 "1995년까지 한편으로는 정책 참가 시도를 통해 민주노총과 차별화하고자 했으며, 다른 한편으로는 내부 민주화를 통해 노동자의 정상 조직으로 성장해 가고자 했다"(유범상 2003, 24). 또한 이 시기에 전노협은 대기업 노조의 무관심에도 불구하고 제조업 산별노조의 조직화를 중심 사업으로 놓고, 1995년 하반기 금속산별노조를 건설하는 데 총력을 기울였다. 전노대는 1994년 11월 전국민주노동조합총연맹준비위원회를 발족했고, 1년여의 준비 작업 끝에 마침내 1995년 11월 민주노총이 출범했다(김진균 2008; 임영일 2006b; 임영일 2008).

1993년 전노대 출범 당시 제조업 노조는 지역별 노동조합협의회에 가입해 있었고, 비제조업 노조는 산업별(업종별) 노동조합 연맹 또는 협의회로, 제조업 대공장 노조는 그룹별 노동조합 협의회로 결집해 있었다. …… 민주노총은 향후 산별노조 건설의 전망을 구체화하기 위해서 가입 조직들을 가능한 한 '산업별 연맹' 단위로 하려 했다. …… 민주노총이 출범한 1995년 11월에는 전체 조합원 수 42만 명 중 16개 산업별 연맹에 가입한 조합원 수가 31만 명으로 전체의 75퍼센트를 차지했다(임영일 2006b, 189-190).[13]

13_ 민주노총이 성립되면서 기존의 전노협과 구별되는 중요한 의미로 전문직 및 사무직 노동자와 생산직 노동자가 동일한 조직에 통합된 점을 지적하며, 1995년 민주노총이 창립된 배경으로 직업의 위계 구조에서 이질적이던 두 집단의 임금격차가 이 시기까지 축소되어 왔다는, 노동시장 측면의 요인에 주목하는 연구도 있다. 하지만 1980년부터 1990년대 중반까지 지속적으로 하락하던 조직노동자들의 내부 임금 불평등도는 이후 다시 상승세로 돌아섰는

2) 사회적 합의 기구의 형성
: 노개위(1996년), 노동법의 국회 날치기 통과와 총파업

1987년의 노동자 대투쟁은 국가의 노동운동 통제가 상대적으로 약화된 1988년 노동조합 수, 조합원 수, 노조 조직률이 폭발적으로 늘어나 1989년에는 정점에 이를 정도로 증가한 데서 볼 수 있듯이 민주 노조를 향한 열망을 크게 분출시켰다. 이는 임금 상승을 가져왔을 뿐만 아니라, 앞서 봤듯이 단위조합 간 연대가 활발해져 지노협 및 업종협과 같은 연대 조직으로 발전했고, 노동조합 조직 체제를 개편하라는 요구로 이어졌다.

하지만 1990년 이후 이런 지표들은 감소 추세를 보였는데, 노동운동 또한 폭발적 팽창 이후, 때 이른 정체 현상을 나타냈다.[14] 이런 정체를 당시의 정세적 차원에서 보면, 한편으로 1989년 공안 정국 등을 전개하며, 1987년 6월 민주화 항쟁에 기여했다고 간주되는 중간계급을 반노동적인 보수 헤게모니에 포섭하고, 1988년 4월 총선에서 야당 승리로

데, 이는 조직노동자 내부에도 이질화 추세가 심화되었음을 보여 준다(김재훈 2006, 358).

14_ 물론 1990년 이후 단기 국면에서 노조 조직률이 변화한 데는 정세적 요인이 영향을 미쳤지만, 장기적으로 봤을 때 현재까지의 노조 조직률이 감소 추세를 보인 데는 제조업 노동자 비중이 감소하고, 서비스 노동자가 증대되었고, 노조에 가입하기 어려운 여성 노동자의 비정규직화가 증대되었고, 중소기업 경영 사정이 악화되고, 중소기업 내 조직률이 저하되었으며, 작업장에서 경영자 권력이 강화된 반면 노조의 현장 장악력은 위축되는 등 구조적인 변동이 반영된 측면이 있다(김동춘 2006, 306-309). 일반적으로 노조 조직률에는 세 가지 요인이 영향을 미치는 것으로 지적된다. 정부 내 좌파 정치인들의 존재, 실업 급여 기금의 운영에 대한 노조의 관여, 유노조 산업에서의 노동력 규모 등이다. 또한 노조 조직률이 높은 국가들에서 파업이 거의 발생하지 않는 반면, 노조 조직률이 낮은 국가에서는 노동자들이 파업을 대체할 수단이 없으므로 잦은 파업을 감행한다는 분석도 있다(틸리·틸리 2006, 381).

| 표 3-3 | 1986년 이후 노동조합·조합원 수 및 조직률 변화 |

연도	노동조합 수(개)	조합원 수(천 명)	조직률(%)
1986년	2,675	1,036	16.8
1987년	4,103	1,267	18.5
1988년	6,164	1,707	19.5
1989년	7,883	1,932	19.8
1990년	7,698	1,887	17.2
1991년	7,656	1,803	15.4
1992년	7,527	1,735	14.6
1993년	7,147	1,667	14.0
1994년	7,025	1,659	13.3
1995년	6,606	1,615	12.5
1996년	6,424	1,599	12.1
1997년	5,733	1,484	11.1
1998년	5,560	1,402	11.4
1999년	5,637	1,481	11.7
2000년	5,698	1,527	11.4
2001년	6,148	1,569	11.5
2002년	6,506	1,538	10.8
2003년	6,257	1,550	10.8
2004년	6,017	1,537	10.3
2005년	5,971	1,506	9.9
2006년	5,889	1,559	10.0
2007년	5,099	1,688	10.6
2008년	4,886	1,666	10.3
2009년	4,689	1,640	10.0

자료 : 조효래(2010, 36), 한국노동연구원(2011).

형성된 13대 국회의 여소야대 국면을 1990년 1월 3당 합당으로 뒤집는 동시에 제도권 정당의 분할을 지역 분할로 재배치하는 데 성공한 '지배 세력의 전략'이라는 내적 요인이 크게 작용했다. 이와 더불어 당시 '동유럽 사회주의권의 갑작스러운 붕괴'라는 세계사적 사건이 불러온, 노동 운동의 이념적 동력에 대한 불확실성 증대라는 외적 요인도 작용했다. 이런 양상은 이 시기에 '노동운동 위기론'을 불러일으키기도 했다. 이는 전노협으로 상징되는 '전투적 노동조합주의'의 문제이기도 했는데, 투쟁 일변도의 노선이 노동운동을 국민 대중으로부터 고립시켜 위기를 자초

했다는 것이다. 하지만 당시 이에 대해 위기 자체를 부정하거나, 설사 위기가 있었더라도 전투적 노조주의 운동 노선 때문에 위기가 발생한 것은 아니라는 반비판도 존재했다. 전노협은 오히려 무이념적 조직이었고, 전노협의 투쟁성과 계급성은 자신의 이념이 아니라 당시 국가와 자본의 구조적 통제에 저항하려는 노조 운동의 자연 발생적 활동 방식의 표현이었다는 평가도 있다(노중기 1995, 11-16, 327-338; 김진균 2008, 57-63).

이 기간에 쟁의는 민주 노조 건설과 어용 노조의 민주화 투쟁, 임금 인상 투쟁과 단체협약 체결 및 개선 투쟁을 중심으로 이뤄졌다. 1987년 노동자 대투쟁 직후 주춤했던 국가와 자본은 1988년 서울올림픽이 끝나고 1989년 3월 문익환 목사와, 같은 해 6월 전국대학생대표자협의회(전대협)에서 대표로 파견한 임수경 학생이 북한에 방문한 이후 공안 정국이 조성되면서 공세적이고 폭력적인 노동 탄압에 착수했다. 문 목사가 방북한 직후였던 3월 30일, 정부는 전해 연말부터 지속되어 온 현대중공업 파업에 전격적으로 경찰력을 투입했고, 이런 경찰력 동원에 노동자들과 시민들이 강력히 반발하면서 파업은 울산 지역 전체의 대규모 시위로 확산되었다. 이 시기 노동 탄압의 강도가 높았던 현상을, 구속 노동자 수가 증가한 데서 살펴볼 수 있다(〈표 3-4〉 참조). 최근 20여 년간 구속 노동자 수가 가장 많았던 해는 바로 공안 정국이 개시된 1989년이었다.[15]

구속 노동자 수는 앞서 살펴본 국가-자본의 정치와 노동의 정치 간 길항 관계의 산물 혹은 종속변수라고 볼 수 있다. 구속 노동자 수가 대

15_ 1989년 공안 정국이 조성된 이후 정부는 물리적 탄압 일변도인 방식을 수정해 점차 법적이고 행정적인 통제 방식에 호소했다. 1992년 전후로 국가는 사용자들에게 노조 파업 시 민사상의 손해배상 청구 소송을 제기하도록 권장했다(김동춘 2006, 273).

표 3-4 | 역대 정권 구속 노동자 수 (단위 : 명)

	구속 노동자 수					총계	비고
노태우 정권	1988년	1989년	1990년	1991년	1992년	1,973	하루에 한 명꼴 구속
	80	611	492	515	275		
김영삼 정권	1993년	1994년	1995년	1996년	1997년	632	사흘에 한 명꼴 구속
	87	188	165	149	43		
김대중 정권	1998년	1999년	2000년	2001년	2002년	892	이틀에 한 명꼴 구속
	219	129	97	241	206		
노무현 정권	2003년	2004년	2005년	2006년	2007년	1,052	이틀에 한 명꼴 구속
	204	337	109	187	215		
이명박 정권	2008년	2009년	2010년	2011년	2012년	-	이틀에 한 명꼴 구속
	150	200	-	-	-		

자료 : 임영일(2006, 181), 김성희(2008b, 229), 노중기·전병유(2011, 139)에서 재구성.

대적으로 증가하는 등 노동 체제를 구성하는 주체들 간 갈등의 강도가 높은 상황은, 국가-자본의 억압적 정치와 노동의 기동전이 서로 맞부딪힌 경우라고 할 수 있다. 이런 양상은 1989년부터 노태우 정부 후반까지의 상황에서 나타났다. "1989년부터 1992년까지 노동 현장에서는 '파업 → 공권력 투입 → 구속 → 해고'가 일상적으로 반복되었다"(조효래 2010, 29). 이는 1990년 1월 전노협 결성을 저지하고 그 조직을 와해하기 위한 정부 차원의 대응에서 정점에 이르렀는데, 청와대 대책 회의로 알려진 회의에서 청와대의 지휘 아래 '전노협 와해 추진 대책' 등 개입을 위한 대책을 주로 내놓은 국가기관은 노사 관계 주무 부서인 노동부보다는 내무부(경찰)와 법무부 등으로, 이런 치안·공안 기관의 대책 회의가 주가 되었던 것이다(노중기 1995, 193, 226). 하지만 1991년 자본가 단체가 요구해 온 '노동 유연화' 내용을 대폭 수용해 국가가 추진한 노동관계법 개정 시도가 노동계의 강력한 반발로 철회된 데서도 볼 수 있듯이, 노태우 정부 시기 노·정 간 대립과 충돌에서 노동은 자신의 의사를 관철할 수 있는 정치적인 힘을 보여 주었다(정진상 2006, 40).

앞선 정부들에서는 찾아볼 수 없던 헤게모니 정치 조직이자 제도적

장치인 '사회적 합의 기구'는, 일부 개혁주의 세력이 참여한 김영삼 정부
가 들어서고 나서야 본격적으로 등장할 수 있었다.[16] 이는 1996년 OECD
가입 등과 관련된 세계화 추진과 무관하지 않은 것으로 보이며, 1996년 4
월 대통령 자문 기구로 '참여와 협력적 노사 관계 구축'을 목표로 하는 노
사관계개혁위원회(노개위)가 발족하면서 구체화되었다.[17]

　노개위 발족은 1995년 민주 노조의 총연맹 조직으로서 새로이 등장
한 민주노총의 실체를 정부 측에서 무시할 수 없다는 상황에서 비롯된
것이기도 하지만, 김영삼 정부에서 '고통 분담론', '세계화', '국가 경쟁력
강화'와 같은 이데올로기 담론들이 확산되었을 뿐 아니라, 국가가 이전
까지의 단순한 반공 이데올로기를 넘어서서 헤게모니적인 정치에 특별
히 주력한 상황과도 관련된다. 김영삼 정부는 과거 공권력에 의존한 노
동 통제 방식과 달리 '자율적 노사 관계'라는 명분 아래 개별 자본의 노

16_ 한국노동연구원 및 일부 학계 연구자들이 논의하기 시작한 '사회적 합의' 담론은, 사실 노태
　우 정부 시기인 1991년부터 매년 초 '사회적 합의를 위한 청와대 대토론회'를 실시하고 그
　대중적인 효과를 추구한 데서 그 유래를 찾을 수도 있다. 1992년 2월 토론회에서는 노동법
　개정 작업에 대한 대통령 지시가 있었는데, 같은 해 4월에는 공익위원과 노사 대표 각각을
　포함시켜 형식상 중립적인 정부의 민간 자문 기관인 '노동관계법연구위원회'에서 입법 개
　정안을 작성하고 이를 정부에 건의하는 방식으로 법 개정이 추진되어, 이전까지 일방적으
　로 정부가 주도하던 법 개정 방식과 달리 국가가 대외적으로 중립성을 표방하는 등 노동정
　책 실행 기제에서 미묘한 변화가 보이기도 했다. 전해인 1991년 초의 청와대 토론회에서부
　터 시작되었던 '노사 관계의 중립적 조정자'로서의 국가의 이미지 창출 시도는, 국가가 일
　방적인 친자본 편향을 노골화할 수 없도록 노동의 힘이 성장한 세력 관계 구도를 반영한다
　(노중기 1995, 147, 181).
17_ 하지만 이후에 보는 바와 같이, "김영삼 정부 이래 노동정책의 흐름은 노동 개혁을 표방하
　면서 결국 노동을 개혁 대상으로 삼거나 노동시장 유연화를 개혁으로 해석하는 '개혁의 포
　기와 유연화 강화'의 역사였다"(김성희 2008b, 187)는 진단에 동의할 수밖에 없다. 다음과
　같은 견해는 주목할 만하다. "민주 정부들의 노동정책에서 망령처럼 떠도는 유연성과 [사회
　통합적 노동 개혁을 지향하는 제도화의 조화라는 수사가 감추어져 있다가 등장하는 것은
　결국 유연성 우위의 관철이라는 역대 정부 노동정책의 귀결을 반복할 우려를 안고 있었다"
　(김성희 2008b, 192).

동 통제를 강화하는 방향으로 그 기조를 변화시켰고, 이른바 '신노동정책'을 통해 현장의 권력관계를 자본 우위로 재편하려는 유연화 전략을 정부가 제도적으로 뒷받침하고자 했다. 노개위는 이런 기조를 실현할 제도적 수단으로 만들어졌다(정진상 2006, 40).

"내용적으로 노개위는 복수 노조 금지와 제3자 개입 금지의 개정 등 집단적 노사 관계의 개혁과 정리 해고 법제화로 대표되는 노동시장 유연화의 교환 구도를 목표로 하고 있었다"(노중기 2008, 371). 하지만 노개위가 시도된 것은 '국가의 부정적인 헤게모니 정치'로 규정될 수 있는데, 실제로 국가는 총자본적 입장에서 노동의 양보를 얻어 내는 것을 좀 더 목표로 했다고 할 수 있기 때문이다. 이는 1990년대 들어 자본이 자본 축적에서 어려움에 봉착했고, 이를 타개하고자 산업구조 조정, 고용조정, 노동 유연화를 요구하게 됨에 따라, 김영삼 정부가 노동 유연화를 위한 〈근로기준법〉 개정을 추진한 데서도 드러난다. 실제로 노개위의 당초 안은 집단적 노사 관계법의 3금(복수 노조 금지, 제3자 개입 금지, 공무원과 교원의 노동기본권 금지) 폐지와 노동 유연화 입법(변형 근로제, 파견 근로제)을 교환하는 외양을 띠었지만, 최종적으로 합의되거나 법안으로 상정된 안의 내용을 보면 전자는 제한적으로 반영되고, 후자는 명확히 진전된 형태를 띠는 '유연화 우위의 틀'로 귀착되었다(김성희 2008b, 183-184).

이 같은 노동법 개정이 1996년 노사 관계를 둘러싼 최대 쟁점이 되었음에도, 그간 노동에 대한 억압적 정치에 익숙해 있던 자본은, 당시 반합법 상태의 법외노조인 민주노총을 초기 노개위에 참가시키는 등 사회적 합의 기구를 통한 국가의 헤게모니적 노동 정치 시도에 반발하면서, 같은 해 6월 이후 경제 위기설을 유포하며 노동법 개정 국면을 자신에게 유리한 방향으로 전환하고자 공세를 강화했다. 이어서 1990년 3당 합당으로 만들어진 민자당의 후신인 신한국당은, 자본의 요구에 부응해

1996년 성탄절 다음 날 새벽 국회에서 노동법과 안기부법 개악안을 여당 단독으로 날치기 통과 처리했고, 민주노총은 곧바로 당일부터 1997년 1월 20일까지 총파업투쟁에 돌입했다. 이 투쟁은 상층 노조 조직의 조정 없이 자생적으로 분출한 1987년의 노동자 대투쟁과는 다른 모습을 보여 주었다. 첫째, 이 총파업 투쟁은 중앙 조직체로서 민주노총의 조직적 계획과 준비 아래 전개된 투쟁이었고, 둘째, 6월 항쟁이 선도한 1987년 노동자 대투쟁과 달리 노동운동이 직접 주도한 정치투쟁의 성격을 가졌으며, 셋째, 민주 노조 쟁취, 임금 인상 등을 목표로 한 이전과 달리 이제는 노동법 개정 등에서 나타난 신자유주의적 '유연화의 정치' 공세에 대항하는 공공적 의제를 지향하는 투쟁으로서, 앞서 분류한 '긍정적 기동전'의 노동 정치적 측면을 갖고 있었다(임영일 2006b, 192). 또한 당시 노동은 사회적 지지 여론을 동원하는 데에도 성공해 정부의 양보를 얻어 내는 등 '긍정적인 진지전'의 요소 또한 지녔다고 볼 수 있다.[18]

그런데 이 총파업 투쟁은 정리 해고제 2년 유보와 같은 성과를 낳기도 했지만, 전체적으로는 긍정적인 성과로 연결되지 못했다. 의회 내에 노동자 정당 없이 '보수적 헤게모니하의 정당정치'(최장집 2002)가 강력했던 상황에서, 노동 측은 결과적으로 얻는 것이 거의 없었다. 이런 평가는 향후 민주노총이 주도해 진보 정당을 결성한 동력이 되었다. 1997년 대선에서, 이후 2000년 등장하는 민주노동당의 전신인 '국민승리21'이

18_ 광범위한 사회적 지지를 이끌어 냈던 1997년 총파업이 미미한 결과만을 냈다는 점뿐 아니라, 그 과정에 대해서도 노동운동 내부의 비판이 없는 것은 아니다. 당시 민주노총의 지도 아래 20일 넘게 이어 오던 전면 파업이 현대자동차 노조의 요구로 중단된 뒤 협상 국면으로 전환된 일은 노동운동의 영토를 협소화함으로써 그 뒤 국민과 함께했던 노동운동을 민주노총만의 싸움으로 축소시켰다. 이는 1997년 외환 위기 이후에도 현대차 관련 민주노총 총파업 등에서 반복되었다는 비판이 존재한다(이갑용 2009, 167).

만들어질 수 있었던 것도 그래서였다.

김영삼 정부 시기에 정부와 자본은, 억압적 정치 일변도였던 이전의 노태우 정부와 달리, 노개위라는 형식으로 사회적 합의 기구를 설치하는 등 '헤게모니의 정치'를 좀 더 강화했지만, 정부 내 세력 관계가 급속히 보수적으로 재편되고 자본이 대對국회 로비 등을 통해 정치권에 영향력을 강화하면서 이는 무력화되었고, 종국에는 개악된 노동법안이 국회에서 날치기 통과하는 것으로 귀결했다. 국가와 자본의 이 같은 반노동적 공세에 직면해, 노동운동은 사회적 지지를 광범위하게 동원할 수 있는 긍정적 진지전과 기동전으로 정부와 정치권을 압박해 1997년 1월 20일 정부의 법 재개정 의사 양보를 얻어 냈다. 보수 정당 간의 합의에 따라 재개정된 법은 노동이 기대한 것보다 훨씬 후퇴한 형태였다.

〈표 3-4〉에서 보듯, 김영삼 정부 시기 구속 노동자 수가 노태우 정부부터 노무현 정부에 이르기까지를 통틀어 상대적으로 가장 적었던 이유는 다양하다. 첫째, 억압적 정치 일변도였던 앞선 군사정권들과 차별화하며 출범한 문민정부임을 강조했기에 억압적 정치를 강력하게 구사하기에는 상대적으로 제한이 있었다. 당시 노개위를 추진하는 주역으로 등장하기도 한, 정권 내부의 이른바 '개혁파'가 존재했던 것도 김영삼 정부 시기부터였다. 둘째, 김대중 정부 시기처럼 전면적 경제 위기 아래 IMF의 관리를 받으며 신자유주의적 구조 조정이 강제되거나, 그 뒤로 일상화된 노동 유연화 조치들을 뒷받침하는 정리 해고제 등이 법제화되기(1998년) 전이었기에 정부와 자본에 의한 유연화의 정치는 아직 상대적으로 강도가 높지 않았다. 마지막으로 노동 측면에서도, 1995년 말 민주노총이라는 상층 노조 조직을 결성할 정도로 민주 노조 운동이 아직 강력했고, 긍정적인 진지전과 기동전을 통해 노동법 날치기 통과에 반대하는 사회적 지지를 광범위하게 동원함으로써 국가의 억압적 정치가

강화될 여지를 봉쇄한 측면도 있었다.

김영삼 정부 시기에 노동은 노개위 참여와 총파업 동원 등을 통한 노동법 개정 운동으로 노동의 힘을 과시한 동시에, 노동운동 조직의 발전을 위해 민주노총을 건설하고 산별노조 건설의 초석을 마련하는 성과를 거두기도 했다. 또한 이 시기에 훗날 민주노동당 창당으로 이어지는 노동운동의 정치 세력화를 위한 대중적 기초가 마련되기도 했다. 하지만 다른 한편으로는, 1990년대 초부터 노동 동원이 퇴조하는 현상이 본격화된 가운데, 독점 대기업 부문과 중소기업 부문으로 '노동운동의 양극화'가 뚜렷해졌고, '노동운동 내에서 실리주의적 경향'이 점차 그 모습을 드러낸 시기로 평가되기도 한다(김준 2008, 86). 즉 김영삼 정부 시기에 상대적으로 적었던 구속 노동자 수는, 결정적인 경제 위기가 도래하지 않았고, 구조 조정 또한 본격화되지 않은 구조적인 상황 속에서, 그리고 노동 주체의 차원에서는 노동을 동원해야 할 절박함이 상대적으로 작고 실리주의적 경향이 부상했던 측면이 결합된 상황이 낳은 결과로 해석될 수도 있다. 실제로 이 시기의 노사분규 건수 역시 상대적으로 가장 적었다(〈표 3-8〉 참조).

이런 점들을 감안할 때, 노사정의 사회적 합의 기구를 본격적으로 제도화하는 헤게모니적 정당화를 추구하지 않았던 노태우 정부 시기를 '1987년 노동 체제'의 하위 체제로서 '경성 억압hard repression의 노동 체제'로 분류할 수 있다면, 만성화된 구조 조정과 같은 '유연화의 정치'가 강도 높게 전개되기 이전의 구조적 환경 속에서, 단순한 반공 이데올로기를 넘어 세계화, 국가 경쟁력 강화와 같은 적극적이고 포섭적인 이데올로기 공세를 강화하고 노개위 등 노사 간 사회적 합의 기구의 제도화를 시도한 김영삼 정부 시기는 이전의, 그리고 이후의 시기와 비교해 '연성유연화soft flexibilization의 노동 체제'로 볼 수 있을 것이다.

4. 1997년 노동 체제

1) 김대중 정부 시기의 노동 정치
: 노사정위(1998년)와 정리 해고제의 법제화

1997년 노동 체제, 즉 '종속적 신자유주의 노동 체제'는 외환 위기와 함께 비롯된 기업 구조 조정과 그 후 만성화된 정리 해고 및 비정규직화와 같은 노동 유연화 공세에서 그 체제의 가장 현격한 특징을 찾아볼 수 있다. '종속적 신자유주의'는 어떤 비중심부 국가가 금융 위기 등을 계기로, IMF와 세계은행 등의 국제경제 기구, 미국을 위시한 중심부 국가, 월가로 상징되는 초국적 금융자본 등의 이해에 부합하는 방향으로 시장 개방이나 공공 부문 민영화, 노동 유연화를 비롯한 일국 내 정치·경제 구조의 신자유주의적 재편을 급속히 추진하게 된 측면을 분석하는 데 유용한 개념이다. 이는 남미나 동유럽 등의 신자유주의적 전환을 분석할 때 적용된 개념이기도 하다. 금융 위기나 체제 전환을 경험한 비중심부 사회들에서 진행된 신자유주의화의 주요 특징은 중심부에서 나타나는 현상과도 유사하지만, 특유의 '대외적 종속성'으로 인해 모순과 폐해가 더 극단적인 형태로 나타나는 경향이 있다(이성형 1999; 장진호 2008; 장진호 2011).[19] 노동의 측면에서 이는 실직, 임금 하락, 고용 불안 증대, 고용

---

[19]_ 신자유주의적 금융 확장은 노동운동의 위기를 낳았는데, 현재의 노동운동이 경험하는 위기는, 19세기 말의 금융 확장과 함께 나타난 짧은 기간에 노동운동이 겪은 위기에 비교했을 때 더 장기적·심층적인 것으로 보인다(Silver 2003, 167). 국내의 신자유주의화의 결과가 초래한 특수성을 이런 '종속성'만이 아니라 '(신자유주의적) 글로벌 스탠더드 종속과 (재벌 중심적) 구체제 지속의 악조합' 혹은 구체제인 '냉전 자유주의와의 연속성'에서 찾을 수도 있으며, 이들이 상호 배제적인 시각인 것은 아니다(이병천 2001; 김동춘 2006, 276). 외환 위기 이후 국내에 부과된 IMF 프로그램의 주요 구성 요소에 대해서는 신장섭·장하준(2004,

및 노동조건 악화, 노동강도 강화, 빈곤 등의 결과로 체험된다. 물론 IMF 등의 구제금융 제공 조건이라는 외적 개입에 의해 1998년부터 '유연화의 정치'가 더욱더 철저히 실행된 측면도 있지만, 정리 해고제와 같이 이후 10여 년간 심각한 수준으로 노동 유연화를 강제할 안건을 법제화하겠다는 것은 국내 자본에 의해 이전부터 강하게 요청되던 의제이기도 했다. 그리고 이처럼 강도 높은 '유연화의 정치'를 향후 구조화할 국가와 국내외 자본의 의제들은, 노동에 우호적이라는 인상을 주기도 했던 김대중 정부의 집권과 더불어 1998년 1월 출범한 노사정위라는 사회적 합의주의 형식을 통해 관철되었다.

사실 노사정위는 김영삼 정부 시절의 노개위에 비하면 이중적 의미에서 매우 급조된 합의 기구였다. 첫째, 이와 같은 3자 합의 기구는 노동운동 진영이 1987년 이후 처음으로 전면적 수세에 몰린 상황에서 노동자들을 보호하고자 민주노총에 의해 먼저 제안된 것이기도 했다. 그 배경에는, 한편으로 구조 조정에 당면한 산별 연맹의 직접적인 요구가 중요하게 작용했고, 다른 한편으로는 민주노총 지도부가 과거 노개위에 참여한 경험을 긍정적으로 평가했다는 점도 영향을 미쳤다(노중기 2008, 159, 249). 둘째, 노사정위는 국가와 자본이 정리 해고제를 즉각 도입하기 위해 급조한 공론장이라는 성격이 컸다. 어쨌든 이후 "노사정위는 1999년 5월 24일 〈노사정위원회의 설치 및 운영 등에 관한 법률〉이 제정되면서 법적 근거를 가진 대통령 자문 기구로 상설 기구화되었다"(이덕재

---

99) 참조. 노동운동이 신자유주의와 관련해 갖는 딜레마는 신자유주의와 협상할 것인가, 혹은 이를 거부할 것인가의 문제다. 즉 신자유주의의 부정적 결과를 최소화하는 전략을 선택할 것인가(참여적 노조주의), 아니면 신자유주의에 맞서 전면적 투쟁을 전개할 것인가(계급적 노조주의)의 문제다(조효래 2002, 163).

2009, 155).

노동이 참여를 결정한 데는, 노동이 노사정위의 위상을 높여 힘을 실겠다는 입장을 표명한 정부를 신뢰했고, 재벌 개혁이나 대량 해고를 낳는 구조 조정 등과 관계된 정책을 결정하는 데 소외되는 상황을 우려한 동시에 여기에 영향력을 행사하겠다는 노동의 의지가 작용했다고 볼 수 있다(유범상 2003, 21). 1987년 이전에 노동과 관련된 국가의 정치가 '국가에 의한 일방적 억압과 배제'라는 권위주의적 노동 통제를 특징으로 했다면, 1987년부터 1995년까지의 정치는, 1993년과 1994년 한국노총·경총 간의 임금 합의 시도에서도 볼 수 있듯이, 국가가 한국노총과 경총을 끌어들이고 민주 노조 진영을 배제하는 방식을 따랐다는 특징을 보였다. 즉 국가가 한편으로는 권위주의적 노동 통제를 지속하고, 다른 한편으로는 제한적이지만 사회적 대화 방식을 통한 노동 정치를 운영하는 '이중적 방식'의 전략을 구사했다고 할 수 있다(유범상 2003, 23-24). 하지만 민주 노조 진영이 성장하면서 1996년부터는 민주노총이 노동 전반에 대한 영향력 면에서 결코 무시할 수 없게 되었고, 정부 당국자들 사이에서 민주노총의 참여를 전제한 국가의 헤게모니적 노동 정치가 필요하다는 점이 인식되면서, 김영삼 정부 시기에는 노개위가 설치되었고 김대중 정부 시기에는 노사정위가 설립된 것이었다.

민주노총이 초기 노사정위에 참여한 데는, 국가의 긍정적 헤게모니 정치가 약간이라도 이뤄질 것이라는 기대가 작용했을 것이다. 하지만 결과적으로 노사정위는 부정적 헤게모니 정치의 산물로 드러났다. 정부는 민주노총이 참여한 노사정위를 통해 정리 해고제, 노동자 파견제 등 노동 유연화 관련 안건을 법제화했고, 그 뒤 정리 해고 과정에서의 노조 참가, 전교조 합법화, 실업자 노조 가입 등 노동 측이 요구한 핵심 사안들에 대한 약속들을 수정하거나 굴절시켰던 것이다. 따라서 민주노총 1

기 집행부가 새 정부의 민주성과 개혁성에 대한 기대를 바탕으로 정리 해고를 합의라는 형식으로 쉽게 받아들였던 것은 그 뒤 심각한 후유증을 낳음으로써 '주관주의적' 상황 판단 실패로 평가되었다. 이론적 차원에서도 노사정위를 서구의 코포라티즘 합의 기구와 유사한 것으로 보고 여기에 참여할 것을 대안으로 간주한 '사회적 노동조합주의', 혹은 운동 노선에서의 진보적 노동조합주의, 민주적 코포라티즘, 국민적 노동조합주의 등을 주창한 대안적 운동 노선 역시, 당시 민주노총 1기 집행부가 노사정위 합의에서 드러낸 주관주의적 상황 판단과 맥을 같이하는 것으로 간주된다(노중기 2008, 407). 김대중 정부하에서 노사정위가 존속해 온 기간은 법적 위상, 참여 주체, 정치적 의제 등에서 서로 구별되는 세 개의 시기로 나눠 볼 수 있는데, 결국 노사정위는 재벌 개혁과 구조 조정 문제에서 소외되었고, 실제 정책의 결정과 집행에서는 노동 유연화를 우선적 과제로 의도한 정부와 자본의 일방적 주도성이 관철되어 들러리로 전락했다. 복수 노조 문제와 전임자 문제를 5년 유예하거나, 노동시간 단축 문제 해결을 지연하고, 비정규직 문제를 공전시킨 노사정위가 중요한 문제에서 자기 역할을 했다고 보기는 어렵다(유범상 2003, 34-35).

1기 노사정위(1998년 1월 5일~2월 9일)는 1998년 2월 6일 정부와 자본이 요구한 정리 해고제 및 파견 노동자 제도의 법제화와, 노동이 요구한 실업 대책을 포함하는 사회복지 조치, 전교조 및 공무원노조 허용 등을 맞교환하는 합의안(2·6 합의)을 최초로 도출했는데, 그 뒤에 이런 '부등가 교환'식의 합의를 해준 민주노총 1기 집행부에 대해 현장 노동자들이 반발하면서 민주노총 1기 집행부는 임시 대의원대회에서 불신임되었고 합의안은 부결되었다. 이후 민주노총은 상당한 혼란과 내부 균열을 경험했고, 3월 말 출범한 민주노총 2기 집행부는 총파업을 예고하며 정부를 압박했다. 5월 정부가 강경 대응하면서 노·정 간 관계가 얼어붙었으나, 다른 한편으로 정부가 노·정 직접 협상 요구를 수용하면서 민주노총은 2기 노사정위(1998년 6월 3일~1999년 초)에도 참가했다. 6월 말과 7월 초 정부는 1기 노사정위에서 합의한 사항을 배신하며 55개 퇴출 기업 발표, 5개 퇴출 대상 시중은행 발표, 11개 공기업 민영화 계획 발표 등 일방적 구조 조정 강행 의사를 드러냈고, 양대 노총은 총파업 선언으로 맞서면서 양 노총 위원장은 노사정위 불참을 선언했다. 합의 주체로 참여한 노사정위 위원장이나 여당과 달리, 정부의 경제 및 치안 부처 등은 노사정위 합의를 쉽게 무시했다.[20] 하지만 정부는 강온 양면책을 구사하며 민주노총을 압박했고, 노동 측은 노·정 협상을 거쳐 다시금 노사정위에 참가해 합의하도록 강제당했다. 특히 2기 노사정위에서는 1998년 7월 말 이후 정점에 달했던, 정리 해고에 반대하는 현대자동차의 쟁의에 대한 노사정 중재 합의(8·24 합의)를 끌어냈으나, 그 뒤 정부와 현대자동차 사측이 약속 이행을 거부했고, 9월 2일 만도기계 파업에 공권력을 투입하는 사태가 이어지자 노동계는 2기 노사정위에서 철수했다.

이처럼 정부와 사측이 지속적으로 합의를 배신한 원인으로, 거시 구조 및 정책적 조건으로는 정부의 구조 조정 강행 방침과 IMF 경제관리 상황 아래 정책적 자율성이 제약되었고, 합의 이행 의지가 부재했으며, 기업별노조주의 만연, 취약한 산별노조 조직, 낮은 노조 조직률, 강력한 노동자 정당과 같은 정치적 기반의 결여 등 합의에 이르는 데 필요한 제도적 토대가 부실했다는 문제 등을 꼽을 수 있다(윤진호 2001, 322-323; 노중

20_ 국가 내 기구들 간 표면적으로 일관되지 못한 모습은, 사실 노사정위를 통해 "노동 측의 반발을 최소화하면서 구조 조정을 강행한다는 국가의 기본 전략에서 본다면 매우 일관된 것이었다. 부처별 비일관성은 전체 구조 조정 정책에 배치되지 않았으며 대(對)노동 전략의 맥락에서는 어느 정도 효과적이기까지 했다"(노중기 2008, 201).

기 2008, 224). 특히 2기 노사정위에서 이뤄진 현대자동차 합의안의 무효화 과정을 보면, 8·24 합의 이후 보수 언론으로부터 정부의 과잉 개입을 비난하는 목소리가 높아지자 대통령이 노사 합의에 대해 의외의 책임 회피성 유감 발언을 했고, 곧바로 노사 합의에서 정부 개입에 대한 재계의 비난과 검찰 및 노동부의 파업 행위 엄단 및 분규 불개입 원칙 다짐이 뒤따랐다. 현대차 노조원들 역시 정리 해고를 수용한, 집행부의 합의안을 총회에서 투표로 부결시켰다(조형제 2008). 정부는 노동에 대해 한편으로는 강경하게 나가고, 다른 한편으로는 참여를 유도하며 지속적으로 강온 양면책을 구사했으나, 결국 민주노총은 12월 31일 노사정위에서 탈퇴를 선언했다. 김대중 정부 시기의 3기 노사정위는 노사정위가 법제화되면서 1999년 9월에 만들어졌다. 하지만 민주노총이 탈퇴한 뒤 노동 측 파트너로는 한국노총만이 참가했다. 2001년 2월 한국노총만이 노동 측 대표로 참여해, 작업장 단위 복수 노조 인정과 전임자 임금 지급 금지를 다시 5년 유예하는 '사회적 합의'를 도출하기도 했다. "노사정위에서의 사회적 대화는 민주노총과 정부 간의 관계를 통해서 볼 때 1기 사회 협약, 2기 불안정한 동거, 3기 완전 결별의 양태로 바뀌어 갔다"(유범상 2003, 36).

이와 함께 특히 2000년대 들어 1997년 이후 일상화된 구조 조정의 산물로서 '노사 관계의 양극화' 현상이 두드러졌다. 이는 대기업 노사 관계가 안정화되는 반면, 비정규 및 중소 영세 사업장의 노사 관계 분쟁이 격화되는 현상을 가리킨다. 가령 2006년 민주노총 소속 구속자 수인 2백 명 가운데 비정규직 노동자는 약 170명에 달했다(이덕재 2009, 158; 김성희 2008a, 299 참조). 노사정위는 2001년 7월 비정규직 대책 특별위원회를 구성·설치하고 약 2년간 논의했음에도 그 결과를 합의 처리하지 못한 채, 2003년 7월 이를 정부로 이송했다. 민주노총 조합원 가운데 90퍼센트 가까이가 5백 인 이상 대기업 소속의 조합원이고 3백 인 이하의 중소기업 소속 조합원은 10퍼센트에도 미치지 못하고, 다수의 비정규직 노동자들을 조직하지 못한 상황에서 '민주노총의 계급적 대표성이 심각하게 제한'되는 양상은 노사정위의 공동 결정이 미뤄지는 상황에서 더욱 두드러졌다(임영일 2006b, 198). 더욱 심각한 것은 정규직 노동자와 비정규직 노동자 간에 존재하는 사실상의 차별이 정규직 노동자 자신에 의해 용인되거나 제도적으로 선호될 수 있다는 점이었다. 가령 구조 조정이 시행될 때 비정규직이 먼저 해고되기에 정규직은 비정규직을 '고용 안전판'으로 여길 수 있으며, 비정규직을 배제하는 정규직 노조만 있는 작업장에서 비정규직 노조를 건설하는 데 필수적인 복수 노조 허용에 대해, 2006년 민주노총 조합원의 약 70퍼센트가 반대한다는 조사 결과가 나오기도 했다(상귀연 2006, 135; 이넉재 2009, 161). 내기업 중심 산업화와 기업별노조 체계가 강제한 이런 상황은, 비록 최근에 다시 산별노조로 전환되고 있음에도 민주노총의 대표성과 포괄성에서 발목을 잡았다. 그리고 이는 결과적으로 노동이 긍정적인 진지전과 기동전의 정치를 통해 국가와 자본에 의한 '유연화의 정치'라는 장벽을 돌파하는 데에 지속적으로 장애물이 되고 있다.[21]

21_ 국내 비정규직 대책의 패러다임 전환을 요구하는 국내 상황의 특수성은 다음과 같이 요약할 수 있다. 첫째, 한국은 비정규직 규모가 상대적으로 많고 증가 속도 역시 빠르다. 둘째, 비정규직이 급증한 시기가 1997년 이후 10년간에 집중되어 이 시기에 노동시장의 이중 구조가 빠르게 정착되었다. 셋째, OECD 국가들과 달리 한국은 비정규직이 장시간 근로의 경우에서도, 그리고 남녀 모두에게서 발견된다. 넷째, 임금 및 근로조건상의 격차가 크고 사회보험 적용률이 늦은 데서 보듯 국내 비정규직은 사회적 배제 집단인 경우가 많다. 마지막으로, 노동시장은 직접 고용에서 간접 고용으로, 양자 간 근로계약에서 3자 혹은 다면적 근로계약으로 바뀌고 있다(은수미 2008, 147-149). 또한 2001년 분석에 따르면, 제조업체 종사자 330만 명 가운데 140만 명(41.2퍼센트)이 비정규직이고, 비정규직 전체 규모에서 제조업체의 비정규직이 차지하는 비중(18.9퍼센트)은, 예상과 달리 도·소매업(17.1퍼센트),

2) 노무현 정부 시기의 노동 정치 : 비정규직 투쟁과 한미 FTA

노무현 정부 시기는 12대 국정 과제의 하나로 "사회 통합적 노사 관계"를 천명하며 출범했지만, 앞선 김대중 정부 시기보다 구속 노동자 수가 늘어난 데서도 보듯, 국가가 좀 더 전향적으로 긍정적 헤게모니 정치를 행사하는 데 실패했다. 노무현 정권은 특히 "2003년 5월 [대통령의] 미국 방문 시점부터 재벌과 우호적인 관계를 형성하는 한편, 민주 노조 운동에 대해서는 강경 대처한다는 입장을 분명하게 세우고 민주노총을 주적으로 규정하며 6월 들어서부터 민주 노조 운동에 대한 본격적 탄압을 시작했다. 노태우 정권이 공안 정국으로 전환하는 데 14개월이 걸렸던 데 반해 노무현 정권의 '신공안 정국'은 출범 뒤 4개월 만에 시작되었을 만큼 노무현 정권의 변신은 매우 신속했다"(조돈문 2008, 486). 이런 상황은 노사정위 참가에 부정적이었던 민주노총 3기 집행부의 존재와 맞물린다는 지적도 있다(노중기 2008, 374). 하지만 이후 노사정위 참가에 적극적이던 민주노총 4기 집행부 역시 정부 측에게서 대화의 파트너로서 우호적인 대우를 받은 것은 아니었다. 심지어 노무현 정부의 노동정책을 2003년 6월 28일 이전의 4개월과 이후의 나머지 집권 기간이라는 두 시기로 나눠, 전자를 사회 통합을 지향하는 노동 개혁 모색기로, 후자를 노동 개혁 전복기로 구분하면서, 노무현 정부의 노동 개혁은 "시동도 걸기 전에 엔진이 꺼져 버렸다", "정부가 감내할 수 있는 인내의 한계가 의

숙박 및 음식점업(13.0퍼센트), 건설업(12.6퍼센트) 등의 업종 내 비정규직 비중보다 높게 나타났다. 그리고 제조업체에서 가장 많이 활용되는 비정규직 형태는 용역·도급·파견 등의 간접 고용이다(이성균 2003, 182). 이제 이 같은 순서는 바뀌었는데, 2009년과 2010년 통계에 따르면 전체 비정규직 비중에서 도·소매업 비중이 가장 높고 그다음이 제조업 비중인 것으로 나타난다(인수범 2010, 37).

외로 빨랐던 셈이다."라고 혹독하게 평가하는 이들도 있다(박태주 2008, 126, 129; 김성희 2008b, 190). 2003년 6월 28일은, 민영화 철회와 인력 충원, 해고자 복직 등과 관련된 법안의 국회 처리 과정에서 공청회 등을 통해 이해 당사자가 모여 대화를 갖기로 했던, 철도공사 노사 간의 합의가 무시된 것에 대해 불만을 갖고 돌입한 철도노조 파업에 공권력이 신속하게 투입되면서 대량 구속 사태가 빚어진 날이다. 이후 노무현 정부의 노동정책에는 법과 원칙이 전면화되고, 대화와 타협은 실종된 것으로 평가된다. 노동정책에서 타협 모델을 일방적인 법치주의로 전환했다는 것이다(박태주 2008, 126-128).

'유연화의 정치'는 이처럼 정치적으로 좀 더 자유주의적 성향을 띤 세력이 집권한 정부조차 노동에 대해서만큼은 억압적 노동 정치 수단에 손쉽게 의존하는 경향을 낳는다. 이렇게 된 데는 여러 원인이 있겠지만, 노무현 정부가 민주 정부로서의 자기 정당성을 과신하고 개혁 조급증에 빠진 나머지 정부에 비판적인 노동운동을 '대기업 귀족 노동자' 등으로 폄하하며 대화 상대에서 신속히 배제했다는 것, 일자리 창출을 위한 기업의 투자 및 성장에 노동 유연화가 필수적이라고 여기는 신자유주의적 전문가와 관료 세력 및 재계의 이데올로기에 강하게 포획되었다는 것, 과거부터 반노동적 공권력을 제한 없이 행사해 온 국가기구의 관성적 억압성을 개혁하는 데 실패한 것 등을 꼽을 수 있다. 가령 2003년 발표된 노무현 정부의 노사 관계 로드맵은 노동기본권과 관련해 '보호'와 '제약'이라는 상호 모순적인 제안들로 채워졌다는 점이 지적된 바 있다. 하지만 전반적으로 그 로드맵은 독일·스웨덴·프랑스 등 조정 시장경제 모델 국가들이 아니라, 영국·미국 등 자유 시장경제 모델 국가를 조절 양식의 준거 대상으로 설정했다고 평가된다(조돈문 2011, 292-296).

특히 노무현 정부에서는, 정리 해고제, 파견 근로제 등의 신자유주의적 노동 법제화가 이뤄진 김대중 정부 시기부터 누적되어 온 노동 유연화 효과와 더불어 2003년 비정규직 노동자가 연이어 분신하는 등 비정규직 투쟁이 폭발적으로 증대했다. 그런데 극한적 상황에서 비정규직 차별 철폐와 노동조합 활동 보장 등을 외치며 노동자들이 분신한 사태에 대해, 대통령 자신이 "지금과 같이 민주화된 시대에 노동자들의 분신이 목적을 달성하기 위한 투쟁 수단으로 사용되어서는 안 되며, 자살로 인해 목적이 달성되는 일은 없어야 한다는 점을 분명히 해야 했다."고 발언하기도 했다.[22] 이는 선거를 통한 정권 교체가 보장되는 형식적 민주화와 민주화 세력이 주축이 된 참여정부의 정체성에 대한 대통령의 자기 확신이 노동 현장에서 노동자 대중이 갖게 되는 현실감각과 괴리되면서, 정권이 갖는 노동관을 왜곡하는 효과를 발생시켰다. 이에 더해 한국 사회 전반을 지배하게 된 신자유주의적 경제주의가 영향을 미쳤다고 할 수 있는데, 과거 정치적 민주화 세력이 주축이 되었다고 하는 노무현 정부 역시 이 같은 신자유주의적 경제주의와 법치주의의 영향력에 강하게 포획되었다고 할 수 있다.[23]

22_ 노무현 정부 시기에도 비정규직은 2002~07년간 771만 명에서 858만 명으로 늘어났으며, 2002년에 정규직 대비 비정규직의 임금은 52.7퍼센트였으나 2007년에는 49.9퍼센트까지 떨어졌다. 노무현 정부의 노동시장 정책이 고용의 질을 포기하고 일자리 창출과 같은 고용의 양에만 초점을 맞췄다는 지적도 있다(박태주 2008, 132-134). 이 시기 5년간 비정규직은 지속적인 증가 추세를 보였고, 2007년 OECD 자료에 따르면 한국의 임시직 비중은 스페인 다음으로 높았다. 간접 고용의 증가 추세는 세계적으로 유례없는 것으로 평가된다(은수미 2008, 139-140). 이 시기에 있었던 비정규직 투쟁으로는 2003년 화물연대 투쟁, 2005년 울산 건설 플랜트 노조 투쟁, 2006년 포항전문건설노조 및 화물연대 투쟁이 대표적이었고, 하이닉스-매그나칩 사내 하청, 기륭전자, KTX 여승무원, 뉴코아 및 이랜드, 코스콤, GM대우, KM&I 사내 하청 투쟁 등은 1년 넘게 지속되었다. 비정규직 노동자들의 삶과 투쟁 경험에 대한 생생한 기록으로는 김순천·김미정·김정하 외(2006)와 오도엽(2010)을 볼 것.
23_ 이는 노무현 정부 시절 노동부 장관을 역임한 김대환의 다음과 같은 발언에서도 찾아볼 수

노무현 정부 시기에 노·정 갈등도 첨예화되었는데, 특히 2004년 10월 국회에 상정되어 2006년 11월 30일 국회를 통과한 '비정규직 보호 법안'(《기간제 및 단시간근로자 보호 등에 관한 법률》)이 노·정 갈등의 핵심으로 부각되었다. "비정규직법은 불합리한 차별과 비정규직의 오남용을 막는 것을 목적으로 2007년 7월 1일부터 시행되었다. 비정규직의 사용을 인정하되 노동권적 측면의 보호에 그 초점이 맞추어져 있다."고 그 의도와 성격이 표명되기도 한다(은수미 2008, 141). 이 법안의 기조를 살피면 비정규직 사용을 제한하지 않되 차별을 줄이는 방향으로 입법화를 시도한 측면이 있는 것으로 보인다. 하지만 2005년 4월 국가인권위원회는 이 법안이 비정규직 규모를 축소하고 불합리한 차별을 시정하며 비정규직 노동자의 노동 인권을 보호하기에는 부적절하다는 의견을 발표했다(조돈문 2011, 290-291). 이로 인해 민주노총에 이어 한국노총마저 노동부 장관 퇴진과 노동위원회 및 노사정위 불참을 선언했던 것이다(박태주 2008, 128).

민주노총은 2005년 4월 23일 노사정위 불참 입장을 확정했으며, 2006년 9월 11일에는 민주노총이 불참한 가운데 다시 노사정위에 복귀한 한국노총과 사용자단체(경총·전경련), 정부 및 노사정위 5개 단체가 '복수 노조 및 전임자 임금 문제 3년 유예' 등과 관련된 '노사 관계 법제도 선진화 방안'에 합의하면서, 2004년 1월 '노사정위 복귀'를 공약으로 내걸며 출범한 민주노총 4기 이수호 집행부 체제의 노사정 대화 시도는 불발로 끝나고, 민주노총은 '초대받지 못한 손님' 신세임을 확인했다.[24]

있다. "그래서 제가 장관에 취임하면서 '불법 파업의 악습을 끊어 놓겠다.'고 공언했습니다. 처음에는 힘들었지만 조금 지나자 긍정적인 영향으로 나타난 것이 사실입니다"(김대환·최영기·윤기설 2010, 197). 법치에 대한 이와 같은 단순한 사고를 넘어서서 최장집(2008, 31)은 우리 사회에서 '경제 명령'이 '법의 영역'에서 중요한 결정 요인으로 작동함, 즉 법의 영역 밖으로부터 결정 요인이 부과됨에 주목한다.

표 3-5 | 민주노총 집행부의 교체와 정파

집행부 기수	선출 연도	정파*	임원(위원장 / 사무총장)	비고
1기	1995년	국민파 통합	권영길 / 권용목	노사정위 참가, 정리 해고제 합의
2기	1998년	현장파	이갑용 / 고영주	현대자동차 합의, 노사정위 탈퇴
보궐	1999년	중앙파·국민파	단병호 / 이수호	민주노동당 창당, 노사정위 불참
3기	2001년	중앙파	단병호 / 이홍우	노사정위 불참
4기	2004년	국민파	이수호 / 이석행	노사정위 참가 시도 불발, 비정규직법 투쟁, 비리 사건으로 집행부 사퇴
보궐	2006년	국민파	조준호 / 김태일	한미 FTA 저지 투쟁
5기	2007년	국민파	이석행 / 이용식	이랜드 사태, 미국산 쇠고기 수입 반대 촛불 시위 사태, 성폭력 파문으로 집행부 사퇴
보궐	2009년	중앙파 통합	임성규 / 신승철	쌍용자동차 파업
6기	2010년	범국민파	김영훈 / 강승철	한진중공업 사태

주 : * 각 정파의 특징을 요약하면 다음과 같다. 민족주의와 일부 사민주의 정파 등이 포함된 국민파는 민주 연합 정당 혹은 전선체 운동을 지향하며, 사회 개혁 투쟁 등 투쟁 전술상 온건하고 현실적 전술을 선호한다. 2000년대 이후 노조 내 다수파의 지위를 공고히 해 집행부를 줄곧 차지하고 있다. 현장파(좌파)는 노동계급 해방 등 계급적 원칙을 중시하며, 비타협적이고 민주노총 중심의 투쟁을 강조한다. 중앙파(범좌파)는 특정 이념과 조직보다 전노협 시기부터 금속노조 지도자들을 중심으로 형성된 전투적 노조주의 노선과 계급적 단결을 중시하는 경향을 띠며, 양대 정파 사이에서 완충 역할을 해왔고 민주노동당 중심의 정치 세력화에 가장 적극적이었으나, 최근 리더십이 크게 약화되고 있다. 이런 정파 구도는 최근 더욱 분화되었다(유범상 2005; 조효래 2010, 4장 참조).
자료 : 조효래(2010, 181)에서 재구성 및 추가.

2006년 말 노사정위는 경제사회발전노사정위원회로 이름을 바꿨지만 노사정 간 사회적 합의라는 제 기능을 못하는 기구로 남았다. 또한 국민적 합의 없이 2006년 1월 18일 대통령의 신년 연설 이후 급작스럽게 추진되기 시작한 한미 자유무역협정FTA은, 이에 대한 항의로 2007년 4월 택시 노동자 허세욱 씨가 분신 사망하는 등 노·정 간 대립에 크게 불을 지피는 계기가 되었다.

노무현 정부 시기에 민주노총이 노사정위에 참여하기를 거부한 것

___

24_ 그럼에도 민주노총은 2006년 1월 조합원 14만 명인 공무원노조가 가입하면서 한국노총을 누르고 규모면에서 제1 노총으로 등장했다. 1997년 당시 민주노총 조합원은 52만 명으로 한국노총 조합원 102만 명과의 격차가 컸지만, 그 뒤 계속해서 간극이 축소되다가 규모가 역전된 것이다(김동춘 2006, 308).

을 비롯해 비정규직 투쟁이 격화된 것은, 노사 관계의 제도화가 이전 김대중 정부 시기보다도 뒷전으로 밀리고, 노동시장 영역에서는 유연성의 요구와 제도화의 요구가 충돌하는 양상으로 진행되는 가운데 정부의 선택에는 언제나 유연성이 좀 더 우선시되었다고 평가된다. 특히 개혁 과제의 설정 자체는 개혁적이었으나 마무리는 오히려 개혁에 반했던 탓에, 심지어 과제를 내버려두는 편이 더 나았을지 모른다는 비판마저 존재한다. 이와 관련해 다음의 지적은 특히 상기할 만하다. "다양한 비정규직 남용 방식이 법제도로서 모두 허용되면, 불투명한 경우보다 시장의 폭력성을 더 강화"한다(김성희 2008b, 231).

다른 한편, 이 시기 노동운동의 조직 차원에서 일어난 또 다른 발전을 주목할 수 있다. 바로 산별노조가 건설되는 과정이 어느 정도 성과를 내기 시작한 것이다. 1987년 민주 노조 운동이 본격화된 지 20여 년, 1995년 민주노총이 결성된 지 12년 만이었다. 2006년 상반기에 금속 산업 대기업 노조들이 대대적으로 산별노조로 전환한 것이 중요한 고비였다(임영일 2008, 258). 1997년 경제 위기 이후 대대적인 구조 조정과 대량 정리 해고 및 실업 등을 겪으면서 민주노총 산하 노조들은 기업별노조로서 감당할 수 없는 전국적이고 전 산업적인 과제에 대응하려면 산별노조로 전환할 필요가 있음을 절감했지만 성과는 미미했다. 1998년 보건의료산업노조를 시발점으로 해서, 2000년 금융산업노조, 2001년 금속산업노조가 결성되면서 산별노조 건설 운동에 진척이 있었다. 하지만 2003년 말까지 산별 교섭을 하는 등 실질적인 산별노조로서 정상적인 기능을 한 조직은 보건의료노조와 금속노조뿐이었다.

산별노조 건설 운동이 2005~06년에 새로운 전기를 맞이한 배경으로는 이 시기에 민주노총이 산별 전환 사업에 역점을 뒀고, 기업 단위의 복수 노조 도입과 노조 전임자 임금 지급 금지가 2007년에 발효될 것으

표 3-6 | 민주노총 소속 산별·업종별 노조 현황 (2009년 12월 기준)

소속	노조명	지부 수(개) 2007년	2009년	조합원 수(명) 2007년	2009년	산별화 비율(%) 2007년	2009년 (괄호 안은 증감률)
건설산업연맹	전국건설운송노동조합	16		6,950		31.4	91.5 (+60.1)
	전국타워크레인노동조합	7		1,100			
	건설사무노동조합*		31		6,302		
	전국건설노동조합*		40		21,334		
	건설플랜트노동조합*		5		23,276		
공공운수연맹	전국과학기술노동조합	42		4,944		72.2	63.6 (-8.6)
	전국연구전문노동조합	29		1,984			
	한국발전산업노동조합	6		6,400			
	전국운수산업노동조합**	161	1	52,075	49,792		
	전국공공서비스노동조합**	60	1	35,249	42,356		
교수노조	전국교수노동조합	8	9	1,062	997	100.0	100.0
공무원노조	전국공무원노동조합	253	224	123,000	109,438	100.0	100.0
금속노조	전국금속노동조합	201	240	144,499	147,107	91.5	96.0 (+4.5)
대학노조	전국대학노동조합	137	137	8,987	7,642	100.0	100.0
병원노련	전국보건의료노동조합	131	148	35,848	39,221		
비정규교수노조	전국비정규교수노동조합	4	9	1,000	1,200	100.0	100.0
서비스연맹	전국학습지노동조합	4	3	400	273	2.7	2.7
사무금융연맹	전국농업협동조합노동조합	76	68	9,474	8,109	47.1	50.1 (+3.0)
	주한외국인금융기관노동조합	14	15	322	157		
	전국상호저축은행노동조합	13	12	352	364		
	전국수산업협동조합노동조합	28	16	1,000	600		
	전국생명보험노동조합	8	12	2,994	4,637		
	전국손해보험노동조합	14	13	9,545	9,046		
	전국증권산업노동조합	9	10	3,864	4,923		
	전국축산업협동조합노동조합	68	57	3,800	2,708		
	전국새마을금고노동조합	50	5	400	320		
언론노련	전국언론노동조합	110	116	16,661	12,816	92.5	100.0 (+7.5)
전교조	전국교직원노동조합	183	16	90,983	71,395	100.0	100.0
화학섬유연맹	전국화학섬유노동조합	67	72	5,917	6,560	23.8	53.0 (+29.2)
지역본부	직가입 일반노조	86	128	8,227	9,930		
총계		1,688	1,762	568,803	703,598	75.6	83.6 (+8.0)

주 : * 2009년 노조명에 따른 조직 현황.
　　** 2009년 노조명에 따른 조직 현황이며, 소속은 공공운수연맹으로 변경.
자료 : 전국민주노동조합총연맹(2011, 48).

로 예상되었으며, 핵심 추진 조직인 공공연맹과 금속연맹 지도부가 산별노조 건설을 최대 목표로 설정한 점 등을 들 수 있다. 2005년 국내 최대의 기업 노조인 현대자동차 노조에, 산별노조를 추진하려는 의지가 가장 적극적이었던 집행부가 들어선 것도 파급력을 미쳤다. 이처럼 민주 노조 운동의 발전 같은 노조 조직 자체의 요인 외에, 이 무렵 산별노조 전환이 본격화된 요인으로 대기업의 지배력 증가, 비정규직 증대에 따른 고용 불안정 증가 등의 노동 시장적 요인의 변화를 비롯해, 복수 노조 허용 및 전임자 임금 지급 금지 조항 등 산별 교섭에 대한 노조의 선호를 전보다 높인 1997년 이후 노동법 개정 방향 등을 추가할 수 있다(조효래 2006; 은수미·정주연·이주희 2008; 임영일 2008; 전국민주노동조합총연맹 2011). 2009년 현재 민주노총 산하 산별노조 현황은 〈표 3-6〉과 같다.[25]

3) 이명박 정부 시기의 노동 정치
: 합의주의 실종, 강압적 노동 통제로의 퇴행

2008년 출범한 이명박 정부는 '비즈니스 프렌들리'를 내세웠는데, 노동에 대한 정치를 보면, 집권 초 한나라당과 한국노총이 정책 공조를

25_ 현재 민주노총은 80퍼센트 이상이 산별노조로 형식을 전환했지만, 현재의 산별노조는 아직 정상적인 기능을 하는 것과는 거리가 먼 것으로 평가된다. 산별노조의 과제와 관련해서는, 90퍼센트에 달하는 미조직 노동자들의 조직화와 대표성 위기 극복, 아직 강고하게 유지되는 기업별노조의 틀과 유산 극복, 안정적인 산별 교섭 구조 확보, 5분 대기조 성격의 투쟁 동원을 넘어선 교육과 노동운동의 주체 형성, 현장 조직들과 산별노조 간 간극 축소, 노조 지도부의 관료화 경계, 민주노총과 개별 산별노조 간 위상 정립 등이 제시되고 있다(이수봉 2008; 임영일 2008; 전국민주노동조합총연맹 2011). 유럽 모델을 넘어선 한국식 산별노조 모델 확립을 고민하는 연구로는 은수미·정주연·이주희(2008) 참조.

표방하는 등 김영삼 정권 시기와 유사하게, 한편으로 민주노총에는 억압적이고 배제적인 노동 통제를, 다른 한편으로 한국노총과는 사회적 대화를 병행하는 '이중적인 성격'을 예고했다. 하지만 이후 한국노총마저 정권에 등을 돌리고 돌아서는 등, 심지어 김영삼 정부 이전의 노동 정치 방식으로 회귀한 것처럼 국가의 '일방적이고 억압적인 노동 정치'를 펴는 듯한 측면마저 있다.

정권이 출범할 때 표방한 노동관계 정책 방안에서는 신자유주의적 성격을 노골화했는데, 노사 관계 정책 영역에서는 '노사 관계 법치주의 확립'에, 노동시장 정책 영역에서는 '노동 유연성 제고' 및 '규제 개혁'에 방점을 찍었다. 하지만 미국산 쇠고기 수입 전면 개방에 항의하는 촛불 시위가 2008년 5월부터 3개월간 지속되면서 정권의 정책 수행 능력은 급격히 떨어졌고, 같은 해 말 미국발 금융공황의 여파로 심각한 고용 불안과 실업 사태가 예견되는 상황에서 고용 유연화 중심의 새 노동정책을 실행하기는 어려워 보였다. 그 뒤 이명박 정부는 고용 위기에 대응한 '일자리 창출'과 '실업 대책' 등을 강조하는 것으로 정책 방향을 부분 이동했다(노중기·전병유 2011, 114, 117). 일자리를 3백만 개 창출하겠다는 대선 선거공약이 사실상 불가능해진 이명박 정부는 2008년 하반기부터 시작된 고용 위기에 대처하기 위해, 2009년 단기 일자리 창출과 '녹색 뉴딜로 일자리 96만 개 창출' 방안을 제시했다. 하지만 비생산적 노동이 많았고 최저임금 수준에 맞춰진 임금의 형태도 현금과 상품권을 함께 제공함으로써 선택권을 국가가 결정하는 등 과거의 공공 근로 사업과 유사하다는 비판이 있다. 그 밖에 정부가 역점을 둔 '사회 서비스 확충 전략'에는 돌보미, 요양 보호사, 간병인 등 저임금과 열악한 노동조건을 특징으로 하는 일자리가 다수 포함되어 있음에도, 마침내 2010년 4월 사회 서비스 일자리가 제조업 부문 일자리를 추월하기에 이른다(제갈현숙 2010). 게다가 2009년 중반 이후 임시 계약직 비정규 노동자의 사용 기한을 2년에서 더 연장하려는 법 개정 시도가 여론과 야당의 반대로 실패하는 등 원래 계획한 노동정책을 본격적으로 실행하는 것은 교착상 태에 빠진 듯 보였다.

하지만 2009년 5월에 시작해 8월 초까지 77일간 지속된 쌍용자동차 노조의 정리 해고 저지 파업 농성 투쟁과 이에 대한 가혹한 진압을 계기 로, 이명박 정부는 노사 관계에서 강압적인 방향으로 전환했다(미디어충 청 2009; 사회주의노동자연합 2009). 쌍용자동차 노동자들을 지원한 금속노조 와 민주노총 간부들을 사법 처리한 것을 시작으로, 공무원노조·전교조 의 조합원과 간부들이 시국 선언을 했다는 것을 빌미로 이들을 중징계 하거나 사법 처리했다. 게다가 정부는 전국공무원노조(전공노)·민주공무 원노조(민공노)·법원공무원노조(법원노소) 등 3개 공무원노조가 하나로 통 합한 (통합)공무원노조가 출범하는 것을 막기 위해 이들이 민주노총에 가입하는 것을 불법으로 규정하고 노조 설립 신고를 거부했으며, 진보 정당에 가입한 전교조 교사들과 공무원을 대상으로 한 대규모 수사가 이어지고 있다. 또한 2009년 하반기 한국노동연구원의 파업을 촉발한 사태에서도 볼 수 있듯이, 공공 부문에서 단체협약이 일방적으로 해지 되는 사태가 대규모로 일어났다. 2009년 11~12월 철도노조 파업 때는 국가가 의도적으로 쟁의를 유도하고 심지어 이를 빌미로 노조를 파괴하 려는 시도까지 있었다. 흥미로운 것은 과거에 군이 반공 이데올로기에 근거해 노동을 탄압하는 주요 국가기관으로 복무한 데 반해, 이번에는 합법 파업이라 군 인력을 대체 노동력으로 투입할 수 없다는 (국가위기관 리규정에 기초한) 국방부의 초기 의견을 무시하면서까지 청와대가 철도 파 업을 불법으로 규정하고는 군 인력 투입을 강행했다는 점이다. 과거 반 공 이데올로기에 기반을 둔 노동의 억압적 통제와는 구별될지 몰라도,

극도로 신자유주의적이고 자본 친화적인 노동 통제는 결과적으로 과거 군사정권 시기의 억압적 배제 일변도였던 노동 체제와 유사한 강도의 억압성과 비합리성을 보여 준다. 또한 이 시기에 보수 언론은 민주노총에 대한 왜곡과 악선전을 대규모로 벌였으며, 정부는 2010년 1월 1일 새벽에 〈노동조합 및 노동관계조정법〉(노조법)의 개정안을 통해 교섭 창구 단일화를 전제로 한 '복수 노조 허용' 법안과 '노조 전임자 임금 지급 금지' 법안을 국회에서 강행 처리해 통과시켰다. 이런 맥락 아래 보수 언론에서 자주 거론한 사례인 서울지하철노조(조합원 수 8천6백여 명)는 2011년 4월 조합원 투표에서 53.02퍼센트가 가결해 민주노총을 탈퇴한 이후, 민주노총과 한국노총에 이어 제3의 상층 노조 조직 결성을 공언하며 이를 주도하고 있다. 서울지하철노조는, 부결되기는 했지만, 2009년 말에도 민주노총 탈퇴 여부를 묻는 찬반 투표를 한 바 있고, 당시에는 투표 전날 사측이 주도해 마련한 '전 부서별 회식' 자리에서 민주노총에서 탈퇴할 경우 조합원에게 제공될 연말 성과급 인상 등의 이익을 중간 관리자를 통해 선전했던 것으로 알려졌다.[26]

이 시기부터 노동 유연성을 제고하는 측면에서 비정규직 고용을 '정상적 고용 형태'로 간주하게 하고 비정규직 확대를 골자로 하는 비정규직법(〈기간제 및 단시간근로자 보호 등에 관한 법률〉, 〈파견근로자보호 등에 관한 법률〉, 〈노동위원회법〉을 통칭) 개정 시도에 이어, 공공 부문 인력 구조 조정 정책이 강력히 추진되었으며, 2010년에는 시간제 근로와 탄력적 근로시간 제도 활성화, 파견 업종과 기간제 허용 업종을 확대하려는 시도 등이

26_ 민주노총을 탈퇴한 노조들의 경우 이런 매수 외에도 징계 최소화 같은 사측의 회유성 압력이 있는 것으로 지적된다(『참세상』 10/11/29). 그 밖에 KT노조·인천국제공항노조·인천지하철노조 등 민주노총에서 탈퇴한 노조들에 대해서는 양구헌 외(2010, 169) 참조.

강력히 추진되었다. 노동정책은 저임금 노동자들의 최저임금마저 하향 조정하고, 정리 해고 요건을 완화하며, 공공 부문 인력을 감축하는 안 등을 포함할 정도로 자본의 의도와 이익이 철저히 반영되었다. 이에 반발하는 노동 측에 대해서는 공권력의 적나라한 강압적 개입을 통해 앞으로의 노동에 대한 대응도 예상할 수 있게 했다. 이명박 정부의 노사 관계 정책 목표인 '노사 관계 선진화'는 바로 '합의주의(의 외양도) 없는 노사 관계의 법치화'로 환원될 수 있으며, 현 상황에서 이것이 가리키는 내용은 사실 '노사 관계의 치안화', 즉 국가의 헤게모니 정치 없이 억압적 정치 일변도로 나타나는 '공권력에 의한 통제'를 의미한다고 볼 수 있다. 이는 수십 년간 노사 관계 영역에서 노동 측의 많은 희생 위에 쌓아올린 성과들을, 순전히 억압적 방식을 통해 노동을 통제함으로써 전적으로 자본에 유리한 방향으로 되돌리는 것이다. 이명박 정부하에서 노사민정위원회(노사민정위)로 변경된 과거 노사정위와 같은 합의 기구의 기능은 사실상 정지했다. 또한 쟁의가 발생했을 때 치안 기구의 강압적 조치를 강화하고 손해배상 소송과 가압류 등 '법적 처벌을 강화'하는 대처 방식이 일차적인 노사 관계 담당 기능인 것처럼 여겨질 정도다.[27]

노사민정위는 이전 노사정위의 중앙 집중적 구조를 비판하면서 이명박 정부가 출범할 무렵 대통령직 인수위원회가 이를 수정하는 차원에서 제안된 것이었다. 이는 지역 단위의 노사민정위를 중심으로 정부가

27_ "손해배상·가압류는 노무현 정권 초기 노조 탄압의 주요 수단으로 비난받아 법 개정과 제도 개선의 사회적 요구가 빗발친 대표적인 노조 탄압 수단이었다"(노중기·전병유 2011, 139). 2003년 6월 철도노조 파업에 대해 노무현 대통령은 단호히 대처할 것을 엄명한 후 공권력을 투입했고, 대량 징계를 실시하는 한편, 97억 원의 손해배상 청구 소송도 제기했다. 2003년 11월 민주노총은 손해배상 가압류 철폐와 노동 탄압 분쇄를 위해 금속연맹 중심의 총파업 투쟁을 전개했다(조돈문 2011, 283, 298).

무분규 지역에 재정 지원을 하는 등, 거시적 코포라티즘의 중앙 집중적 구조라는 외양과 노동을 포함한 참여 주체 간 대등하고 공정한 교환에 기초한 대화와 협상이라는 기본 원리도 무시하면서 새로운 방식의 노동 통제를 정부가 적극 주도하려는 기획의 산물로 볼 수 있다. 이는 국가의 헤게모니적 노동 정치 전술의 일종이라기보다, 오히려 노동의 '정당한' 분규 자체를 악으로 보는 억압적 정치에 가깝다고 할 만하다. 노사민정위에 민주노총은 불참하고 있고, 정권 출범 시 파트너 역할을 했다고 간주되는 한국노총 지역 본부가 노동 측 대표로 참여하며, (노사민정위에서 새롭게 추가된 참여 주체인) 시민 단체 대표 자격으로 지역 경실련 등이 참여하는 경우가 있는 듯하다. 하지만 주로 지방자치단체가 주도적으로 조직을 구성하는 '관官 주도' 성격을 드러냈다. 2009년 2월 여전히 민주노총이 빠진 노사민정비상대책위원회가 경제 위기 국면에서 중앙 집중적 사회 합의주의 외관을 띠고 노동자의 임금 삭감과 사용자의 해고 자제를 합의했다는 식의 대대적인 선전이 있었으나, 사회적인 후속 여파를 그다지 관찰할 수 없는 등 '행사'로서 성격이 더 강했다. 지역 노사민정위는 내용 없는 노사 간 합의 선언을 통해 지자체가 정부에 지원을 요구할 근거를 만드는 도구에 불과한 것으로 보인다.

이처럼 국가의 억압적 노동 정치로의 퇴행이 만연한 상황에서, 자본은 불법적 노동 행위에 대한 무감각을 노골적으로 드러내고 있다. 2010년 현대자동차 사내 하청 근로자들이 불법 파견되었다고 판정한 대법원 판결이 나왔음에도, 현대자동차는 2년 이상 근무한 사내 하청 근로자들을 정규직으로 전환하지 않은 채 대법원 판결을 무시하는 불법행위를 자행하고 있다. 또한 2011년 유성기업의 노동쟁의에 불법적인 용역 테러가 자행된 사태 등에서 볼 수 있듯이, 자본은 국가의 비호 아래 노동에 대한 원초적인 폭력을 전보다 제한 없이 저지르는 등, 과거 군사독재 정권 시절을 상기시킬 정도로 역사를 되돌리는 듯한 모습을 보이고 있다.

이 같은 민주주의의 후퇴와 노동에 대한 강압적 정치로의 회귀에 대해, 노동은 지난 십수 년간 지속되어 온 강력한 '유연화의 정치'에 의해 조건 지어진 수세적 국면 속에서 익숙해진 부정적 차원의 기동전적 대응을 넘어서지 못하고 있다. 즉 개별 사업장에서 독립적으로 전개된 대기업 정규직 중심의 '전투적 경제주의'라고 명명되기도 한 운동 노선과 그 방식에 익숙해진 나머지, 1997년 초와 같이 광범위한 사회적 지지와 동원을 바탕으로 한 긍정적 기동전 및 진지전의 정치를 구사하는 데 한계를 보이고 있다. 앞서 지적한 바와 같이 조직노동자의 다수를 차지하는 대기업 노동자들의 경제투쟁이 성공하면 그 짐이 하청이나 비정규직 노동자에게 부과되는 사회구조에서, 이들의 경제투쟁 성공이 조직노동자 스스로를 고립시키는 결과를 초래한다는 점이 지적되기도 한다(이수봉 2008, 240). 현재는 국가와 자본 양 주체에 의한 '헤게모니 없는 강제력', '사회적 합의의 외양 시도조차 사라진 억압적 정치의 행사'가 일방적으로 이뤄지고 있다. 이에 대해 다른 연구자들도 유사한 판단을 내리고 있다. "현재 정부의 노동 탄압 수준은 몇 가지 사항을 제외하면 완화된 국사 독재 정권이었던 노태우 정권기의 억압성에 거의 접근하고 있다"(노중기·전병유 2011, 143). 이런 현실은, 한국 사회가 이명박 정부 이전까지의 10여 년간 이른바 '민주 정부들'을 경험했음에도, 민주주의의 제도화, 민주적 주체의 안정적 형성과 대중적 기반의 재생산, 민주적 공론장의 구축, 국가기구의 민주화 등에서 여전히 결핍된 요소가 많기에 집권 정치 세력의 성격에 따라 언제든 쉽게 민주주의의 후퇴와 권위주의로의 퇴행이 발생할 수 있다는 의미에서 '한국 사회 민주화 이행의 취약성'을 반영하는 하나의 증후로 읽힐 수 있을 것이다.

하지만 부산 한진중공업의 불법 정리 해고에 항의해 김진숙 민주노총 부산본부 지도위원 등이 장기간 고공 크레인 위에서 반대 투쟁을 했을 때, '희망 버스'로 상징되는 시민사회 차원의 폭넓은 지지가 모였던 것은 이명박 정권하에서 실행되는 억압 일변도의 노동 정치에 대한 노동 차원에서의 대항적 헤게모니가 재활성화될 수 있는 계기와 잠재력을 보여 준다(깔깔깔 기획단 2011).

5. 정권별 노동 체제의 유형과 현 시기 노동 체제의 특수성

지금까지 노동 정치를 구성하는 주체들이 행사하는 정치의 특성을 각각 유형화한 후, 1987년 노동 체제의 특징과 종속적 신자유주의 체제로 규정되는 1997년 노동 체제의 특징을 살폈다. 특히 후자는 노동 정치의 특징을 정권별로 살펴보고 하위적 노동 체제를 규정하고자 했다. 앞서 논의한 정권별 노동 정치의 특성을 국가·자본·노동 차원에서 각각 살펴보고, 각 정권에 해당하는 노동 체제의 특징을 유형화하면 〈표 3-7〉과 같다.

　　정부와 자본의 신자유주의적 성격이 본격화되면서 사회적 합의 기구의 역할이 강조되기 시작한 김영삼 정부부터 노무현 정부까지의 시기를 이전 노태우 정부의 '경성 억압적 노동 체제'hard repressive regime와 구별해 '유연화 노동 체제'로 개념화한 후, 신자유주의적 노동법제(정리 해고제, 파견 근로제 등)가 본격화된 1997년 외환 위기 이후의 체제와 그 이전의 김영삼 정부 시기를 구분해 김영삼 정부 시기를 '연성 유연화 체제'soft flexibilization regime로, 그리고 김대중 정부와 노무현 정부 시기를 '경성 유연화 체제'hard flexibilization regime로 각각 규정했다. 여기서 '억압적' 노동 체제와 '유

표 3-7 | 정권별 노동 정치의 특성과 노동 체제

	국가	자본	노동	노동 체제
노태우 정권	억압적	억압적	진지전 (긍정), 기동전 (긍정·부정)	경성 억압 체제
김영삼 정권	억압적, 헤게모니적 (부정)	억압적, 헤게모니적 (부정)	진지전 (긍정), 기동전 (긍정·부정)	연성 유연화 체제
김대중 정권	억압적, 헤게모니적 (부정)	억압적, 헤게모니적 (부정)	진지전 (부정), 기동전 (부정)	경성 유연화 체제
노무현 정권	억압적, 헤게모니적 (부정)	억압적, 헤게모니적 (부정)	진지전 (부정), 기동전 (부정)	경성 유연화 체제
이명박 정권	억압적	억압적, 헤게모니적 (부정)	진지전 (긍정), 기동전 (긍정·부정)	경성 억압 체제 (?)

연화' 노동 체제는, 국가와 자본의 노동 정치 지향 및 헤게모니 정치로서 사회적 합의 기구의 동원 유무와 같은 특성과 주로 관련해 구별되었다. 그리고 '연성' 유연화 체제와 '경성' 유연화 체제는, 구조적 조건으로서 '유연화의 정치'를 강도 높게 실행할 수 있는 정리 해고제 같은 유연화 지향적 법제화 및 이에 기반을 둔 만성적 구조 조정 상황이 존재하는지 여부와 관련해 구별되었다. 친자본적 특징을 노골적으로 표방하면서 출범한 이명박 정부의 노동 체제는, 오히려 김영삼 정부 이전 시기와 유사하게 노동과의 관계에서 사회적 합의를 배제하거나 대화를 거부하고, 마치 군사정권 시기를 연상시킬 정도로 공권력을 동원해 억압과 배제로 일관하는 성향이 좀 더 강한 특징을 보이고 있다.

각 시기의 노동 체제와 관련된 사회 갈등은 앞서 제시한 구속 노동자 수나 주요 노사분규의 연도별 발생 건수를 통해서도 확인할 수 있다 (〈표 3-8〉 참조). 1987년 노동자 대투쟁 이후 노태우 정부 시기(경성 억압적 노동 체제)에 폭발했던 노사분규의 건수는, 김영삼 정부 시기(연성 유연화 노동 체제)에 그 수가 크게 줄어든 이후, 1997년 외환 위기와 더불어 정리 해고제 등의 노동 유연화 정책이 법제화되고 법적으로 뒷받침되는 가운데 자본 측의 유연화 관행이 더욱 일상화된 김대중 정부와 노무현 정부 시기(경성 유연화 노동 체제)를 거치며 오히려 다시 증가했음을 볼 수 있다. 즉 새롭게 사회적 합의 기구 운영이 시도되었음에도 신자유주의적인 '경

표 3-8 | 시기별 주요 노사분규 건수와 구속 노동자 수

	주요 노사분규 수 (건)					총계 (건)	구속 노동자 수 (명)
노태우 정권	1988년	1989년	1990년	1991년	1992년	4,480	1,973
	1,873	1,816	322	234	235		
김영삼 정권	1993년	1994년	1995년	1996년	1997년	516	632
	144	121	88	85	78		
김대중 정권	1998년	1999년	2000년	2001년	2002년	1,134	892
	129	198	250	235	322		
노무현 정권	2003년	2004년	2005년	2006년	2007년	1,322	1,052
	320	462	287	138	115		
이명박 정권	2008년	2009년	2010년	2011년	2012년	229*	350**
	108	121	–	–	–		

주 : * 2008~09년 2년간의 주요 노사분규 총계.
    ** 2008~09년 2년간의 구속 노동자 수.
자료 : 한국노동연구원(2009), 한국노동연구원(2011)과 〈표 3-4〉를 재구성.

성 유연화 노동 체제'의 진행 과정과 노사분규 건수 및 구속 노동자 수와 같은 사회 갈등의 정도는 비례해 나타나는 것으로 나타난다. 물론 노사 분규 건수와 구속 노동자 수는 국가와 자본 등 노동 체제를 구성하는 주 체들의 억압성을 반영하기도 하지만, 동시에 구조적이고 제도적인 조건 들의 변화에 상응하는 변수들이기도 하다. 즉 노사분규와 구속 노동자 수는 노동 체제와 노동 정치의 중심 주체인 노동 측의 대응·대항 차원의 변수들이기도 하기에, (가령 김영삼 정부 시기에서 볼 수 있듯이) 노사분규와 구 속 노동자의 수가 다른 시기보다 상대적으로 적다고 해서 그 시기 노동 체제의 억압성이 상대적으로 약함을 의미하는 것은 아닐 수도 있다. 즉 노동 측이 '대응·대항할 기회나 가능성이 좀 더 위축된 현실'을 반영할 수도 있다. 하지만 김영삼 시기에 민주노총이 결성되었고, 1997년 초 노 동자 총파업 투쟁에서 보듯, 노동의 저항이 어느 시기보다 큰 대항 헤게 모니를 행사했던 상황을 고려할 때, 이 시기의 노사분규나 구속 노동자 수는 주로 정부나 자본의 억압성에 '비례'하는 종속변수의 성격이 더 큰 것으로 보인다. 이런 억압 방식은 정당성을 결여한 적나라한 공권력 행

그림 3-2 | 구속자와 부당노동행위, 부당 해고 추이 (단위 : 명, 건)

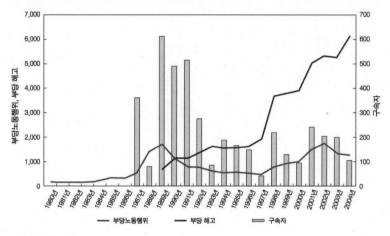

자료 : 김유선(2006).

사에 기반을 둔 것일 수도 있고, 다른 한편 합의 기구의 외양을 거쳐 도
입된 신자유주의적 노동 유연화를 법제화함으로써 그 정당성을 주장하
는 방식을 통해 노동의 저항에 공권력을 행사하는 것으로 나타날 수도
있다. 적나라한 억압(억압 체제)이든, 법적이고 제도적인 정당화를 동반하
는 억압(유연화 체제)이든 억압적이기는 마찬가지인 것이다.

다른 한편, 각각의 정권별 특성에 조응하는 하위 노동 체제에서의
억압성은 부당노동행위와 부당 해고를 통해서도 드러날 수 있다. 부당
노동행위 구제 신청 건수를 기준으로 1980년부터 2004년까지의 부당
노동행위 추이를 보면(〈그림 3-2〉·〈표 3-9〉·〈그림 3-3〉 참조), 1989년(1,721건)
을 정점으로 노동의 힘이 공세적인 국면이었던 1997년 이전까지 차츰
줄어드는 추세였으나, 1997년 외환 위기 직후부터 증가세로 돌아서서
2002년(1,787건)에 사상 최대치를 기록했다. 그 내역은 대부분 단체교섭
거부 및 불성실한 참여, 노동조합 활동에 대한 지배와 개입 등 주로 노

표 3-9 | 부당노동행위와 부당 해고 추이 (1994~2009년; 단위 : 건)

시기		부당노동행위 구제 신청	부당 해고 구제 신청
김영삼 정권	1994년	712	1,962
	1995년	754	1,984
	1996년	1,466	1,961
	1997년	614	2,306
김대중 정권	1998년	988	4,465
	1999년	1,224	4,839
	2000년	1,285	4,843
	2001년	1,830	6,117
	2002년	1,787	5,348
노무현 정권	2003년	1,332	5,246
	2004년	1,262	6,163
	2005년	1,382	6,701
	2006년	1,629	6,786
	2007년	1,345	7,824
이명박 정권	2008년	1,292	9,678
	2009년	1,529	10,288

자료 : 노동부(2003), 고용노동부(2010).

동조합 활동을 이유로 한 각종 불이익 처분이었다. 참여정부가 출범한 이후 기업이 부당노동행위를 자제하면서 2004년 부당노동행위는 1,262 건으로 감소했지만, 이와 상관없이 부당 해고 구제 신청 건수는 1989년 706건에서 2004년 6,163건으로, 특히 중소 영세 업체를 중심으로 계속 증가했다. 사업장 단위에서 부당 해고가 지속적으로 증가한 데서 관찰되듯이, 이른바 '민주 정부'하에서도 오히려 좀 더 강력하게 '유연화의 정치'가 노동에 관철되어 오면서, 정권의 정치적 자유주의 여부와 관계 없이 사업장 단위에서는 물론 사회 전반적인 노사 관계에도 계속해서 부정적 결과를 낳고 있는 것으로 보인다(윤진호 2001, 331; 김유선 2006).

2009년에는 이명박 정부 초기 잠시 주춤했던 부당노동행위가 다시 크게 증가하는 추세로 돌아선 동시에, 부당 해고는 이전까지의 증가 추세가 유지되면서 오히려 더 큰 폭으로 증가하는 모습마저 보이고 있다.

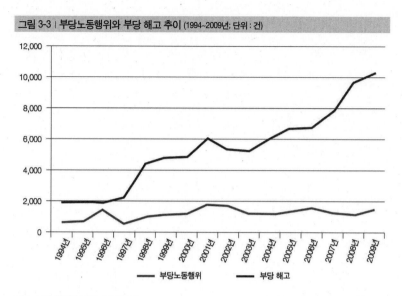

그림 3-3 | **부당노동행위와 부당 해고 추이** (1994~2009년; 단위 : 건)

자료 : 노동부(2003), 고용노동부(2010).

이런 점에서 '경성 억압적 체제'로 규정될 수 있는 이명박 정부 시기의 노동 정치 및 노동 체제의 특징들(국가의 헤게모니 정치 없는 억압적 정치 치중 등)과, 노사 관계에서 자본에 의한 부당행위가 증가하는 추세가 더욱 가속화되는 것 사이에 연관성이 있다고 추정해 볼 수도 있다. 가령 국가가 민주화 추세를 거슬러 노동에 대해 일방적으로 억압적인 방식을 무릅쓰면서까지 자신의 친자본적 속성을 과시할 때, 자본은 노동에 대해 '정당하지 않은' 방식으로 대우하고 관계를 설정하는 데 아무런 제약을 느끼지 않는 경향이 생길 수 있다.

현재 이명박 정부 시기의 노동 체제는 다소 '혼종적인'hybrid 성격을 보인다. 첫째, 1998년 정리 해고제가 법제화된 이후 십수 년 가까이 지속되고 있는 심화된 노동 유연화 체제, 혹은 종속적 신자유주의 노동 체제의 기본적인 기조를 유지하고 있다는 점은 이전의 두 정부와 다르지 않다. 이 점에서 이명박 정부와 이전의 두 정부 사이에는 연속성이 있다고 할 만하다. 즉 세 정부 모두 노동과 관련해 '유연화의 정치'를 추구한 정부였다는 점에서는 동일하다.

둘째, 이명박 정부와 그 이전의 두 정부 모두 '유연화의 정치'를 추구했다는 점에서 동일성이 있음에도 유연화를 추구하는 '방식'면에서는 구별된다. 이전의 두 정부를 1997년 노동 체제의 하위 체제상 '경성 유연화 체제'로, 그리고 이명박 정부를 '경성 억압 체제'로 유형화한 데서 볼 수 있듯이, 이명박 정부에서는 자본의 (부정적) 헤게모니 노동 정치와 억압적 노동 정치에서는 유사하거나 그 연속선상에서 좀 더 강도가 강화된 모습을 보인다. 하지만 국가의 노동 정치 측면에서는 노사정위라는 사회적 합의 기구의 형식조차 노사민정위라는 왜곡된 관 주도의 틀로 고사시키고, 노동을 대화와 참여의 상대방으로 인정하는 시늉조차 하지 않은 채 치안 기구를 동원한 억압적 배제의 대상으로 환원한다는 점에서, 오히려 노태우 정부 시기 국가의 노동 정치 방식과 유사해 보인다. 즉 국가는 노동에 대해 '헤게모니 없는 억압적 정치 일변도'의 모습을 보인다는 점에서 이전의 두 정부들, 심지어는 그 이전 현재 새누리당의 전신인 보수정당이 집권한 김영삼 정부와도 구별된다.[28]

셋째, 이명박 정부 시기 국가와 자본의 노동 정치는, 한편으로 글로벌 금융 위기를 경과하며 전 세계적으로 노골화된 신자유주의적 경향을 벗어나거나 규제하려 하는 동시대의 세계사적 방향과 역행하거나, 다른

28_ 물론 사회적 합의 기구의 의미 자체에 별다른 비중을 두지 않거나, 국내에서 경험한 사회적 합의 기구의 현실적 기능을 바탕으로 그저 억압의 또 다른 얼굴이라고 가정한다면, 이 같은 국가의 노동 정치 '방식'상 차이는 크지 않을 수도 있다.

한편으로 국내에서 제한적이나마 최근까지 이뤄진 민주화의 성과를 역사적으로 되돌리고 있다는 이중적인 의미에서 '퇴행적 경향'이 두드러진다. 김대중 정부와 노무현 정부가 정치 민주화의 자유주의적 성과와 국내외의 경제적 신자유주의 추세를 절충하거나 조화시키려고 시도했다는 점에서 유사성을 갖는다면, 이명박 정부는 앞선 신자유주의적 추세를 더욱 강화하면서, 정치 민주화의 자유주의적 성과를 제거하고 있다는 점에서, 국내 정치 민주화 이행과 확산에서의 취약성 혹은 정치적 발전 과정상의 역진과 퇴행 가능성마저 상기시키는 측면이 있다. 정치적으로 자유주의적 경향을 띤 '민주 정권'이 집권해 온 지난 10여 년간 노동과의 관계에서 유지되거나 심지어 강화된 형태로 실행되어 온 신자유주의적 '유연화의 정치'는 결과적으로 현재의 새로운 집권 정치 세력이 등장하게 했고 자유주의적 정치의 외양마저 찾아볼 수 없게 한 것으로도 보인다. 즉 정치적 자유주의와 경제적 신자유주의 간에 존재하는 긴장과 모순이 결국 폭발함으로써, 현재 국내에서 그 어느 때보다도 강력한 효력을 행사하는 거침없는 신자유주의가, 스스로를 '비즈니스 프렌들리'하다고 자평한 집권 정치 세력을 맞이해, 정치적 권위주의와 더 친화적인 본래의 모습으로 돌아간 것으로 보인다.[29] 국가와 자본이 '유연화의 정치'를 억제하지 않는 노동 체제를 지속·강화한다면, 이는 필연적으로 그 정점에서 '억압적 노동 체제'로 전화하고 만다. 노동은 이처럼 그 어느 때보다 강화된 신자유주의적 유연화 공세에 맞서 스스로를 방

29_ 사회학자 지그문트 바우만(Zygmunt Bauman)은, 서구가 복지국가 혹은 사회국가의 시기를 거쳐 새로운 전환을 경험하면서 시장이 만들어 낸 불안전성의 영속화와 강화가 국민의 복리에 헌신하는 모든 정치권력의 목표이자 의무라고 선언하는 새로운 형태의 국가로 전환되는 추세를 보이고 있음을 지적한다. 그에 따르면, 이처럼 시장에 헌신하는 국가는 동시에 '형사 사법 국가', '형벌 국가', 혹은 '범죄 통제 국가'이기도 하다(바우만 2008, 127).

어하는 대항 정치적 공간을 확고히 하지 못했을 뿐만 아니라, 자유주의적 민주화가 역진하는 상황에 처했음에도 속수무책으로 내몰리고 있다.

6. 맺음말 : 노동 체제와 사회 갈등

'억압적 배제'로 일관해 온 군사정권 시기의 노동 체제에 이어 등장한 1987년 노동 체제에서는, 노동이 과거 노동 체제에서부터 관행적으로 이어진 국가와 자본의 억압적 조치에 대항하는 공세적 투쟁을 전개함으로써 민주 노조 운동을 확산하는 동시에 노동조건을 개선했다. 1987년 체제에 속한 노태우 정부 시기부터 김영삼 정부 시기까지, 노동은 이처럼 억압에 대항하면서 자신의 조직적 역량을 키웠고 마침내 1995년 민주노총이라는 민주적 상층 노조 조직을 결성했다. 김영삼 정부에서는 최초로 사회적 합의주의 기구의 제도적 외양을 띤 노개위를 통해 당시 반합법 상태인 민주노총을 노사정 합의의 틀로 끌어들여, 민주노총 합법화와 국내 자본에 의해 요청되던 노동 유연화의 법제화를 교환하고자 했다. 하지만 1996년 말 '노동법 날치기 국면'에서 국가와 자본은 이런 합의주의의 틀을 벗어던졌다. 이어서 1997년 초까지 한 달간에 걸친 총파업투쟁으로 노동은 국가와 자본에 자신의 존재감을 강하게 드러내며 날치기 법안의 재개정을 요구하는 데 성공했다. 하지만 보수 여야 정당 간 합의를 통해 최종적으로 법제화된 노동법은 국가와 자본이 의도한 원안과 크게 다르지 않았다. 이에 민주노총을 중심으로 한 노동운동 세력은 정당으로의 노동 정치 세력화를 모색했으며, 1997년 말 노동 측 후보의 대선 운동 조직을 발판 삼아 마침내 2000년 민주노동당이 창당되었다.

1997년 말 외환 위기는 군사정권 시기 이래 최초로 야당이 집권당이 되게 하는 계기를 마련해, 민주화된 '국민의 정부'를 표방하는 김대중 정부가 들어섰다. 하지만 위기에 따른 구제금융 제공을 이유로 국내 경제정책은 국제기구인 IMF의 관리를 받게 되었고, 그전보다 전면적이고 심화된 노동 유연화를 초래하는 신자유주의적 구조 조정이 지속되는 한편 사회에 뿌리를 내리게 되었다.[30] 초국적 자본이 국내 자본과 함께 국가를 통해 노동에 부과하는 시장 규율로서 '유연화'가 노사 관계의 제1원리로 간주되는 한편, 구조 조정이 일상화되는 '종속적 신자유주의적 노동 체제'가 시작되었다. 이후 김대중 정부는 억압적·대립적·차별적 노사 관계를 심화할 만성적 노동 유연화의 기반이 되는 정리 해고제와 파견 노동제의 법제화를, 역설적으로 노사정위라는 사회적 합의 기구의 제도적 틀을 통해 노동의 참여를 이끌어 냄으로써 성사시켰다. 노동권 확보와 노동자 보호를 명목으로 합의 기구에 참여한 노동의 입장에서는 돌이키기 어려운 재앙의 문을 연 것과 다름없었다.

노사정위는 급박한 위기 정세와 구조 조정으로 인해 노동이 수세에 처한 국면에서 노동 측이 먼저 합의 기구가 필요하다고 요구해서 나온 산물이기도 했기에, 노동이 정리 해고제 등과 교환하자는 합의를 통해 얻어 낸 노동권 및 노동자 보호 관련 요구 항목들은 가시적 성과를 기대하기 어려웠고, 국가가 합의 이행을 회피하더라도 막아 내기가 어려웠

30_ 국내 노동시장의 유연성에 대한 2005년 무렵의 국제 비교 연구에 따르면 18개국 비교 연구에서 한국의 노동시장이 홍콩과 함께 가장 유연하고, 칠레·멕시코·미국이 그다음이며, 독일·스페인·스웨덴·콜롬비아가 가장 경직된 것으로 나온다. 그리고 고용조정 속도를 추정한 또 다른 연구에 따르면 국내 노동시장이 60개국 중 9위, OECD 국가 중 1위라는 결론에 도달할 정도다. 이에 대해서는 김유선(2007) 참조.

다. 따라서 노사정 간 합의의 교환이란 사실 노동 측에는 '부등가교환'에 가까웠고, '사회적 합의'란 '노동 배제'라는 목적을 위한 새로운 수단에 불과하다고 평가될 정도였다. 노동은 혼란에 빠졌으나, 기대를 저버리지 않고 정부의 협상 유인에 이끌려 노사정위에 참여하거나 합의 불이행을 확인한 후 탈퇴하기를 반복하면서 계속 수세에 몰렸다. 이때 구조조정에 내몰린 노동자들의 쟁의가 증가했는데, 김대중 정부 마지막 해의 노사분규 건수가 집권 첫해의 세 배에 이를 정도였다. 구속 노동자 수 또한 김영삼 정부 시기에 비해 두 배나 늘었다. 노동은 국가와 자본에 의해 고통 분담에 동참할 것을 강요당하며 대중에게서 고립되거나, 위태로운 일자리와 임금을 사업장 영역에서나마 보존하고자 스스로를 고립시키며 점차 연대의 끈을 상실해 갔다. 민주노총과 같은 상층 노동 조직에서는 국가에 의해 마련된 합의 기구에 참여할지 여부가 오히려 노동 내부의 분열로 이어지는 역설이 발생했다(노중기 2008, 251, 375).

노동 인권 변호사 출신 대통령이 정권의 수반이 된 노무현 정부 시기에, 노동은 이전 5년간의 상처가 심해진 상황에서 새로운 기대를 갖고 신정부를 맞이했지만, 예상치 못할 정도로 빨리 그 기대를 포기해야 했다. 신정부는 이전 정부의 노동정책 기조를 계승하겠다고 표방한 동시에, '노동자 보호'와 '노동 유연화'라는 상충되는 정책 기조를 함께 추구하겠다고 표명했다. 하지만 실제로는 노동자 보호는 언사에 그친 반면, 노동 유연화를 현실화하는 정책 기조만이 일관되게 유지되었다. 이 시기에 비정규직은 늘어났고 벼랑 끝에 내몰린 비정규직 노동자의 목숨을 건 투쟁도 정권 초기부터 크게 일어났다. 민주노총 지도부는 어떤 집행부가 들어섰는지와 국면 변화에 따라, 노사정위에 참여할 것을 기대하거나 그 기대를 포기한 채 투쟁하기를 반복했다. 이 와중에 하부 노조들은 1987년 7~9월, 그리고 1997년 초와 달리 '성과 없는 투쟁 동원의 관성화'에 지쳐 갔다. 정부는 대기업 노동자들을 '정규직 이기주의'와 '귀족 노조'로 몰아가며 비정규직과 대립시켰지만, 실제로는 비정규직 노동자들의 분규에 대해서도 강한 공권력을 투입하는 데 주저하지 않았다. 노무현 정부의 집권 세력과 경제 관료들은 신자유주의 이데올로기에 함몰된 채 고용의 질을 높이거나 비정규직을 줄이려 하지 않았고, 오히려 비정규직 고용을 확대하고 유연화하는 것을 일자리를 증가시킬 방편으로 여기는 '양적 사고'가 팽배했다. 한미 FTA를 추진할 때에도, 그 결정에 크게 영향을 받는 당사자인 노동이나 사회 내부의 의견을 민주적으로 수렴하는 과정은 생략되었다.

2004년 민주노동당이 원내에 진출한 일은 노동 정치에 한 전기를 이루기도 했다. 하지만 그 뒤로 노동운동 출신이 중심이 된 진보 정당과 민주노총을 중심으로 한 노동운동 간에 거리가 생기며 단절·분리가 발생했고, 신자유주의에 적극적으로 제동을 걸고 대안적 정치·경제를 모색하리라는 기대를 받은 진보 정당의 원내 진출에 따른 긍정적 효과를 노동이 향유한다고 보기는 힘들었다.[31] 노동운동의 분파주의와 진보 정당 내부의 정파 간 대립은 2007년 말에 정점에 이르렀고, 오랜 산고 끝에 태동한 민주노동당은 조직적으로 분열되었다. 신자유주의 공세 속에서 오히려 노동은 외부의 진보 정당과, 노동 내부의 분파들 간의 '이중적인 분열'을 어느 때보다 크게 경험했다.

국내 노동운동 정치상 구조로서 기업별노조주의와 운동 노선상 오랫동안 뿌리내린 경제적 실리주의 경향, 이념보다 이해관계에 의해 크게

31_ 이와 별도로, 민주노동당이나 여기에서 분리된 진보신당 모두를 개량주의적 의회주의 정치 세력으로 보고 사회주의 노동자 정당 건설을 새로 추진하자는, 노동운동 내의 흐름도 존재한다(양구헌 외 2010, 110).

영향을 받는 노동운동과 조직상의 강한 분파 대립, 비정규직 노동자와 대중을 포괄하지 못하는 상층 조직으로서 민주노총의 한계 등 노동 내부의 문제와 제약도 현재 국가와 자본에 의한 억압적 배제 정치에 강력하게 대응하지 못하게 한 원인이었다. 가령 "많은 대기업 노조에는 선거에서 경쟁하는 계파들이 있지만, 이들은 대부분 명확한 노선을 가지고 정치적으로 활동하는 정파는 아니다. …… 많은 대기업 노조에서 정책과 권력을 위해 경쟁하는 집단들이 형성되기 시작했다"(조효래 2010, 167).

현재의 노동 체제하에서, 노동은 과연 장기적으로 국가와 자본의 '유연화의 정치'에 맞서는 대항 정치를 강력히 전개할 수 있을까? 아니면 단기적으로 현 이명박 정부가 자행하는 억압적 배제 일변도인 노사 관계로의 퇴행이나마 저지할 수는 없는 것일까?[32] 현 국면에서 노동은 국가-자본에 대해 이와 같은 두 가지 대항 정치의 과제를 갖는다고 할 수 있다. 하나는 공세적인 정치적 권위주의의 복귀에 대항해 일반 민주주의 혹은 정치적 자유주의를 회복하기 위한 대항 정치적 과제를 수행하는 일이다. 다른 하나는 십수 년에 걸쳐 이른바 '민주 정부' 시기 동안 지속되어 왔고 현재 더욱 심화된 신자유주의적 '유연화의 정치'에 대항하는 노동 정치의 과제를 수행하는 일이다. 지금 국내의 노동에게, 정치적 자유주의를 복구하고, 신자유주의적 유연화의 정치를 극복하기 위한 '이중적인 대항 노동 정치'를 수행할 만한 조직적 역량이 존재하는지는 또 다른 중요한 문제다. 이를 위해 상층 노동조직과 진보적 정당에 의한 노동

32_ 2008년 촛불 시위는 인터넷으로 조직된 시민들보다 민주노총의 조직 동원력이 떨어졌음을 보여 주는 사례였다. 이는 민주노총의 지침을 지지하고 실행할 현장 조직이 약화되었음을 반영한다(양구헌 외 2010, 174). "최근 6~7년은 민주노총이 '총파업'을 결정해도 대다수 간부들은 '언론' 대응 수준으로 이해하고 조합원들은 '파업 결정'조차 모르고 있는 일들도 벌어진다"(양구헌 외 2010, 207).

자 정치의 역량을 복구하는 일은 기층 노동조직의 조직화 및 역량 강화와도 분리될 수 없다. 한편으로는 비정규직과 실업자를 포함하는 새로운 연대를 구성할 필요가 있고, 다른 한편으로는 그간 사안별로 노동을 일시적으로 동원하는 데 치중했던 기동전 전술을 넘어서서 사회적 지지의 범위를 장기적으로 확대할 수 있는 새로운 진지전을 모색할 필요가 있다. 그리고 이렇게 복구된 노동의 정치적 역량은 '반(反)유연화의 정치'에 초점이 맞춰져야 할 것이다. 반유연화 프로그램을 구체화하는 과정에서 대안적인 노동 체제를 성립할 가능성도 모색할 수 있을 것이다.[33]

노동과 국가–자본 간에는 집권 정치 세력이 자유주의적인지, 좀 더 권위주의적인지와 무관하게, 갈등·대립 상황을 벗어날 수 없게 하는 구조적인 관계가 자리 잡고 있다. 좀 더 자유주의적인 세력이 집권한 시절의 국가에 의해 형성된 노동 체제하에서는 노동이 이런 갈등의 숙명을 때때로 망각할 수 있을 법한 '유인된 참여의 공간'을 부여받았다면, 이제는 그럴 여유나 여지도 없이 구조적인 갈등과 적대 관계를 직시해야만 하는 상황이 도래한 듯하다. 노동의 위기가 심화되고 있는 가운데 새로운 기회를 발견하거나 만들어 내지 못한다면, 위기는 도약의 계기라기보다는 그저 끝이 안 보이는 덫이요 미궁일 뿐이다.

33_ 가령 국내의 정리 해고제는 관련 조항이 지나치게 추상적이어서 정리 해고가 무분별하거나 해고자 선정이 자의적이라는 점이 지적되어 왔다. 반유연화 정치 프로그램으로 유럽에서처럼 정리 해고를 할 때 해고 사유를 엄격하게 요구하거나, 노동조합과의 실질적 교섭을 실시하고, 해고에 따른 각종 서비스가 제공되게 하는 것도 고려될 수 있다(윤진호 2001, 296-297). 비정규직에 대한 차별 철폐 혹은 정규직화, 그리고 정규직 고용의 증대를 위한 프로그램도 생각해 볼 수 있다.

| 참고문헌 |

강신준. 2003. "IMF 경제 위기 이후 기업내부 노동조건의 변화와 노사 관계." 경상대학교사
　　　회과학연구원 엮음. 『신자유주의적 구조 조정과 노동문제 : 1997~2001』. 한울.

고용노동부. 2010. 『2010년 고용노동통계연감』.

그람시, 안토니오. 1993. 『그람시의 옥중수고 I : 정치편』. 이상훈 옮김. 거름.

김대환·최영기·윤기설. 2010. 『노동운동, 상생인가 공멸인가』. 위즈덤하우스.

김동춘. 2006. 『1997년 이후 한국 사회의 성찰 : 기업사회로의 변화와 과제』. 길.

김성희. 2008a. "비정규 노동과 민주 노조 운동 혁신의 과제." 조돈문·이수봉 엮음. 『민주
　　　노조 운동 20년』. 후마니타스.

＿＿＿. 2008b. "유연성 우위의 노무현 정부 노동정책." 유태환 외. 『양극화시대의 한국 경
　　　제』. 후마니타스.

김순천·김미정·김정하 외. 2006. 『부서진 미래 : 세계화 시대 비정규직 사람들 이야기』. 삶
　　　이보이는창.

김유선. 2006. "참여정부 3년, 노동정책 평가 : 노사 관계를 중심으로." 『노동사회』 106호(1
　　　월). http://www.klsi.org/magazine/magazine.htm?no=995.

＿＿＿. 2007. 『한국의 노동 2007』. 한국노동사회연구소.

김재훈. 2003. "노동력 재생산구조의 변화 : 소득 및 소비구조를 중심으로." 경상대학교사회
　　　과학연구원 엮음. 『신자유주의적 구조 조정과 노동문제 : 1997~2001』. 한울.

＿＿＿. 2006. "노동시장 분절과 노동조합 조직변화", 경상대학교사회과학연구원 엮음. 『한
　　　국 노동계급의 형성 : 1987~2003』. 한울.

김준. 2008. "노동법 개정 투쟁과 민주노총 건설, 1993~97." 조돈문·이수봉 엮음. 『민주 노
　　　조 운동 20년』. 후마니타스.

김진균. 2008. "87년 이후 민주 노조 운동의 구조와 특징 : '전국노동조합협의회'의 전개 과
　　　정과 주요 활동을 중심으로." 조돈문·이수봉 엮음. 『민주 노조 운동 20년』. 후마니
　　　타스.

깔깔깔 기획단. 2011. 『정리 해고비정규직 없는 세상을 위한 깔깔깔 희망의 버스』. 후마니
　　　타스.

노동부. 2003. 『2003년 노동통계연감』.

노중기. 1995. "국가의 노동 통제전략에 관한 연구 : 1987~1992." 서울대학교 박사 학위논문.

＿＿＿. 2008. 『한국의 노동 체제와 사회적 합의』. 후마니타스.

노중기·전병유. 2011. "시장친화와 노조파괴·노동억압 정책." 민주화를위한전국교수협의
　　　회·전국교수노동조합·학술단체협의회 엮음. 『독단과 퇴행, 이명박 정부 3년 백서』.
　　　메이데이.

미디어충청. 2009. 『77일 : 쌍용자동차 노동자 파업 사진 기록』. 메이데이.

바우만, 지그문트. 2008. 『쓰레기가 되는 삶들 : 모더니티와 그 추방자들』. 정일준 옮김. 새

물결.

박준식. 2004.『구조 조정과 고용 관계 변화의 국제 비교』. 한울.

박태주. 2008. "노동정책, 사회통합을 위한 노동개혁의 실종." 한반도사회경제연구회 엮음.
『노무현시대의 좌절』. 창비.

사회주의노동자연합. 2009.『쌍용자동차 점거파업 77일의 기록』. 풀무질.

송호근. 1991.『한국의 노동 정치와 시장』. 나남.

신장섭·장하준. 2004.『주식회사 한국의 구조 조정, 무엇이 문제인가』. 장진호 옮김. 창비.

양구헌 외. 2010.『위기의 노동운동 : 더 아래로, 더 왼쪽으로』. 메이데이.

오건호. 2008. "신자유주의 시대 사회공공성 운동의 의의와 새로운 실천전략." 조돈문·이수
봉 엮음.『민주 노조 운동 20년』. 후마니타스.

오도엽. 2010.『밥과 장미 : 권리를 위한 지독한 싸움』. 삶이보이는창.

유범상. 2003. "외환 위기 이후 노동 정치와 사회적 대화 : 등장, 전개, 해석."『동향과 전망』
56호(봄).

_____. 2005.『한국의 노동운동 이념』. 한국노동연구원.

윤진호. 2001. "IMF 경제 위기 이후의 노동정책 : 한 비판적 시각." 장세진·김기원·강명헌
외.『김대중 정부의 4대 개혁 : 평가와 과제』. 여강.

은수미. 2008. "비정규직정책, 안일한 인식과 무력한 대응." 한반도사회경제연구회 엮음.『노
무현시대의 좌절』. 창비.

은수미·정주연·이주희. 2008.『산별 노사 관계, 실현가능한 미래인가?』. 한국노동연구원.

이갑용. 2009.『길은 복잡하지 않다 : 골리앗 전사 이갑용의 노동운동 이야기』. 철수와영희.

이덕재. 2009. "우리나라 사회합의주의의 형식과 실질 간의 괴리 : 노사정위원회를 중심으
로."『경제와 사회』83호.

이병천. 2001. "전환기의 한국 경제와 김대중정부의 구조 조정 실험 : 글로벌 스탠더드와 구
체제의 악조합." 이병천·조원희 엮음.『한국 경제, 재생의 길은 있는가 : 구조 조정
실험의 평가와 전망』. 당대.

이성균. 2003. "제조업체의 간접 고용." 경상대학교사회과학연구원 엮음.『신자유주의적 구
조 조정과 노동문제 : 1997~2001』. 한울.

이성형. 1999.『신자유주의의 빛과 그림자 : 라틴아메리카의 정치와 경제』. 한길사.

이수봉. 2008. "민주 노조 운동의 현황과 진단." 조돈문·이수봉 엮음.『민주 노조 운동 20년』.
후마니타스.

이진동·주무현. 2003. "기업 구조 조정과 노동생활의 변화." 경상대학교사회과학연구원 엮
음.『신자유주의적 구조 조정과 노동문제 : 1997~2001』. 한울.

이종래. 2006. "1990년대 축적체계의 변화와 노사 관계의 변화", 경상대학교사회과학연구
원 엮음.『한국 자본주의의 축적체제 변화 : 1987~2003』. 한울.

_____. 2007. "노사 관계와 한국 자본주의 : 국제비교를 중심으로." 경상대학교사회과학연
구원 엮음.『한국 자본주의의 재생산구조 변화 : 1987~2003』. 한울.

인수범. 2010.『노동시장 구조변화와 노조 조직기반 변화에 관한 연구』. 한국노총중앙연구원.

임영일. 2006a. "생산직 노동자층의 구성과 상태 변화." 경상대학교사회과학연구원 엮음.『한

국 노동계급의 형성 : 1987~2003』. 한울.

_____. 2006b. "1987년 이후 한국의 노동운동과 계급형성." 경상대학교사회과학연구원 엮음.『한국 노동계급의 형성 : 1987~2003』. 한울.

_____. 2008. "민주 노조 운동 20년, 산별노조 건설 운동의 성과와 과제." 조돈문·이수봉 엮음.『민주 노조 운동 20년』. 후마니타스.

임현진·김병국. 1993. "민주화 과정에서의 국가·자본·노동관계의 한국적 현실." 최장집·임현진 엮음.『시민사회의 도전 : 한국 민주화와 국가·자본·노동』. 나남.

장귀연. 2006.『권리를 상실한 노동자 비정규직』. 책세상.

장진호. 2008. "금융 헤게모니로서의 신자유주의 분석 : 역사·동학·행위자들."『경제와사회』80호.

_____. 2011. "한국 경제의 신자유주의화와 계급적 재생산구조의 변화 : '금융종속'과 그 결과를 중심으로." 조돈문·배성인·장진호 엮음.『위기의 한국 사회, 대안은 지역이다』. 메이데이.

전국민주노동조합총연맹. 2011.『산별노조시대, 민주노총의 위상과 역할』.

정성진. 2003. "신자유주의 세계화와 노사 관계 변화의 국제비교." 경상대학교사회과학연구원 엮음.『신자유주의적 구조 조정과 노동문제 : 1997~2001』. 한울.

정이환. 2006.『현대 노동시장의 정치사회학』. 후마니타스.

정진상. 2006. "노동계급 형성의 구조적 조건의 변화." 경상대학교사회과학연구원 엮음.『한국 노동계급의 형성 : 1987~2003』. 한울.

제갈현숙. 2010. "신자유주의 시기 한국의 노동 유연화와 사회복지 체제의 특징." 안현효 엮음.『신자유주의 시대 한국 경제와 민주주의』. 도서출판선인.

조돈문. 2008. "민주 노조 운동의 조건과 과제." 조돈문·이수봉 엮음.『민주 노조 운동 20년』. 후마니타스.

_____. 2011.『노동계급형성과 민주노조운동의 사회학』. 후마니타스.

조영철. 2007.『금융세계화와 한국 경제의 진로』. 후마니타스.

조형제. 2008. "현대자동차의 고용조정." 조돈문·이수봉 엮음.『민주 노조 운동 20년』. 후마니타스.

조효래. 2002. "브라질 경제의 구조 조정과 노동운동의 대응." 경상대학교사회과학연구원 엮음.『신자유주의와 세계 노동자계급의 대응』. 한울.

_____. 2006. "사무전문직 노동조합의 정체성과 산별노조로의 전환 : 금융산업노조와 보건의료노조의 사례." 경상대학교사회과학연구원 엮음.『한국 노동계급의 형성 : 1987~2003』. 한울.

_____. 2010.『노동조합 민주주의』. 후마니타스.

최장집. 1993. "한국 노동계급의 정치 세력화 문제, 1987~1992." 최장집·임현진 엮음.『시민사회의 도전 : 한국 민주화와 국가·자본·노동』. 나남.

_____. 1997.『한국의 노동운동과 국가』. 나남.

_____. 2002.『민주화 이후의 민주주의 : 한국 민주주의의 보수적 기원과 위기』. 후마니타스.

_____. 2008. "법의 지배와 민주주의 : 한국어판 서문". 아담 쉐보르스키·호세 마리아 마라

발 외. 『민주주의와 법의 지배』. 안규남·송호창 외 옮김. 후마니타스.

틸리, 크리스·찰스 틸리. 2006. 『자본주의의 노동세계』. 이병훈·조효래·윤정향 외 옮김. 한울.

한국노동연구원. 2009. 『2009 KLI 노동통계』.

_____. 2011. 『2011 KLI 노동통계』.

『참세상』. 10/11/29. "잇따른 민주노총 탈퇴? 돈과 징계로 회유."

Kim, Sunhyuk. 2000. *The Politics of Democratization in Korea : The Role of Civil Society*. Pittsburgh: University of Pittsburgh Press.

Koo, Hagen. 2001. *Korean Workers : The Culture and Politics of Class Formation*. Ithaca: Cornell University Press.

Silver, Beverly J. 2003. *Forces of Labor : Workers' Movements and Globalization since 1870*. Cambridge: Cambridge University Press.

Thelen, Kathleen. 2001. "Varieties of Labor Politics in the Developed Democracies." Peter A. Hall and David Soskice eds. *Varieties of Capitalism : The Institutional Foundations of Comparative Advantage*. Oxford: Oxford University Press.

4장

한국 복지 체제의 발전과
사회적 갈등 조정 장치로의 제도적 한계

신동면

1. 서론

1장에서도 언급된 바와 같이, 이 장에서는 한 사회에서 갈등은 불가피하게 존재하며, 자유롭게 표출된 사회적 갈등은 다양한 정치·경제·사회 제도를 통해 조정되어야 한다고 본다. 이들 중에서 사회보장제도는 자본주의의 발전과 풍요가 필연적으로 양산하는 빈곤이라는 사회문제에 대응해 사회 구성원 모두의 인간다운 생활을 보장함으로써 사회적 갈등을 예방하고 완화하는 역할을 수행한다. 이 때문에 폴라니Karl Polanyi는 서구 자본주의 발전 과정에서 복지국가의 본질적 기능을 복지의 탈상품화 [자본주의 체제에서 개인(노동자)이 노동시장에 의존하지 않고도 인간답게 살 수 있는 상태]에서 찾았다. 그는 시장경제의 상품화와 복지의 탈상품화는 동전의 양면이며, 복지국가는 자본주의 체제의 상품화가 양산하는 사회적 갈등을 완화하기 위한 필수 요소라고 주장했다.

그런데 복지국가가 자본주의 체제의 필수 불가결한 요소라고 할지라도 복지국가의 발전 정도는 자본주의 국가에 따라 서로 다르다. 서구 복지국가의 발달을 시민권의 발전 역사로 해석하는 마셜T. H. Marshall에 따르면, 복지국가란 민주-복지-자본주의 체제Democratic-Welfare-Capitalism다. 그의 주장은 자본주의 체제에서 1인 1표의 정치적 평등이 보장됨으로써 시민은 복지국가를 탄생시켰고, 모든 사회 구성원이 인간다운 생활을 영위할 수 있는 사회권social right을 실현하게 되었다는 것이다. 이때 복지국가를 통해 실현되는 사회권의 수준은 사회보장제도의 내용과 형식에 따라 차이를 보이지만, 사회보장제도가 어떤 유형의 민주주의 제도 그리고 어떤 유형의 자본주의 체제와 안정적인 조합을 이루는가에 따라 다를 수 있다. 한 나라에서 복지국가의 발전이 민주주의 정치체제의 성격과 자본주의 경제체제의 성격에 영향을 받는다는 점에서 복지국가를 민주-복지-자본주의 체제로 불렀던 마셜의 설명은 오늘날 복지국가의 발전을 이해하는 기본적 시각을 제공한다.

그렇다면 한국은 자본주의 체제의 발전이 필연적으로 양산하는 빈곤과 갈등의 사회문제에 대처해 복지의 탈상품화를 도모하기 위해 어떤 복지국가를 발전시켜 왔는가?[1] 최근 유엔개발계획UNDP에서 발표한 2010

1_ 한국을 복지국가로 부를 수 있는가는 논란의 여지가 있다. 제2차 세계대전 이후 서구 자본주의 체제에서 시작된 복지국가는 국가별로 서로 다른 제도를 발전시켜 왔지만, 적어도 모든 국민이 최저 생활을 영위할 수 있도록 최소한의 소득 보장 체계를 국가가 제공한다는 공통점을 지닌다. '국민 최저 생활' 보장이라는 최소한의 기준을 한국에 적용하면, 2009년 현재 전체 국민의 8.4퍼센트에 달하는 410만여 명이 국민기초생활보장제도의 사각지대에 놓여 있다. 복지국가의 최소 기준을 적용한다고 해도 한국은 복지국가가 아니라는 주장이 여전히 설득력을 지닌다. 이 때문에 이 글에서는 복지국가라는 논란의 여지가 있는 용어를 사용하는 대신에 에스핑-안데르센에 의해 처음으로 사용되기 시작한 복지 체제(welfare regime)라는 용어를 사용한다. 복지 체제는 사회복지 제도의 법적·제도적 특성이 국가와 시장 간의 관계, 즉 특정 사회의 정치·경제적 맥락을 반영하여 결정된다는 점을 강조하기 위해 사용되는 개념이다(Esping-Andersen 1990, 2).

년 인간개발지수Human Development Index, HDI를 보면, 한국은 세계 169개국 중에서 12위를 차지해 상위 그룹에 이름을 올리고 있다. 그러나 불평등을 고려한 인간개발지수Inequality-adjusted Human Development Index, IHDI는 18위가 떨어진 30위를 기록했다.[2] 이런 결과는 한국의 낮은 국가 복지주의 수준, 달리 말하면 복지의 낮은 탈상품화 수준을 반영한다. 경제협력개발기구OECD가 발표한 사회복지 지출에 관한 통계자료를 보면, 한국은 2005년 GDP 대비 공공 사회복지 지출의 비율이 6.9퍼센트로 OECD 회원국들 중에서 최저 수준이다. 이는 OECD 평균 20.1퍼센트에 비하면 약 3분의 1 수준에 불과하다(OECD 2010). 이런 통계 수치들은 한국의 복지 체제가 소득 불평등을 완화하고 사회 통합을 높이는 방향으로 사회적 재계층화를 추구한 것이 아니라 기존 사회계층 구조를 강화해 왔다는 것을 보여 준다. 민주적 정치체제 위에 친복지 정책 기조를 유지했던 김대중·노무현 정권 10년의 집권에도 불구하고, 한국의 복지 체제는 낮은 공공 사회복지 지출로 인해 복지의 탈상품화 정도가 낮고, 사회 불평등 구조를 개선하는 데 효과적이지 못했다. 그러므로 시장 내 일차적 자원 배분의 불평등으로 인해 발생하는 사회적 불평등과 갈등을 완화하는 데 취약했다.

한국의 복지 체제가 이처럼 복지의 탈상품화 수준이 낮고, 사회적 갈등을 완화하는 데 취약한 것은 한국의 정치체제가 노동의 요구를 담

2_ 인간개발지수는 한 국가에서 건강·교육·소득의 세 기본 분야에서 인간 개발 성과의 평균값을 나타낸다. 평균의 속성상 인간개발지수는 한 국가에서 국민들 간 인간 개발의 불평등을 보여 주지 못한다. 예를 들어, 세 분야에서 상이한 성과 분포를 보이는 두 국가의 인간개발지수가 동일하게 나올 수 있다. 불평등을 고려한 인간개발지수는 한 국가에서 건강·교육·소득 분야에서 성과의 평균값을 고려할 뿐 아니라, 각 분야에서 불평등 수준에 따라 평균값을 할인함으로써 성과가 시민들 사이에 어떻게 분배되어 있는지를 고려한다. 따라서 인간개발지수는 불평등이 없다면 실현할 수 있는 잠재적 인간개발지수(HDI 최대치)라면, 불평등을 고려한 인간개발지수는 불평등을 고려한 실제적 인간개발지수라고 할 수 있다.

아낼 수 있는 노동자 정당이 활성화되지 않았고, 이에 따라 민주적 계급 투쟁이 효과적으로 이루어질 수 없었기 때문이라는 것이 일반적인 설명이다. 대표적으로 고세훈(2003)은 한국에서 복지국가가 발전하지 못한 이유를 노동의 요구를 체계적으로 수용할 수 없었던 정치체제의 한계에서 찾고, 복지 정치과정에서 노동의 연대와 정치적 동원의 필요성을 주장한다. 그런데 복지국가의 발전을 '노동 권력 자원 동원의 결과'로만 설명한다면, 한국 복지 체제의 성격과 한계를 파악하는 데 어려움이 있다. 주지하는 바와 같이, 한국의 복지 체제는 1960년대 초 군사 쿠데타를 통해 집권한 박정희 국가재건최고위원회의 의장의 주도로 응급 구호 성격의 최소한의 공공 부조와 최소 급여를 제공하는 사회보험 도입을 통해 사회보장제도의 골격을 놓게 되었다. 박정희 정권에서 기업은 다양한 통로를 통해 산업적·정치적 자원을 동원할 수 있었던 반면, 노동은 산업적·정치적으로 조직과 참여에서 각종 법적 제한을 받고 철저하게 배제되었다. 특히 사회보장제도의 도입 과정에서 기업은 사회복지에 대한 자신의 분명한 선호를 지니고서 정부의 사회정책 과정에 직간접적으로 참여해 사회보장제도의 형식과 내용에 영향력을 행사해 왔다. 이들은 사회보장제도가 생산 제도와 순기능적 보완 관계를 형성해 기업 활동의 효율성을 높이는 데 기여할 수 있기를 원했다.

그러므로 한국의 복지 체제가 복지의 탈상품화 수준이 낮고, 그 결과 사회 갈등을 완화하는 데 취약한 이유를 설명하기 위해서는 노동의 요구를 체계적으로 수용할 수 없는 정치체제의 한계를 지적하는 데 그쳐서는 안 된다. 왜냐하면 사회복지 제도의 법적·제도적 특성은 국가와 시장 간의 관계, 즉 정치·경제적 맥락을 반영해 결정되기 때문이다. 이 글은 한국의 복지 체제 발전 과정에서 국가가 어떤 역할을 수행했는지, 국가와 시장 간의 관계가 복지 체제의 발전에 어떤 영향을 미쳤는지, 사회보장제도가 기업의 생산 활동을 보완할 수 있도록 기업은 사회복지에 대해 어떤 선호를 지녔는지 등에 주목한다. 이 글은 한국의 복지 체제가 현재와 같이 복지의 탈상품화 수준이 낮은 상태로 발전하게 된 것은 사회보장제도의 발달 과정에서, 기업이 갖고 있는 사회복지에 대한 선호를 반영한 결과이며, 초기 사회보장제도의 기본 골격이 지금까지 지속되면서 한국의 복지 체제가 사회적 갈등을 완화하는 데 취약할 수밖에 없다는 것을 보여 주고자 한다.

　이 글은 네 부분으로 구성되어 있다. 첫째, 자본주의 다양성varieties of capitalism에 관한 선행 연구를 검토해 이 글의 분석틀을 제시한다. 복지국가 발전 과정에서 기업이 미치는 영향은 최근 자본주의 다양성을 주장하는 정치경제학자들을 중심으로 활발하게 논의되어 왔다. 이들은 생산 체제production regime와 복지 체제welfare regime 간의 '제도적 보완성'institutional complementarities이라는 개념을 통해, 생산 체제의 성격에 따라 사회복지에 대한 기업의 선호가 달라진다는 것을 주장한다. 둘째, 이 분석틀에 따라, 한국의 복지 체제 발달 과정을 박정희 정권에서 시작해 노무현 정권까지를 다룬다. 정책 결정 과정에서 국가와 시장 간의 관계를 다루는 정책망, 정책 결정자들의 선택을 제약하는 정책 아이디어와 비토점, 그리고 생산 체제와 복지 체제 간의 제도적 보완성이 실현되는 복지 체제의 발전 과정을 정책 연계를 중심으로 살펴본다. 셋째, 한국 복지 체제의 제도적 특성을 규명하기 위해 사회복지 공급에서 국가, 시장, 가족, 비영리 조직, 기업 간의 역할 배분을 다루는 복지 혼합welfare mix과, 복지 혼합이 초래하는 복지 결과welfare outcomes를 살펴본다. 끝으로 자본주의 체제의 상품화가 필연적으로 양산하는 빈곤과 사회 갈등을 완화하기 위해 한국 복지 체제가 나아가야 할 발전 방향에 대해 짧게 논의한다.

2. 생산 체제와 복지 체제의 제도적 보완성

1) 자본주의 다양성

자본주의 다양성을 주장하는 정치경제학자들은 생산 체제 논의에서 세계화의 외적 위협과 탈산업화의 내적 변화에 직면해 자본주의 체제는 국가별로 서로 다른 발전 경로를 보인다고 주장한다. 생산 체제를 구성하는 제도들institutional arrangements — 금융 제도, 생산 전략, 노사 관계, 숙련형성, 기업 지배 구조 등 — 의 차이에 따라 생산과정의 문제를 해결하기 위한 기업들 간의 조정 및 협력 방식이 다르다는 것이다(Crouch and Streeck 1997; Hollingworth and Boyer 1997; Soskice 1999; Hall and Soskice 2001). 생산 체제를 구성하는 제도들 간의 관계는 '어느 한 제도의 존재가 다른 제도의 효율성을 증가시키는 관계'인 제도적 보완성을 지닌다고 본다 (Amable 2003, 6). 그리고 생산 체제에 따라 제도적 보완성이 다르기 때문에 기업 경영 및 투자 패턴에서 차이를 보이고 비교 우위가 서로 다르다는 것이다(Hall and Soskice 2001). 자본주의 다양성을 주장하는 정치경제학자들은 생산 체제 유형을 여러 가지로 구분하고 있으나, 소스키스David Soskice가 제시한 영미 계통 국가들에서 시장 중심 조정을 특징으로 하는 자유 시장경제 체계LME와, 시장 외적 제도의 개입을 통해 조정이 이뤄지는 독일 및 스칸디나비안 국가들과 일본 등을 포함한 조정 시장경제 체계CME의 두 모델이 널리 사용된다(Soskice 1999).[3]

3_ 조정 시장경제 체계는 조합주의가 발전된 유럽 국가들의 산업별 조정 시장경제 체계(sector-coordinated economies)와, 일본과 한국 등 기업집단 소속 기업들 간 조정이 이뤄지는 그

LME와 CME는 금융 체계 및 기업 지배 구조, 생산 전략, 노사 관계, 숙련 형성 등의 제도들이 서로 다르다. LME를 대표하는 미국 경제의 경우, 주식시장을 중심으로 자본이 형성되어 단기 수익성 원리에 따라 자본이 이동한다. 따라서 기업 경영진은 단기 수익성에 집착해 주주 배당률 제고와 주가 부양에 주력한다. 기업 지배 구조에서 경영진은 경영 전권을 가져서 경영 의사 결정 과정에서 노동자와 협의할 필요가 크지 않다. 상품 시장에서 기업들은 상호 협력할 수 있는 조정 기구가 부재해 시장 논리에 기초해 다른 기업들과 경쟁할 뿐이다. 고용주는 근로자들과 주로 단기 고용계약을 체결하며, 고용과 해고가 자유롭다. 고용 보호 수준이 낮은 노동자들은 특정 기업이나 산업에서 활용할 수 있는 특수 숙련 기술specific skills을 배우려는 유인이 낮고, 주로 일반 직업 기술general occupational skills을 중심으로 기술을 습득하게 된다(Hall and Soskice 2001).

반면에 CME를 대표하는 독일 경제의 경우, 은행 중심의 금융기관과 기업들 사이에 장기 금융거래가 이루어져 '인내하는 자본'patient capital이 제공된다. 기업 지배 구조에서 경영자는 경영상의 의사 결정을 노동자와 협의해야 하므로 노사 간의 지속적 신뢰 관계를 중시한다. 기업들은 임금, 직업훈련 및 교육, 연구 개발 등의 문제에 대해 산업별로 서로 협력할 수 있는 긴밀한 연계망을 지니고 있다. 고용 보호 수준이 높기 때문에 노동자들은 자신이 고용된 기업이나 산업에서 활용되는 특수 숙련 기술을 습득하고자 한다. 기업들도 노동자들의 숙련 기술 향상을 통해 노동생산성을 높이고 고품질 상품의 생산에 주력한다(Hall and Soskice 2001).

룹별 조정 시장경제 체계(group-oriented economies)로 구분된다.

앞서 살펴본 것처럼, 생산 체제에 관한 이론은 기업의 생산과정에 관련된 주요 제도들에 초점을 두고 자본주의 체제의 유형화를 시도하며, 생산 체제를 구성하는 제도들 간의 기능적 연계성을 강조한다. 그런데 자본주의의 다양성을 주장하는 최근 연구들에서는 생산 체제를 구성하는 제도들 간의 기능적 연계성을 뛰어넘어 생산 체제와 복지 체제 간의 제도적 연계성을 밝히려는 연구들이 등장하고 있다.

2) 생산 체제와 복지 체제의 제도적 보완성

생산 체제와 복지 체제 간의 제도적 보완성을 주장하는 연구들에 따르면(Ebbinghaus and Manow 2001; Estevez-Abe, Iversen and Soskice 2006; Manow 2001; Swenson 2002; Hancké, Rhodes, and Thatcher 2008; Schröder 2008; 양재진 2004; 정무권 2009; 신동면 2009a), 생산 체제를 구성하는 제도들 ― 금융 제도, 생산 제도, 노동시장 및 노사 관계 제도, 기업 거버넌스 제도, 숙련 형성 제도 ― 이, 복지 체제를 구성하는 사회복지 제도와 서로 기능적으로 상충하는 경우에 자본주의 체제의 원활한 작동을 기대하기 어렵다. 생산 체제와 복지 체제 유형을 가지고 설명하면, 자유 시장경제 체계는 자유주의 복지 체제와 제도적 보완성을 지니고 있으며, 조정 시장경제 체계는 보수주의 혹은 사회민주주의 복지 체제와 제도적 보완성을 지닌다는 것이다. 예컨대, 높은 수준의 사회 임금social wage을 제공하는 보수주의 혹은 사회민주주의 복지 체제에서 기업들은 기업 간 협력에 적극적인 태도를 취하는데, 이는 높은 수준의 사회 임금 때문에 기업들이 기업 복지를 통해 동일 산업 내 다른 기업들보다 유리한 지위를 차지하는 것이 어렵다고 판단하기 때문이다(Swenson 2002).

구체적으로 살펴보면, 각 국가들에서 주력 산업이 무엇인가에 따라 기업가들이 원하는 기술 인력 유형이 다르고, 고용 보호 및 사회복지에 관한 이해가 다르다. 기업들이 포드주의적 대량생산 체제를 기반으로 상품을 생산하는 경우, 기업은 일반 직업 기술을 지닌 미숙련 혹은 반숙련 근로자를 채용하고자 한다. 이에 따라 노동시장에서 위험 회피 전략을 취하는 합리적인 근로자는 시간과 돈을 들여 특수 숙련 기술을 습득하기 위해 노력하기보다는 일반 직업 기술을 습득하려 할 것이다. 기업은 이런 상황에서 숙련 노동자의 보호를 위한 내부노동시장의 형성이나 직업훈련 시스템을 갖추어야 할 필요를 느끼지 않는다. 그러므로 숙련 노동자의 내부노동시장 형성에 도움이 되는 고용 보호, 기업 복지, 소득 유지를 위한 실업보험 제도 등이 발전하기 어렵다(양재진 2004). 반면에, 기업들이 고품질의 특화된 상품 생산에 주력하면서 규모의 경제를 추구하는 경우, 기업은 숙련 노동자를 필요로 한다. 이에 따라 기업은 숙련 노동자를 위한 고용 보호를 강화하며, 산업별로 숙련 노동자 풀을 유지하기 위해 소득 비례적 특성을 지닌 높은 수준의 사회 임금을 제공하는 데 우호적 태도를 지닌다. 이런 상황에서 근로자들은 일차적으로 기업의 내부노동시장에서 고용 보호를 받고, 이차적으로 사회보장제도를 통해 사회 임금을 제공받을 수 있기 때문에 실업이나 일자리에 대한 걱정 없이 특수 숙련 기술을 습득하고자 한다. 그 결과 고숙련·고임금의 균형을 이루게 된다(Estevez-Abe, Iversen and Soskice 2001; Iversen and Soskice 2006). 전자의 경우가 LME를 구성하는 주요 제도들 간의 제도적 보완성을 나타낸다면, 후자는 CME를 구성하는 주요 제도들 간의 제도적 보완성을 보여 준다.

앞서 살펴본 바와 같은 생산 체제와 복지 체제 간의 제도적 보완성을 주장하는 연구들은 두 가지 이론적 특징을 갖는다(안재홍 2004, 392). 첫째, 기업 및 기업연합에 의해 주도되는 조정 전략은 복지국가의 형성과 재편에 중요한 영향을 미친다. 둘째, 기업은 생산 체제와 복지 체제 간의 순기능적 보완 관계에 따라 사회정책의 형성 및 변화를 용인 또는 지지해 왔다. 최근 복지국가들에서 생산 체제를 구성하는 제도들에 따라 사회복지에 대한 기업가들의 이해와 선호가 다르고, 그 결과 복지 체제의 발전 경로가 다르다는 것이다. 이런 주장은 복지국가의 발달 과정을 시장에 반하는 정치politics against market 혹은 노동 권력 동원의 차원에서 접근해 기업가들의 역할을 무시했던 기존 이론들과 구분되는 새로운 이론적 시도다(정무권 2009). 하지만 생산 체제와 복지 체제 간의 제도적 보완성은 아직까지 부분적 적합성을 보여 주는 데 그치고 있다. 조정 시장경제 체계에 속하는 독일과 스웨덴이 복지 체제 특징이 서로 다른 이유는 무엇인지, 조정 시장경제 체계에 속하는 일본에서 자유주의 복지 제제를 발전시켜 온 이유는 무엇인지 등에 대해 설명할 수 있어야 한다. 이를 위해서는 생산 체제와 복지 체제를 형성하고, 이 둘 사이 원활한 작동을 매개하는 민주주의 정치체제의 역할에 주목해야 한다(Swank 2002; Iversen and Soskice 2006; Shalev 2001; Hanckë, Rhodes and Thatcher 2007; Hall and Thelen 2009; Thelen 2009; 신동면 2009a).

일반적으로 정치체제의 산물인 정책은 사회 세력들의 다양한 이해 관계를 기초로 수립된다. 정당은 사회집단의 이해와 선호를 집약해 주는 역할을 담당하며, 정부는 그렇게 집약된 의사를 정책 결정 과정에서 직접 처리하는 역할을 담당한다. 정책 결정자들에 의한 정책 선택은 사회집단의 압력과 요구에 '순응하는 것'이 아니라 '중재 혹은 완화하는 것'이기에 생산 체제와 복지 체제 간의 제도적 보완성은 정책 결정 과정을 거치면서 '선택적 친화성'을 갖추게 된다. 따라서 생산 체제와 복지 체제 간의 제도적 보완성을 파악하기 위해서는 선택적 친화성이 실현되는 정

그림 4-1 | 복지 체제 발전에 관한 정치경제적 접근

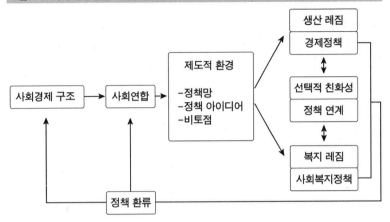

자료 : 노동부(2003), 고용노동부(2010).

치체제의 역할을 살펴봐야 한다.

이상의 논의에 근거해 이 장에서는 한국 복지 체제의 발전 과정을 〈그림 4-1〉과 같이 사회 연합social coalition, 제도적 환경institutional settings, 정책 연계policy-linkages를 중심으로 설명하고자 한다. 사회보장제도의 발전은 사회경제 구조의 변화로 야기되는 사회 연합 균열에 의해 촉발되는 역동적이며 연속적인 과정이다. 이때 정책 결정자의 정책 선택은 제도적 환경에 의해 제한받는다. 왜냐하면 제도적 환경은 정책 결정 과정에서 참여자를 사회화하고, 참여자 간 권력관계를 규정하고, 참여자에게 제재와 유인의 기제로 작용하며, 참여자 간 집합행동에 영향을 미치기 때문이다(Hall and Soskice 2001, 5).

이 장에서 제도적 환경은 정책망policy-network, 정책 아이디어policy ideas, 비토점veto points으로 구성되어 있다. 정책망은 정책 결정에 참여하는 행위자들 간의 연계 체계를 의미한다. 정책 결정 과정에서 정부와 민간 기

관들(기업 조직, 노동조직, 이익 단체 등)은 전문 지식의 공유 및 의사소통, 신뢰 형성, 기타 자원 교환 등의 상호 의존적 관계를 형성하고, 정책의 형성과 변화에 영향을 미친다(Jordan and Schubert 1992). 정책 아이디어는 정책 결정자들이 지니는 세계관, 규범적 신념, 사실적 인과관계에 관한 견해 등을 의미하는데, 정책 결정자들은 정책 아이디어에 근거해 특정 상황에서 구체적인 정책 수단을 선택하게 된다(Shin 2003, 41). 비토점은 정책 결정이 일련의 의사 결정으로 구성된다고 할 때, 정책 과정의 참여자가 자신의 전략에 따라 결정 사항을 뒤엎을 수 있는 기회를 말한다. 예컨대, 행정부와 입법부의 관계, 입법부의 구성, 행정부 내 부처 간 관계, 선거 등에 따라 비토점의 수와 위치가 결정되며, 이는 정책 결정 과정에서 참여자들의 전략과 정책 수단을 선택하는 데 영향을 준다(Immergut 1992, 27-28). 이와 같이 제도적 환경을 구성하는 정책망, 정책 아이디어, 비토점은 정책 의제 설정에 영향을 줄 뿐만 아니라 정책 수단의 선택 범위를 제한한다.

한편 경제정책과 사회복지 정책은 상호 연계되어 정책의 형식과 내용에 영향을 미친다. 특히 경제정책은 사회복지 정책의 결정 과정에서 정책 결정자들의 정책 수단 선택을 제약하는 요인으로 작용해 사회복지 정책의 내용과 형식에 영향을 주게 된다. 왜냐하면 생산 체제를 구성하는 제도들과 복지 체제를 구성하는 사회보장제도가 서로 기능적으로 상충하는 경우에 자본주의 체제의 원활한 작동을 기대하기 어렵기 때문이다. 따라서 기업은 생산 체제와 복지 체제 간의 제도적 보완성을 확립하기 위해 사회복지에 대한 자신의 분명한 선호를 지니고서 정책 결정 과정에 직간접적인 영향을 행사해 왔다. 정치체제는 기업의 요구를 선택적으로 수용해 경제정책과 사회복지 정책 간의 정책 연계를 형성하게 되고, 이를 통해 생산 체제와 복지 체제 간의 선택적 친화성을 확보해 간다.

3. 한국 복지 체제의 형성과 발전

1) 정책망, 정책 아이디어, 경제정책의 변화

〈표 4-1〉에서는 1960년대부터 노무현 정부까지 한국의 생산 체제와 복지 체제를 형성해 온 정부의 경제정책과 사회정책이 어떻게 변화해 왔는지 살펴보았다. 제한된 지면에서 45년 이상의 기간을 자세하게 다룰 수 없다는 한계를 감안하며 단순화의 위험을 무릅쓰고 정책 결정 과정에서 정책망, 정책 아이디어, 경제·사회정책의 변화 등을 요약했다. 1960년대부터 노무현 정부까지 정책망과 정책 아이디어는 정권의 교체에 따라 변화해 왔으며, 경제정책의 내용과 수단도 정권에 따라 변화해 왔음을 알 수 있다.

(1) 박정희 정권(1961~79년)

박정희 정권에서 국가는 노동을 배제한 상태에서 기업과 연합 관계를 주도적으로 형성했다. 이승만 정권부터 시작된 냉전 반공 체제는 박정희 정권에 들어와 더 강화되었고, 이데올로기적 탄압으로 노동운동이 성장하지 못했다. 1960년대 박정희 정권은 사실상 발전 계획의 수립과 이를 수행하기 위해 필요한 사회적 동원에서 '백지위임장'을 가진 것이나 다를 바 없었다(최장집 2002, 75). 1961년 군사 쿠데타 이후 박정희 정권은 경제기획원 설치를 포함한 관료 체계의 재정비와 국책은행 설립 등을 통해 국가 주도 경제개발을 위한 제도적 토대를 확립했다(Jones and

표 4-1 | 정책망, 정책 아이디어, 경제·사회정책의 변화

구분	박정희 정권 (1961~79년)	전두환·노태우 정권 (1980~92년)	김영삼 정권 (1993~97년)	김대중 정권 (1998~2002년)	노무현 정권 (2003~07년)
정책망	국가 주도 국가-기업 연합 → 공생적 국가-기업 관계	약화된 국가-기업 연합 • 시민사회 등장	국가와 특정 기업 간의 협력 관계 • 시민사회 성장	유사 조합주의 등장 • 시민사회 성장	유사 조합주의 형해화 • 시민사회의 영향력 강화
정책 아이디어	• 경제 성장주의 • 낙수 효과 • 복지 의존	• 안정화 • 자유화	• 고통 분담 • 세계화 • 경쟁력 강화	• 경제민주화 • 사회 연대 • 생산적 복지	• 동반 성장 • 사회 투자
거시 경제 정책	• 성장 우선 정책	• 안정화 정책 • 자유화 정책	• 성장 우선 정책 → 안정화 정책 • 자유화 정책	• 긴축정책 → 성장 정책 • 자유화 정책	• 자유화 정책
산업 정책	노동 집약 산업 수출 지향 산업화 정책 → 중화학공업화 정책	중화학공업 구조 조정 정책	일반 산업 정책으로 전환	일반 산업 정책과 산별산업정책의결합	일반 산업 정책
노동정책	시장순응적노동정책 → 억압적노동정책	억압적 노동정책 대응적 노동정책	→ 유연화 정책	유연화 정책	유연화 정책
인적 자원 개발 정책	일반 기술 인력 양성 → 숙련 기술 인력 양성	숙련 및 고급 기술 인력 양성	다기능공 육성	고급 기술 인력 육성	고급 기술 인력 육성
사회보장 정책	• 산재보험 도입 • 공무원·군인연금 도입 • 생활보호 도입 • 의료보험 도입	• 의료보험 농어민 확대 • 국민연금 도입	• 국민연금 농어민 확대 • 고용 보험 도입	• 국민기초생활 보장제도 도입 • 고용 보험 전 사업장 확대 • 국민연금 도시 자영 업자 확대 • 의료보험 통합 • 산재보험 전 사업장 확대	• 기초노령연금 도입 • 노인장기요양보험 도입 • 국민연금법 개정 (급여 축소) • 근로 장려 세제 도입 • 보육 지원 확대

자료 : 신동면(2006)을 수정해 작성함.

Sakong 1980, 48-49). 특히 경제기획원은 정부 예산 통제권과 함께 경제정책 전반을 통제하는 기능을 담당해 관료제 내에서 지배적 위상을 차지했고, 다양한 정책 수단을 통해 경제정책에 대한 기업의 순응을 확보할 수 있었다. 이런 제도적 토대 위에 박정희 정권은 1962년부터 경제개발 계획을 수립하고 기업 활동에 적극적으로 개입했다. 양질의 값싼 노동 인력을 제외하고 산업화에 필요한 자본과 기술이 부족한 상황에서 정부는 노동 집약적 경공업을 중심으로 수출 지향 산업화 전략을 추진했다. 노동 집약적 경공업이 중심이었던 상품 생산 체계에서 기업은 단순 기

술을 지닌 노동 인력이 필요했고, 이에 따라 정부의 인적 자원 개발 정책은 일반 기술 인력의 양성에 치중했다. 또한 농촌으로부터 대량 유입되는 비숙련 잉여노동 인력으로 인해 기업은 저임금 근로자를 손쉽게 구할 수 있었고, 이와 같은 노동시장 상황에서 정부의 노동정책은 시장 순응적 성격을 지녔다(신동면 2006).

1972년 헌법 개정을 통해 권위주의 속성을 더욱 강화한 박정희 유신 정권은 공생적 국가-기업 연합 관계를 다져 갔다(Kim 1997). 유신 정권은 노골적으로 근로자들을 정치적으로 배제시켰지만 중화학공업화 전략을 추진하기 위해 근로자들을 경제적으로 동원했다(Choi 1989). 박정희 정권은 중화학공업 분야에서 특정 산업과 기업을 선정한 후 금융 및 세제 혜택, 관세 장벽, 보조금 지급, 행정 및 비공식적 지원 등 다양한 정책 수단을 통해 기업 활동을 선별적으로 지원하며 발전 국가developmental state 역할을 충실히 수행했다(Shin 2003, 85-88). 중화학공업화는 포드주의 노동과정에 기초한 대량생산 체계의 확립을 가져왔으며, 대기업의 출현과 함께 노동시장의 구조를 바꿨고, 노사 관리에 대한 필요성을 제기했다. 기업 내에서 노무관리가 강조되어 위계적 노동 통제가 체계화되었고, 정부는 임금 억제를 위해 노사 관계에 적극적으로 개입하며 억압적 노동 통제 정책을 본격화했다(양재진 2004, 94). 중화학공업화의 성공을 통해 대기업들은 재벌 그룹으로 성장했고, 그 결과 공생적 국가-기업 연합 관계를 바탕으로 정책 결정 과정에서 재벌의 목소리가 점차 커지게 되었으나, 근로자들의 목소리는 지속적으로 배제되었다. 또한 정부는 중화학공업에서 요구되는 숙련 기술 인력을 양성하기 위해 다양한 직업 훈련 프로그램을 시행했다. 1974년 〈직업훈련에 관한 특별조치법〉이 제정되었으며, 이에 따라 5백 인 이상을 고용한 업체는 의무적으로 직업훈련을 실시하도록 했으며, 공공 직업훈련 기관을 증설해 기술 인력을 양성했다.

한편 네 차례에 걸친 경제개발 5개년 계획을 통해 세계에서 유례를 찾기 힘든 높은 성장률을 기록했으며 박정희 정권은 경제성장을 국가 목표의 최우선으로 삼는 발전주의를 신봉했다. 1차 경제개발계획 기간(1962~66년)과 2차 경제개발계획 기간(1967~71년)에 국내 총생산액의 연평균 성장률이 각각 8.5퍼센트, 11.4퍼센트를 기록하며 발전주의는 박정희 정권의 근본 철학이자 가치로 공고화되었다. 특히 박정희 대통령은 취약한 정당성을 극복하고 정치적 지지를 동원하기 위해 산업화에 의한 고도성장과 자립 경제 수립을 국가 목표로 내세웠다. 그리하여 사회복지에 대한 박정희 정권의 정책 아이디어는 경제에 대한 사회복지의 종속적 성격을 벗어나지 못했다. '선 성장 후 분배', '성장을 통한 복지', '낙수 효과'trickle-down effect 등이 사회복지와 관련한 대표적인 정책 아이디어들이었다(Shin 2003, 69-71). 그리고 제왕적 대통령제를 유지해 온 박정희 정권에서 사회복지에 대한 대통령의 정책 아이디어는 정책 결정 과정에서 정책 의제 설정에 결정적인 영향을 미쳤다.

(2) 전두환·노태우 정권(1980~92년)

전두환 군부 세력이 주도해 출범한 제5공화국은 박정희 유신 체제의 억압적 권위주의 정권의 속성을 그대로 유지했다. 1980년대 중반까지 권위주의적 국가의 영향력은 강대했으며, 노동조합과 기업 단체도 국가의 강력한 통제 아래 있었다. 그런데 1980년대를 거치면서 재벌 기업들은 그 규모를 키웠고 자본조달을 위해 정부에 더는 의존하지 않아도 될 정도로 성장했다. 재벌 기업은 국가의 경제 개입에 대해 공공연하게 반대 입장을 표명했고 민간 주도 경제와 경제 자유화를 더욱 적극적으로 요구했다(Shin 2003, 110-112). 또한 전두환 정권이 출범한 이후 경제 부처의 수장들이 시장 친화적 사고를 지닌 인물로 교체되면서 개입주의적 발전 국가에 대한 비판이 늘었고, 정책 아이디어로 안정화stabilization와 자유화liberalization가 주창되었다. 긴축재정과 물가 안정을 위한 안정화와 자유화 조치는 경제활동에 개입할 수 있는 정책 수단의 선택 폭을 좁혔으며, 이에 따라 국가-기업 간 연합 관계가 서서히 균열을 보이기 시작했다. 1987년 민주화를 위한 시민 항쟁 이후에 등장한 노태우 정권은 노동운동의 성장을 포함한 시민사회의 등장이라는 새로운 정치적 환경을 맞이했다. 또한 재벌 기업들은 사업 규모가 성장하면서 시장경제 논리를 앞세워 경제 자유화 및 금융 자유화를 국가에 적극적으로 요구했다. 이 같은 환경에서 발전 연대기에 유지되었던 국가와 기업 간의 강한 연계는 유지되기 어렵게 되었으며, 국가 주도의 국가-기업 간 연합 관계는 1980년대 후반에 들어와 급속히 약화되었다(신동면 2006).

전두환 정권은 집권 초기에 1970년대 중반 이후 중화학공업 분야의 과잉투자가 낳은 경제 위기를 중화학공업의 강제적인 구조 조정을 통해 해결하고자 했다. 그러나 재벌 기업의 성장과 국가-기업 간 연합 관계의 약화, 그리고 안정화 및 자유화 정책의 추진에 따른 정책 수단의 축소 등으로 인해 정부는 1986년 산업발전법 제정에서 볼 수 있는 것처럼 특정 산업이나 기업을 위한 정책 수단을 선택하기 어려워졌다. 전두환·노태우 정권을 거치며, 산업 정책은 특정 산업이나 기업을 지원하는 선별적 정책에서 연구 개발과 인적 자원 개발을 지원하는 일반적 정책으로 변화하기 시작했다. 그리고 국가 주도의 강제적 산업구조 조정에서 벗어나 시장 주도의 산업구조 조정으로 점차 전환했다(Shin 2003, 118).

노동정책과 관련해 전두환 정권은 유신 정권의 억압적 통제를 그대로 유지했으며, 집단적 노사 관계를 규율하는 노동법을 개정해 노동 3권을 제한하고 노동 부문을 정치적으로 배제했다.[4] 그러나 1987년 시민 항쟁과 노동자 대투쟁 이후 등장한 노태우 정권하에서는 노동관계법 개정과 함께 기업별 자율적 노사 관계를 지향하는 방향으로 노동정책이 변모했다.[5] 1980년대 중반 이후 한국의 노동시장에서 기술 인력 부족 현상이 심화되었으며, 중소기업들은 점차 근로자를 구하기 힘들어졌다. 숙련 기술 인력의 부족은 1987년 노동자 대투쟁을 기점으로 촉발된 집단적 노동 요구의 분출과 맞물리면서 급격한 임금 인상을 초래했다. 그 결과 상품 생산 체계에서 한국 기업들이 누려 왔던 노동비용의 비교 우위가 점차 사라졌으며, 기업들은 경쟁력을 유지하기 위한 새로운 돌파구를 찾아서 고급 기술에 대한 관심을 높여 갔다. 이와 같은 노동시장의 변화에 맞춰 인적 자원 개발 성책의 초점은 난순 기능공 양성에서 벗어나 점차 고급 기술 전문 인력을 양성하는 방향으로 옮겨 가기 시작했다.[6] 그리고 대기업들은 경쟁력을 확보하기 위해 정규직 중심의 고용에서 벗어나 비정규직 활용을 통한 이중 노동시장을 형성하기 시작했다.

4_ 1980년 개정된 '노동조합법'에서는 노조 설립 조건을 강화하고, 노조 설립에 대한 정부의 허가를 얻도록 했으며, 산별노조에서 기업별노조로 전환하도록 했다. 아울러 '노동쟁의조정법'에서 제3자 개입의 금지 조항을 신설해 노동운동의 정치화를 차단하고자 했다. 또한 '노사위원회법'의 제정을 통해 1백 인 이상을 고용한 사업장에 노사위원회를 설치하고 노사문제를 논의하도록 함으로써 노동조합 활동을 대체하고자 했다.

5_ 노동관계법의 개정에도 불구하고 노사 관계와 관련해 쟁점이 되었던 복수 노조 금지, 노조의 정치 활동 금지, 제3자 개입 금지는 그대로 유지되었다.

6_ 직업훈련을 목적으로 세워진 공업계 고등학교의 수가 1980년 197개에서 1990년 104개로 줄었다(한국교육개발원 1994, 〈표 3.5〉). 또한 노동시장 내 고졸자와 대졸자의 임금격차로 인해(고졸자 초임 대비 대졸자 초임이 100 대 227) 공업계 고등학교의 진학률이 급격히 떨어졌다. 이런 이유로 1980년대 후반 기능 인력의 부족은 더욱 심각한 사회문제로 제기되었다(통계청 1995, 73).

(3) 김영삼 정권(1993~97년)

김영삼 정권은 집권 초기에 미국을 비롯한 주요 무역 상대 국가들로부터 경제 자유화 압력을 받고 있었다. 동시에 세계화에 직면해 국내 기업들이 무역 시장에서 경쟁력을 유지할 수 있도록 비교 제도 우위를 확보해야 한다는 압력을 받고 있었다. 이런 상황에서 문민정부를 자랑하는 김영삼 정권이 손쉽게 꺼내 든 조치는 공교롭게도 이데올로기적 성격의 노동 통제를 강화하는 것이었다. 김영삼 정권은 정권 출범과 함께 '고통 분담론'을 주장했고, 그 이후 '세계화', '국가 경쟁력 강화' 등으로 이어지는 정책 아이디어를 통해 친기업적 사회경제적 환경을 조성하기 위한 이데올로기적 공세를 한층 강화했다. 세계화는 모든 정책 영역에서 지배적인 담론이었고, 국가 경쟁력 강화라는 목표 아래 국내 기업의 경쟁력 강화를 우선적으로 고려했다. 김영삼 정권은 이른바 경쟁 국가 competitive state의 기능을 성실하게 수행했다고 할 수 있다(Shin 2003). 사회 복지와 관련해 1995년 3월 "삶의 질의 세계화를 위한 대통령 복지 구상"이 발표되었다. 복지 개혁의 5대 원칙으로 최저 생활수준 보장, 생산적 복지, 공동체적 복지, 정보화·효율화, 안전 중시 원칙이 포함되었다. 이런 원칙들은 복지국가의 확대와는 거리가 먼 원칙들이었다.

김영삼 정권은 1993년 7월에 발표된 '신경제 5개년 계획'에 따라 경제 자유화 정책을 추진했다. 신경제 계획에서는 재정 개혁, 금융 자유화, 탈규제 등을 통해 국가의 경제 개입을 축소하고 시장 기능을 확대함으로써 기업의 경쟁력을 강화한다는 것을 경제개혁의 과제로 제시했다(한국개발연구원 1995, 667-670). 그리고 경제 자유화 조치의 일환으로, 1960년 초반부터 경제개발계획을 수립하고 한국 경제에서 조정자 역할을 수행해 왔던 경제기획원을 해체했다. 1994년 12월 경제기획원과 재무부를 재정

경제부로 통합하면서, 그동안 경제기획원을 중심으로 이뤄져 왔던 기업 활동에 대한 조정자로서 정부 역할을 더는 수행하지 않게 되었다. 금융 자유화를 통해 재벌 기업은 외국에서 자본을 조달할 수 있었고 주식시장을 통한 소유 구조 개선을 추진했다. 또한 재벌 기업들은 정부가 주도했던 은행 대출 제한, 기업 간 상호 보증 규제, 핵심 업종 지정 등에 맞서 제2금융권에서 손쉽게 대출을 받을 수 있었다. 금융 자유화와 금융기관에 대한 적정한 규제 체계의 미비로 인해 재벌 기업들의 부채가 눈덩이처럼 커졌고, 결국 김영삼 정권 말기에 금융 위기로 이어지게 되었다. 한편 1960년대 산업화 초기부터 정부의 전략적 시장 개입을 위해 특정 산업 혹은 기업을 대상으로 추진되었던 선별적 산업 정책은 사라졌으며, 일반적 산업 정책이라고 할 수 있는 연구 개발과 인적 자원 개발 등이 이를 대체했다. 경제정책의 변화와 함께 기존의 국가–기업 간 연합 관계는 급속히 해체되었지만, 재벌 기업은 규모의 성장을 통해 국가 경제에 대한 영향력을 지속적으로 확대해 갔다. 이런 상황에서 김영삼 정권은 특정 기업과의 선별적 후원 관계를 형성해 갔으며, 이는 정경 유착으로 쉽게 이어져 국가와 특정 기업 간의 약탈적 연계로 변모했다(Chang 1998).

노동정책과 관련해 김영삼 정권은 집권 초기 '신경제 100일 계획'에서 국가 경쟁력 유지를 위해 사회집단 간의 고통 분담을 역설하면서 공공 부문의 임금동결과 민간 부문에서 임금 인상 자제를 촉구했다. 그 결과 1993년 처음으로 전경련과 한국노총 간의 임금 인상률에 대한 합의가 이루어졌으나 회원 노조의 반대로 합의가 관철되지 못함에 따라 '강요된 초엘리트적 합의'에 그쳤다(송호근 1994). 이후 김영삼 정권은 신자유주의적 노동 개혁의 일환으로 노동시장의 유연화를 추진했다. 1996년 말 집단적 노사 관계의 선진화와 노동시장의 유연화를 담은 노동관계법 개정이 단행되어 총파업이라는 초유의 사태를 초래했다. 집단적 노사 관계를 규율하는 노동법 개정 내용이 '3불=조 조항'(복수 노조 금지, 노조의 정치 활동 금지, 제3자 개입 금지)의 폐지를 통해 선진적 노사 관계의 정립에 기여하는 것이었다면, 노동시장의 유연화를 위한 노동법 개정 내용은 종업원 해고 허용과 유연적 근로 체계의 도입을 통해 신자유주의적 노동 개혁을 충실히 수용한 것이었다(Shin 2003, 162-165). 끝으로 인적 자원 개발 정책과 관련해 김영삼 정권은 다기능을 소유한 유연적 노동 인력의 육성을 추진했다(노동부 1993).

(4) 김대중 정권(1998~2002년)

1997년 경제 위기 이후 집권한 김대중 정권은 한국의 현대 정치사에서 처음으로 정권 교체를 이루었다는 점에서 정책 결정 과정에서 정책망의 변화가 충분히 예견되었다. 경제 위기의 해결과, 정치 참여에 대한 노동 부문의 욕구를 충족해야 한다는 과제를 떠안고 있던 김대중 정권은 노사정 3자 간의 협의 기구인 노사정위원회를 출범시켜 정리 해고를 포함한 사회경제적 문제를 합의적 토대 위에서 다루고자 했다. 특히 정권인수위원회 시절에 형성된 1기 노사정위원회(1998년 1월 5일~2월 9일)는 정부와 자본이 요구한 정리 해고 및 파견 노동자 제도 법제화와, 노동이 요구한 실업 대책을 포함하는 사회복지 조치, 전교조 및 공무원노조 허용 등을 맞교환하는 사회적 합의안(2·6 합의)을 최초로 도출했다. 그러나 이를 '부등가 교환'으로 이해하는 노동자들의 반발로 1기 노사정위원회가 합의안을 도출한 직후 해산되었다. 그 뒤 2기 노사정위원회(1998년 6월~1999년 초)와 3기 노사정위원회(1999년 9월 이후)를 거치면서 사회적 합의 기구의 명맥을 유지해 갔지만, 정부의 친자본적 정책에 불만을 가진 민주노총이 탈퇴하면서 사회적 합의 기구가 제대로 작동하지 못했다. 비록 노사정위원회가 성공적으로 운영된 것은 아니라고 할지라도, 조합주의 기구의 등장과 함께 정책 결정 과정에서 더는 기업의 목소리가 지배적일 수 없게 되었으며, 근로자들의 목소리가 그 어느 때보다도 높아지는 계기를 맞이했다(Shin 2003, 188-191). 김대중 정권에서는 경제민주화와 함께 사회연대social solidarity가 정책 아이디어로 주장되었다. 그리고 집권 2년차인 1999년에 생산적 복지를 국정 철학에 포함했다. 생산적 복지는 기본권 보장, 인간 개발, 적극적 고용 참여, 복지 다원주의로 구성된 김대중 정부의 복지 구상이었다.

집권 초기 김대중 정권은 IMF의 경제개혁 프로그램 — 긴축적 거시 경제정책, 금융 자유화 정책, 기업 지배 구조 개선 정책 — 을 충실하게 이행하는 것을 제외한 다른 선택의 여지가 없었다. 긴축적 거시 경제성책은 경제 위기에 대응하는 IMF의 전형적 처방이라고 할 수 있는데, 고금리, 세율 인상, 긴축예산을 통해 추진되었다(Feldstein 1998). 그러나 경제 위기 아래 시행된 긴축적 거시 경제정책은 경제 침체와 실업률 상승으로 이어졌다. 결국 IMF는 1998년 7월 긴축적 거시 경제 운영을 포기하고 한국 정부로 하여금 경제 활성화 및 국내 수요 진작을 위한 조치를 강구하도록 했다. 고금리 문제에 대처하기 위해 통화량을 확대했으며, 기업의 경제활동을 촉진하기 위해 부가가치세 감면을 추진했고, 긴축예산 목표를 버리고 국내총생산 대비 4퍼센트까지 적자재정을 편성할 수 있도록 허용했다(Mathews 1998).

한편 IMF의 경제개혁 프로그램에 따라 김대중 정권은 금융 및 무역 시장의 자유화를 충실하게 추진했다. 국영 은행의 민영화를 통해 시장 중심 금융 체제로의 전환을 시도했고, 동시에 금융시장에 대한 정부 규제가 추진되었다. 이와 함께 특정 기업의 시장독점을 완화하고 기업들 간의 공정한 경쟁을 확보하기 위한 규제가 강화되었다. 산업 정책에서는 일반적 산업 정책을 채택해 첨단 기술 인력의 양성과 연구 개발에 대한 지원을 통해 기업 활동을 간접적으로 지원했으며, 동시에 IT 산업 분야에서 벤처기업을 육성하고자 선별적 산업 정책을 병행했다. 또한 기업들이 강하게 요구해 온 노동시장의 유연화를 지속적으로 추진했다. 결국 김대중 정권에서 발전 국가의 존재를 가능케 했던 정부의 시장 개입 능력은 저하되었지만, 정부가 기업의 경쟁력 유지를 위해 경제활동을 간접적으로 지원함과 동시에 규제자 역할을 지속적으로 담당함으로써 규제적 경쟁 국가regulatory competitive state의 역할을 수행했다(신동면 2006).

(5) 노무현 정권(2003~07년)

김대중 정권의 계승자를 자임하던 노무현 정부는 인수위원회 시절, 김대중 정권에서 운영되어 온 노사정위원회를 발전시켜 노사 대등주의에 기초한 사회 통합적 노사 관계를 추구하겠다고 밝혔다. 그러나 노무현 정부는 정책 이념성과 전략적 대응의 부재로 인해 사회 통합적 노사 관계를 실현하기에 역부족이었다. 정권 초기 보수 언론과 재계로부터 지나치게 친노동 정책 기조를 유지한다는 비판을 받는 가운데 경기 악화의 파고에 부딪히며 정부는 철도 파업을 무력으로 진압하게 되었고, 이를 계기로 노동계로부터 신뢰를 잃게 되었다. 노무현 정부가 내세웠던 사회 통합적 노사 관계는 형해화되었고, 대신에 노사 관계 선진화 방안으로 노사 갈등의 최소화, 노동시장의 유연 안정화, 취약 노동 계층의 보호가 추진되었다. 노사 관계 선진화 방안이 공표된 이후 2003년 하반기부터 노무현 정부는 대기업 노조를 중심으로 구성된 민주노총의 운동 방식에 대해 도덕성과 책임성이 결여되었다는 비판의 목소리를 높였다. 그리고 노사 갈등을 최소화한다는 이유로 노동 배제적 정책 기조로 회귀하려는 시도들이 나타났다. 예를 들어, 노사분규 발생 건수를 보면, 2000년 250건이었던 것이 2002년에 235건, 2003년에 320건, 2004년에 462건으로 증가했다(통계청 2011).

그런데 노무현 정부는 2004년 4·15 총선을 계기로 사회 통합적 노사 관계로 복귀할 수 있는 기회를 맞이했다. 여당인 열린우리당이 과반수 의석을 확보하는 데 성공했고 민주노동당이 국회에 대거 진출하면서 정부와 노동 간의 거리를 좁힐 수 있는 새로운 정치적 상황을 맞이했다. 더욱이 사회적 대화에 우호적인 노동 세력이 민주노총의 새로운 집행부로 등장했고 경영계 단체의 지도부가 교체되면서 정부는 사회적 대화를 복구할 절호의 기회를 갖게 되었다. 진보적 경제학자로 알려진 김대환 장관 취임 이후 노사정 대표자 회의가 열리고 민주노총이 노사정위원회의 실무 회의에 참여하면서 노사정위원회 정상화를 통한 사회적 대화의 복구가 조심스럽게 예견되기도 했다. 그러나 이런 기대는 오래가지 않았다. 기대를 모았던 김대환 노동부장관이 사회적 대화의 걸림돌로 작용했다. 노동운동에 대한 김대환 장관의 연이은 비판에 실망한 민주노총과 한국노총은 급기야 장관의 해임을 요구하면서 노사정위원회의 불참은 물론 정부가 운영하는 노동위원회에서 탈퇴하기로 결의했다.[7] 이

7_ 비정규직 차별과 관련한 인권위원회의 권고안에 대해 '단세포적 발상'이라는 김대환 장관의 비판에 실망한 노동계는, 특수직 근로자의 시위 현장에 참여했던 한국노총 김태환 충주 지부장의 사망 사고에 대해 '자기들끼리 싸우다가 일어난 일'이라는 김대환 장관의 발언에서, 그간 참여정부의 노동정책에 대한 불만이 폭발하기에 이르렀다. 노동계는 "김대환 장관이 재임 기간 동안 제대로 한 것이 뭐가 있느냐."고 비난했고, 이에 맞서 김대환 장관은 노동계를 "일방적 주장만 늘어놓는 좀 더 변해야 할 존재"라고 비난했다.

에 따라 노동·경영·정부 간의 삼자 조합주의적 틀을 유지해 오던 노사정위원회는 노동계가 빠진 상태에서 경영계와 정부 간의 반쪽짜리 '사정(使政)위원회'로 전락했다. 그리고 노무현 대통령은 형해화된 사회적 대화에 확인 사살을 했다. 한 언론인과의 대담에서 대통령은 "노사정 대타협이라는, 소위 유럽식의 어떤 질서, 그걸 한번 만들어 본다는 것이었는데 좀 과욕이었던 것 같습니다."라고 말하고, "노사정 대타협을 시도하려는 정부의 시도가 좀 성공하지 못한 정책이었다."라고 판정했다. 대통령이 직접 나서서 사회적 대화를 통한 노사정 대타협의 추진이 성공하지 못한 정책이라고 못 박으면서, 사회적 대화와 사회 통합적 노사 관계는 더 이상 정부의 주요 정책 의제가 아니었다.

사회 통합적 노사 관계가 설 자리를 잃게 된 상황에서 노무현 정부는 경제 위기 이후 본격화된 노동시장 유연화를 지속적으로 추진했다. 노동시장 유연화는 핵심 부문의 경직성과 주변 부문의 불안전성이 공존하는 이중구조를 가지고 진행되어 왔다. 대기업에서는 노동시장의 경직성으로 수량적 유연성뿐만 아니라 기능적 유연성도 낮은 반면, 중소기업에서는 고용 불안으로 인한 생산성 저하와 인력 부족의 문제가 함께 발생하고 있다(전병유 2007).

노동시장의 이중구조 상황은 김대중 정부 이후 지속적으로 추진되어 온 자유 시장경제 체계의 강화에 따른 것이다. 한국의 금융 체계가 주주 자본주의로 확고하게 자리 잡게 되면서, 노사 모두 단기적 이익 추구 전략을 지니게 되었다. 일반적으로 주주 자본주의에서 기업은 기업 활동을 위한 자본을, 은행을 포함한 금융기관에서, '인내하는 자본'으로 조달하기보다는 주식시장에서 이익만을 추구하는 자본으로 조달하게 되고, 이에 따라 기업 경영주는 주주 이익의 실현을 우선적으로 요구받게 된다. 그 결과 기업은 장기적인 투자 대신에 현금을 보유하는 경향을 보이고, 신규 채용을 축소하고 하청 비정규직 확대 등을 통해 고용을 외부화해 노동 절약형 경영을 확대하며, 재직 정규직 근로자에 대한 사회보장 및 기업 복지를 차별적으로 강화하는 내부노동시장화 전략을 취한다. 한편 비정규직 근로자들에 비해 임금 및 기업 복지에서 차별적 대우를 받고 고용 안정의 혜택을 누리는 정규직 근로자들 사이에서도 고용 불안 심리가 확대되면서 기업 노조를 중심으로 현 일자리에서 임금과 고용 안정에 집착하게 된다. 이런 노사의 단기적 이익 추구 전략은 결과적으로 대기업 노동시장의 경직성을 강화하고 노동시장에서 전반적인 이동성을 떨어뜨리게 되었다.

노무현 정부는 사회복지에 대한 정책 아이디어로 초기에는 유연 안정화를 주장했다. 노동시장의 유연화를 추구하며, 유연화로 인해 낙오된 근로자를 위해 사회보장을 강화한다는 것이었다. 정권의 중반기를 넘어가면서는 사회 투자 복지가 정책 아이디어로 주장되었다. 정권 말기인 2006년에 뒤늦게 발표된 "비전 2030"에서는 사회 투자적 성격을 지닌 사회 서비스를 획기적으로 확대해야 하며, 이를 위해 아동 보육, 노인 장기 요양, 인적 자원 투자에 대한 사회정책을 강조했다.

2) 비토점, 정책 연계, 그리고 사회보장 정책의 변화

(1) 박정희 정권

박정희 정권은 정책 결정 과정에서 입법부에 대한 행정부 우위, 정부 관료제 내 경제기획원의 지배적 위상 및 보건복지부의 상대적 미약성 등의 특징을 지녔다. 특히 경제기획원은 국가의 재정 부담을 필요로 하는 사회복지 프로그램을 도입하는 데 비토점으로 작용해 왔다. 1963년 〈의료보험법〉 제정 과정에서 초기의 강제가입 원칙을 포기하고 자발적 가입 원칙을 택하도록 한 것은 경제기획원의 비토점이 작용한 결과로 알려져 있다. 또한 1973년 〈국민복지연금법〉 제정 과정에서 경제기획원이 연금제도에 관심을 갖고, 정책 결정 과정에 관여했다는 것은 잘 알려져 있다. 국민복지연금에서 노령연금은 가입자가 20년 이상 연금에 가입해 기여금을 납입하고 60세에 달할 때 연금을 수급하도록 했다. 이는 연금 수급 연령을 정하지 않은 공무원연금 및 군인연금과 다르다.[8] 보험료 징수는 국세청이 담당하도록 했으며, 기금 운용은 보건사회부 장관 소속의 국민복지연금기금운용위원회에서 담당하도록 했다. 기금 운영 방법은 〈국민투자기금법〉에 의한 채권 인수 또는 국민투자기금에 예탁, 대통령령으로 정하는 기금 증식 사업 또는 국민 복지 증진 사업 등으로 규정해, 복지사업은 물론 경제개발 사업에도 투자할 수 있게 만들었다(양재진 2008, 111). 〈국민복지연금법〉이 제정되었던 1973년에 65세 이상 노인 인구는 전체 국민의 3.3퍼센트에 불과했다. 그 당시는 인구구조가 고령화되어 연금 도입에 대한 사회적 요구가 있던 시기가 전혀 아니었다. 이런 상황에서 박정희 대통령이 직접 복지연금 도입을 정책 의제화했고, 〈국민복지연금법〉이 신속하게 제정된 것은 중화학공업화를 위한 내자 동원의 한 수단으로 고려되면서 단시일 내에 입법화되었다는 설명이 일반적이다.

8_ 연금보험료는 제1종 가입자(표준 보수 월액이 1만5천 원 이상인 자와 미만인 경우 본인 희망자)의 경우 표준 보수 월액 대비 4퍼센트를 사용자가, 3퍼센트를 가입자가 부담하도록 했고, 표준 보수 월액이 1만5천 원 이하인 가입자의 기여금에 대하여는 국고가 표준 보수 월액의 1퍼센트를 지원하도록 했다. 그리고 제2종 가입자(자영업자)는 보험료 전액을 본인이 부담하도록 정했다.

박정희 정권에서 사회보장제도는 제도 형성기에서부터 낮은 노동비용을 토대로 비교 우위를 유지하려는 기업의 요구를 수용해 발전했다.[9] 1963년 산재보험, 1977년 의료보험이 도입된 데서 볼 수 있듯이 사회보험 도입에 따른 노동비용 상승을 고려해 기업에게 낮은 보험료를 부과했고, 부담 능력이 있는 대기업 근로자를 우선 적용했다. 상대적으로 낮은 조세율과 조세 행정의 미성숙으로 조세 부담률이 낮았고, 국가의 재정 배분은 기업의 요구를 수용해 경제개발 분야에 집중되었으며, 복지 분야의 지출은 최소한의 수준에 머물렀다. 1962년 GDP 대비 공공 사회보장 지출 수준이 1.3퍼센트였는데, 박정희 정권의 마지막 연도인 1979년에 공공 사회보장 지출 수준은 GDP 대비 1.9퍼센트에 머물러 있었다. 1979년 한 해를 제외하면, 박정희 정권의 집권 기간 동안 공공 사회보장 지출이 GDP에서 차지하는 비중은 1.4퍼센트를 넘지 못했다(신동면 2006).

한국 기업이 국제무역 시장에서 누려 왔던 저임금에 기초한 비교 우위를 떨어뜨려서는 안 된다는 생산 체제의 요구와 함께, 사회보장을 위한 정부의 재정 부담을 최소화하려는 정부의 태도는 한국 사회보장제도의 발전에 중요한 제약 요인이었다. 그 결과 사회보험에서 국가의 재정 부담과 책임을 가능한 한 최소화했고, 사회보험의 적용 범위를 기여금

9_ 1960대 초 군사 쿠데타를 통해 집권한 박정희 정권은 〈생활보호법〉(1961년), 〈원호법〉(1961년), 〈아동복지법〉(1961년), 〈재해구호법〉(1962년), 〈군인연금법〉(1963년), 〈산업재해보상보험법〉(1963년), 〈의료보험법〉(1963년), 〈사회보장에 관한 법률〉(1963년) 등을 제정했다. 그러나 1960년대를 거치면서 박정희 정권은 이들 중에서 군인연금과 고용주 책임 보험의 성격이 강한 산업재해보상보험을 5백 인 이상을 고용한 업체를 대상으로 실시했을 뿐이다. 그리고 1970년대에는 1976년 〈의료보험법〉 개정을 통해 1977년부터 의료보험을 5백 인 이상을 고용한 대기업에서부터 시행했으며, 저소득계층 국민의 의료비를 면제 혹은 지원해 주는 공공 부조 방식의 의료보호를 도입했다.

납부 능력과 연결시켜 선별적으로 도입했으며, 낮은 보험료 부담과 맞물려 낮은 급여를 제공하는 사회보험제도를 형성하게 되었다.

요컨대 비민주적 권위주의 정치체제를 유지했던 박정희 정권에서 복지 정치의 실종은 사회복지의 저발전을 초래했다. 이와 함께, 사회복지 정책 결정 과정에서 국가–기업 간 연합 정책망 위에 이루어진 기업 이해의 과잉 투입과 노동 이해의 배제, 발전주의 이데올로기에 의해 압도된 사회복지, 성장 중심의 불균형 경제정책에 종속된 사회복지 정책 등은 사회복지의 저발전을 초래한 주요 원인들이다.

⑵ 전두환·노태우 정권

전두환 정권에서 사회복지 정책은 산재보험과 의료보험의 적용 범위를 확대하고 사회복지 서비스 관련법을 제정한 것을 제외하고, 국가 복지 측면에서 주목할 만한 제도적 진전이 없었다. 경제 안정화를 내세운 전두환 정권은 과도한 인플레를 안정시키기 위해 정부의 긴축예산 편성과 임금 인상의 억제 등을 핵심 정책으로 채택했다. 이로 인해 사회복지를 위한 정부 재원의 증대 가능성은 더욱 낮아졌다. 1982년에서 1987년 사이 국내총생산 대비 총 사회보장 지출액의 비중은 2퍼센트 수준에 머물러 있었으며, 이 중에서 중앙정부의 부담은 0.8퍼센트를 넘지 않았다. 전두환 정권에서 사회복지를 위한 정부의 노력은 현상 유지 수준에 머물렀다고 할 수 있다(Shin 2003, 126). 또한 긴축재정을 유지하기 위해 그동안 농민 복지를 위한 보조금의 성격으로 운영되어 왔던 '양곡 관리기금'의 적자 규모를 대폭 축소하는 조치를 단행했다. 결국 전두환 정권에서 경제 안정화 정책의 강력한 추진으로 인해 사회복지를 위한 정부의 공급자 역할은 심각하게 제한을 받을 수밖에 없었다(신동면 2006).

그런데 기업이 종업원을 대상으로 제공하는 기업 복지는 1980년대를 거치며 급속하게 성장했다. 사회복지 공급자의 역할을 소홀히 했던 전두환 정권은 기업 규모에 따라 종업원에게 제공해야 할 기업 복지의 내용을 규정하고, 이를 뒷받침하기 위해 세제 혜택을 제공하는 등 매우 적극적인 태도를 취했다. 이 같은 조치들은 숙련 기술 인력을 기업 내로 유인·유지하기 위해 내부노동시장을 형성하고 종업원의 헌신과 충성을 이끌어 내고자 하는 대기업의 선호를 반영한 것이었다. 1980년대를 거치면서 한국에서 대기업 중심의 재벌이 발전하고 노사 관계가 기업별노조 원칙에 따라 기업 단위로 전환하는 한편, 노동운동의 성장과 노동시장에서 숙련 기술 인력 부족 현상을 경험하면서 대기업을 중심으로 정규직 근로자를 위한 기업 복지가 확대되었다.

1987년 민주화 항쟁을 거쳐 노태우 정권이 들어선 이후 사회보장제도는 새로운 전환기를 맞이했다. 1988년 의료보험이 농어촌 지역으로 확대되었으며, 10인 이상을 고용한 기업에서 일하는 근로자들을 대상으로 국민연금이 도입되었고, 1989년에는 의료보험이 도시 자영업자에게까지 확대되었다. 그런데 의료보험은 고용주 및 근로자, 자영업자가 부담하는 낮은 수준의 보험료를 통해 재원을 조달하고, 상대적으로 낮은 수준의 급여를 제공하도록 설계되었다. 의료보험에서 발견되는 '낮은 보험료와 낮은 급여의 결합'은 한국 사회보험제도의 특징 중 하나라고 할 수 있다. 이런 특징은 경제성장을 우선하기 위해서는 사회보장제도의 설계에서 기업의 비임금 노동비용을 낮추고 사회보장을 위한 정부의 재정 부담을 최소화해야 한다는 박정희 정권의 발전주의의 유산이 반영된 결과라고 볼 수 있다(정무권 2004). 이 밖에도 초유의 '여소야대 국회'가 성립되어 입법부와 행정부의 분리 지배를 경험했던 노태우 정권에서 의료보험조합을 통합하기 위해 국회가 개정한 〈국민의료보험법〉을 행정부 수반인 대통령이 거부해 실패로 끝난 것은 행정부 우위의 국가 제도적 특성이 사회보장제도 발전에 비토점으로 작용했다는 것을 보여 준다.

요컨대 전두환 정권에서 복지 정책은 유신 체제하에서의 복지 정책의 연속이었다. 1987년 민주화 항쟁을 통해 권위주의가 종결되고 민주주의로의 이행이 시작되었던 시기에 등장한 노태우 정권은 전 국민 의료보험을 실시하고 국민연금을 도입했다. 그러나 노태우 정권에서 사회보장제도는 이전의 발전주의 국가가 세워 놓은 기본 골격을 그대로 성실하게 따르는 것이었다. 한국의 복지 체제는 여전히 기업의 비임금 노동비용을 낮추고 사회보장을 위한 정부의 재정 부담을 최소화해야 한다는 원칙을 따르고 있었다.

(3) 김영삼 정권

김영삼 정권은 '한국형 복지 모델'을 내걸고, 사회 안전망의 확대, 사회복지 서비스 부문에서 민간 참여 확대, 지역사회 중심의 복지 체계 확립, 사회보험의 확대를 추진하겠다고 공표했다(보건복지부 1993). 그러나 김영삼 정권은 정권 출범과 함께 한국병을 극복하고 국가 경쟁력을 강화하기 위해 '고통 분담'이 필요하다고 역설하면서, 그 일환으로 기업에 대한 임금 인상 억제와 정부에 대한 복지 요구 자제를 주장했다. 1994년부터 정권 차원에서 대대적으로 추진된 세계화와 국가 경쟁력 강화라는 정책 아이디어에 압도되면서 사회복지 개혁은 정부의 핵심적 정책 의제에서 멀어져 갔다.

자유 시장경제 체계를 추구한 김영삼 정권은 국가 복지를 확대하는 데 매우 소극적이었다. 김영삼 정권이 새롭게 시행한 사회보장제도를 보면, 1995년 고용 보험제도 도입과 국민연금의 농어민 확대에 불과하다. 그리고 의료보험 통합을 위한 〈국민의료보험법〉 제정과 민간 복지 활성화를 위한 〈사회복지공동모금회법〉 제정 등이 이뤄졌을 뿐이다. 오히려 김영삼 정권은 사회복지에서 시장 순응적 원칙을 따르고자 했다. 실업 급여의 수급 조건을 좀 더 까다롭게 하기 위해 고용 보험을 개정했고, 세계은행의 다층 구조 연금 개혁 권고를 수용해 국민연금 개혁안을 마련했으며, 개인연금 도입을 통해 노후 소득 보장에 대한 개인 책임을 강조했다. 사회복지에 대한 이와 같은 태도는 집권 기간 동안 전년도 수준을 답습하는 낮은 사회보장비 지출 수준을 유지했다는 것에서도 확인할 수 있다. 1993년부터 1995년까지의 복지 예산을 보면 사회복지 지출 비중은 오히려 줄었다. GDP 대비 총 사회복지비 지출 규모는 1993년 4.48퍼센트에서 1996년 5.29퍼센트로 늘었지만 정부의 일반 예산에서 사회보장예산이 차지하는 비율은 1993년 6.35퍼센트에서 1996년 6.0퍼센트로 감소했다. 그러므로 김영삼 정권이 주장한 한국형 복지 모델은 사회복지에 대한 국가의 책임보다는 가족, 비영리 집단, 지역사회 등 민간 역할을 강조해 복지국가welfare state가 아닌 복지사회welfare society를 지향한 것이었다고 하겠다(신동면 2001b).

요컨대 정통성을 상실했던 군사정권과 달리 문민정부는 사회복지를 확대할 것이라는 기대를 받았으나, 김영삼 정권은 사회복지에 대한 시장 순응적이며 기업 친화적인 태도로 인해 별다른 발전을 보이지 못했다. 박정희 정권 시기에 형성된 한국 복지 체제의 잔여적·최소주의적 성격은 변화하지 않았으며, 오히려 사회복지 공급에서 공공 부문보다 민간 부문의 역할이 강화되었다.

(4) 김대중 정권

한국 정치에서 처음으로 평화적 정권 교체를 이뤘던 김대중 정부는 정권의 진보적 속성으로 인해 사회복지 확대를 위해 노력할 것이라는 기대를 받고 있었다. 더욱이 1997년 12월 경제 위기로 인해 사회적 위험이 심각한 상황이었기에 사회복지 확대에 대한 기대는 더욱 컸다. 그러나 집권한 김대중 정권은 초기에 IMF가 제시한 경제구조 조정을 위한 긴축적 거시 경제 운영을 충실히 이행할 수밖에 없었고, 이에 따라 복지 확대를 위한 정부의 노력은 재정적 한계에 봉착했다. 경제 위기로 인해 기업의 구조 조정이 광범위하게 이루어지면서 실업자 수가 급격하게 증가했고 사회적 불안이 깊어졌다. 이런 상황에서 1998년 3월 IMF는 실업 급여의 적용 범위 확대를 포함한 사회 안전망의 강화를 제안했다. 그리고 1998년 7월 IMF는 초기의 긴축적 거시 경제정책이 경제 위기를 극복하는 데 효과적이지 못하다는 판단 아래 경제 활성화 정책으로 방향을 전환했고, 7월 24일 김대중 정권이 균형예산의 목표를 거두고 2조5천억 원을 추가로 사회 안전망 확립에 지출하도록 허용했다. 그 결과 1998년 정부의 사회보장 지출은 국내총생산 대비 2.5퍼센트의 수준으로 늘어났으며, 이는 1997년 0.9퍼센트와 비교하면 약 3배에 달하는 높은 성장이었다.

또한 김대중 정권은 집권 2년차인 1999년에 민주주의의 구현과 시장경제의 발전이라는 국정 철학에 생산적 복지라는 목표를 추가했다. 생산적 복지라는 구호 아래 김대중 정권은 한국 복지 체제 발달에서 중요한 이정표가 되는 국민기초생활보장제도 시행과 사회보험제도 개혁을 추진했다. 국민기초생활보장제도는 내용적으로 공공 부조의 일대 혁신을 가져온 개혁이었다. 즉 종전의 생활 보호 제도가 급여의 성격상 시혜적 의미가 강했다면, 국민기초생활보장제도에서는 국가의 보호를 필요로 하는 최저생계비 이하의 모든 국민에 대해 근로 능력의 유무에 관계없이 국가가 생계·교육·의료 등 기본 생활을 제도적으로 보장했다. 다시 말해 기초 생활의 보장이 국가의 의무이자 시민의 권리로 인식되는 계기가 되었다. 그러나 이와 동시에 복지 급여로 인해 개인의 근로 의욕이 떨어지는 것을 막기 위해 근로 능력이 있는 수급자에 대해서는 수급권과 근로를 연계하고 있다. 즉 일할 능력이 있는 수급자들은 자활 지원 계획에 따라 자활에 필요한 사업에 참가할 것을 조건으로 생계 급여를 지급하도록 했다(〈국민기초생활보장법〉 제9조 5항). 이와 같이 강제 규정을 두어 선정 기준을 강화한 것은 〈국민기초생활보장법〉이 지나치게 관대한 복지이며, 사람들을 복지 의존적 존재로 만들어서 결국 하위 계층underclass의 형성을 초래할 것이라는 우려와 비판을 받아들인 결과다. 신자유주의의 영향을 받은 정부 일각, 특히 경제 관련 부서와, 전경련을 중심으로 제정 추진을 반대해 온 경제계 등은 "일할 능력이 있는 자에게까지 공적 부조를 제공하는 것은 근로 의욕을 저하시키게 되므로 그들에게는 직업훈련과 일자리 제공에 역점을 두어야 하며, 공적 부조는 꼭 필요한 자에게만 적정 수준에서 지급되어야 한다."는 주장을 제기했다(안병영 2000, 35). 따라서 〈국민기초생활보장법〉에서 자활 급여의 제공은 '근로 의욕 감퇴' 주장을 무마하기 위해 수용된 것으로 볼 수 있다. 여기에서 국민기초생활보장제도가 지니는 두 가지 성격, 즉 사회권적 성격과 근로 연계적workfare 성격을 발견할 수 있다.

공공 부조의 개혁과 함께 김대중 정권은 사회보험제도의 개혁을 추진했다. 직장의료보험과 지역의료보험을 통합했고, 자영업자에게 국민연금을 적용했으며, 산재보험의 적용 범위가 전 사업장으로 확대되었다(신동면 2001a). 의료보험의 통합은 제1기 노사정위원회의 사회적 합의 사안이었다. 지역 조합과 직장 조합, 그리고 공무원 및 교원 의료보험을 단일한 국민건강보험으로 통합하면서, 적용 대상을 전 국민 혹은 1인 이상 사업장으로 확대했다. 국민연금을 도시 자영업자에게 확대함으로써 김영삼 정권에서 마련된 다층 구조 연금제도가 아닌 전 국민 소득 재분배형 단일 연금제도로 통합할 수 있었다. 사회보장 법제도의 개혁을 통해 한국의 복지 체제는 적어도 법률적 차원에서는 이전과는 다른 전 국민을 포괄하는 사회보장제도를 확립하게 되었다(Shin 2000).

김대중 정권에 들어와 진행된 사회보장제도에 관한 개혁은 그 범위와 속도 면에서 이전 정부와 분명한 차별성을 보였다. 국민기초생활보장제도를 시행하고 4대 사회보험을 전 국민 대상으로 확대해 실시하는 등 국민생활 최저선을 확보하고 전 국민을 대상으로 소득재분배 체계를 수립했다는 점에서 김대중 정권은 한국 복지 체제의 분기점을 이뤘다고 평가할 수 있다. 그러나 경제 위기 이후 본격화된 기업 구조 조정과 정부의 노동시장 유연화 조치에 따라 비정규직이 급격하게 늘어났으며, 비정규직은 임금 및 사회보장에서 차별을 받는 이중 노동시장의 문제를 양산했다.

(5) 노무현 정권

노무현 정권이 출범한 2003년은 김대중 정권이 추진한 신자유주의 경제개혁의 사회적 결과로 사회 양극화 심화, 비정규직 증가, 근로 빈곤층 확대가 사회문제로 등장하던 시기였다. 노무현 정권은 고용 증가 없는 성장과 일자리 부족이 만연하는 사회경제적 상황에서 사회복지 정책과 고용정책을 연계하고자 했다. 정권 출범 초기부터 일을 통한 빈곤 탈출을 강조했고, 사회적 일자리와 사회 서비스 확대를 범정부적인 국가 고용 전략과 맞물려 추진했다. 2004년부터 2008년 사이 11개 부처가 참여한 사회 서비스 일자리 사업의 재정 규모가 연평균 126.4퍼센트씩 증가했다(이혜경 2011). 또한 노무현 정권은 아동 보육 서비스를 사회 투자적 관점에서 사회복지의 핵심 사업으로 확대했다. 2002년 2천5백억 원 미만이던 보육 예산이 2007년 1조3천4백억 원으로 크게 증가했고, 정부의 보육료 지원 범위도 중산층까지 확대되었다. 그리고 노인장기요양보험 도입을 통해 노인 요양 서비스를 사회화하는 계기를 마련했고, 장애인 활동 도우미, 산모 도우미 서비스, 다문화 가족 지원 서비스 등을 도입해 사회 서비스 일자리 창출을 추진했다. 아동 보육 서비스와 노인 장기 요양 서비스의 획기적인 발전은 사회 투자 개념에 기초해 추진되었다. 사회 서비스 일자리 정책은 취약 근로 계층에게 안정적인 일자리를 제공하는 고용 대책이자, 일을 통한 빈곤 탈출을 돕는 빈곤 대책이며, 복지 수요층에게 사회 서비스를 제공하는 사회복지 서비스 대책, 취약 계층의 노동시장 참여라는 사회적 포용 대책으로 추진되었다(이혜경 2011).

또한 노무현 정권에서는 사회보험과 공공 부조의 사각지대를 줄이려는 노력이 이뤄졌다. 국민기초생활 수급자 수가 2002년 135만 명에서 2007년 155만 명으로 확대되었고, 국민연금, 건강보험, 고용 보험의 비정규직 적용률도 확대되었다. 이와 함께 70세 이상 노인 중에서 소득분위 70퍼센트까지 기초노령연금을 제공하기 시작했고, 저소득 근로자의 근로 의욕을 고취하기 위한 근로 장려 세제(EITC)가 새롭게 도입되었다. 노무현 정권에서 이루어진 복지 개혁으로 인해 2002년 통합 재정 기준 총예산 대비 사회복지 예산 비중이 20.2퍼센트였던 것이 2007년 29퍼센트로 증가했다. 그럼에도 노무현 정권에서도 공공 부조와 사회보험이 안고 있는 광범위한 사각지대의 문제는 여전히 남아 있었다. 2007년 기준으로 비정규직(특수 형태 근로자 제외) 중에서 고용 보험에 가입되어 있는 근로자는 52.1퍼센트이며, 국민연금에 가입되어 있는 근로자는 47.3퍼센트에 불과했다. 비정규직 근로자의 과반수 정도가 실업의 위험으로부터 보호받을 사회적 안전망이 없으며, 공적 노후 소득 보장 방안을 갖추지 못하고 있었다.

김대중·노무현 정부에서 추진된 사회보장제도의 확대 발전은 진보정권 10년 동안 과거와 다른 정책 아이디어와 정책망의 변화를 반영한 결과라고 할 수 있다. 이에 더해 기업들의 생산 전략이 바뀌어 감에 따라 사회보장제도에 대한 기업의 선호가 변화했다는 것을 간과해서는 안 된다(신동면 2006). 국내 기업들은 1980년대 후반에서 1990년대 초반에 이루어진 제조업 분야의 급격한 임금 상승과, 1990년대 중반 이후의 생산성 증가율을 웃도는 임금 상승으로 인해 국제무역 시장에서 더 이상 저임금에 기초해 경쟁력을 유지하기 어렵게 되었다. 예를 들면, 우리나라 제조업 분야의 임금수준은 1991년 이미 한국과 함께 동아시아 신흥공업국이라고 일컫는 타이완의 제조업 분야 임금수준을 앞질렀다. 더욱이 1990년대 이후 중국을 비롯한 아시아 후발 신흥공업국들이 저임금의 비교 우위를 바탕으로 수출 지향 산업화를 성공적으로 추진함에 따라 한국 기업들은 더 이상 노동비용의 비교 우위를 누릴 수 없게 되었다(한국노동연구원 1997, 123).

국내 기업들은 경쟁력 확보를 위해 새로운 생산 전략을 선택해야 할 처지에 놓이게 되었다. 외국으로 생산 시설을 이전하거나, 기술 개발을 통해 생산성 및 품질 향상을 도모함으로써 경쟁력을 유지하고자 했다. 국내 기업의 생산 전략이 바뀌면서 적어도 대기업들의 경우 낮은 노동비용을 유지해야 한다는 관점에서 사회보험의 도입을 반대하는 목소리는 줄어들었다. 또한 변화된 노동시장에서 기업은 숙련 기술 인력 보호를 통해 내부노동시장을 강화하고자 했다. 정규직을 대상으로 기업 복지를 확대했고, 사회보험 확대를 수용하는 태도를 지니게 되었다. 반면에 기업들은 비정규직 확대를 통한 노동 유연화를 추구해 기업 복지와 사회보험에서 비정규직을 차별해 노동시장의 이중화를 심화시켰다.

요컨대 김대중·노무현 정권하에서 사회보장제도는 형식적 측면에서 서구 복지국가의 제도적 틀을 갖추게 되었다. 김대중 정권하에서 한국의 사회보장제도는 법적인 형식적 보편주의를 달성했다. 그러나 김대중 정권을 계승한 노무현 정권을 거치면서도 한국의 복지 체제는 사회보장제도를 통해 보호를 받는 정규직과, 사각지대에 있는 비정규직으로 근로자가 양분되는 사회보장의 이중성을 낳고 있었다. 또한 한국 복지 체제의 기본적 특성, 즉 최소주의적·잔여주의적 성격은 변함이 없었다.[10] 민주 정부 10년 동안에도 소득의 불평등과 양극화 문제가 심화되었다. 국가에 의한 소득재분배 이후 소득인 가구 가처분소득(2인 이상 도시 비농가 가구 소득)의 지니계수 변화를 살펴보면, 1997년 0.257이었던 것이 경제 위기 이후 1999년 0.288로 급상승했다. 그 후 다소 낮아지는 추세를 보이다 2004년부터 다시 상승해 2007년에 0.292를 기록했다.[11] 소득 5분위 배율은 1997년 3.8배였던 것이 경제 위기 이후 1999년 4.62배로 급격히 상승했다. 그 이후 서서히 감소해 2003년 4.22배를 기록한 이후 다시 상승해 2007년에 4.84배를 기록했다.[12] 중위 소득의 50퍼센트

10_ 한국의 GDP 대비 공공 사회복지 지출의 비율은 경제 위기 직후인 2000년 5.0퍼센트였으며, 2002년에는 5.3퍼센트를 기록했다.

11_ '가처분소득=시장 소득＋공적 이전소득 － 공적 비소비 지출'이다. 공적 이전소득은 국민연금, 기초노령연금, 기초생활보장급여, 사회보험 급여 등을 포함한다. 공적 비소비지출은 경상 조세, 사회 보험료를 포함한다.

미만 가구의 비율로 파악한 상대 빈곤율은 1997년 8.2퍼센트에서 2007년 12.6퍼센트로 상승했다(국가통계포털 2011). 2007년에 소득 불평등 정도를 나타내는 지니계수, 소득 5분위 배율, 상대 빈곤율이 모두 경제 위기 직후 최고치를 기록했던 1999년 수준보다도 더 악화되었다. 민주 정부 10년 동안 한국 복지 체제의 성격은 변화하지 않았으며, 복지 체제의 사회적 결과인 소득 불평등 정도는 오히려 나빠졌다.

4. 한국 복지 체제의 제도적 한계

한국 복지 체제의 제도적 특징은 현재까지 지속되고 있다. 1988년 국민연금의 도입과 의료보험의 농어촌 확대, 1989년 의료보험의 도시 자영업자 확대, 1995년 고용 보험의 도입, 1997년 경제 위기 이후 4대 사회보험의 확대 적용, 그리고 최근의 2007년 노인장기요양보험의 도입에 이르기까지 국가의 재정 부담과 책임을 가능한 한 최소화하고, 급여 수급 자격을 가입자 자신의 기여금 납부에 따라 결정하는 특징을 일관되게 유지해 왔다. 그 결과 한국의 사회보장제도는 사회보험을 도입했으나, 사각지대가 광범위하게 존재하며, 보장 수준이 낮고, 국가의 재정 부담을 최소화한다는 제도적 유산을 그대로 지니고 있다. 사회복지 제공에서 국가는 재정 부담을 가능한 한 최소화해 소득 이전자, 서비스 공급자, 재원 보조자의 역할을 줄이고, 규제자 혹은 행정 관리자의 역할에

12_ 소득 5분위 배율은 상위 20퍼센트 소득을 하위 20퍼센트의 소득으로 나눈 값으로 계층 간 소득 격차를 보여 준다.

치중해 왔다. 따라서 대다수 개인의 복지에 대한 욕구는 가족 내 가장의 소득에 따라 주로 시장을 통해 충족될 수밖에 없었다. 이 글에서는 에스핑-안데르센(Esping-Andersen 1990)이 제시한 분석 개념을 좇아 한국의 복지 혼합과 그 결과인 사회 계층화와 탈상품화에 대해 살펴본다. 복지 혼합과 복지 결과는 한국 복지 체제가 사회적 갈등을 해결하는 데 어떤 제도적 한계를 지니는지 분명하게 보여 준다.

1) 복지 혼합

복지 체제론에서는 한 사회 내에서 사회복지의 공급과 관련해 다양한 공급 주체들 간에 역할과 책임이 어떻게 나뉘는지에 관심을 기울인다. 이와 관련해 신동면(2001c)은 한국의 복지 혼합이 '잔여적 국가, 성장된 시장, 미미한 자원 부문, 그리고 보호적 가족'이라는 성격을 지니고 있음을 지적한 바 있다. 이런 주장은 다른 학자들의 사회복지 지출에 근거한 복지 혼합 추계와 크게 다르지 않다. 〈표 4-2〉는 사회복지 지출을 기준으로 복지 혼합에 대한 추계 자료를 포함하고 있다. 세 학자들마다 복지 혼합을 구성하는 각 부문에 대한 세부 요소와 추계 방식의 차이로 인해 각 부문별 복지 공급량이 다르게 나타나고 있다.[13] 이 같은 차이가 발견됨에도 세 연구자들의 연구 결과에서 공통적으로 확인되는 것은 한국의 복지 혼합에서 국가가 차지하는 비중이 낮고, 시장과 기업이 차지

13_ 김진욱(2005)의 복지 혼합 지출 구조와 김교성 외(2006)의 사회복지 자원 총량 조사에서는 정부와 기업 부문에 대한 추계를 OECD 기준에 따라 추계했으나, 나머지 부문에서는 서로 다른 추계 방식을 활용해 다른 결과를 보여 주고 있다.

표 4-2 | 사회복지 지출 기준 복지 혼합 연구 결과 (단위 : %)

2001년 (고경환 외 2003)		2000년 (김진욱 2005)		2004년 (김교성 외 2006)	
영역	GDP 비율	영역	GDP 비율	영역	GDP 비율
공공 부문	7.1	국가	6.1	국가	6.8
법정 민간	3.0	기업	5.5	기업	5.7
자발 민간	2.2	시장	3.5	시장	7.1
-	-	제3섹터	0.2	제3섹터	0.4
-	-	가족	9.2	공동체	1.0
총량	12.3	총량	24.7	총량	19.0

자료 : 김진욱(2007, 188).

하는 비중이 높다는 것이다.

사회복지 분야에서 시장 영역의 확대는 경제성장으로 국민 생활수준이 향상됨에 따라 국민들의 늘어난 복지 욕구에 대응하기 위한 시장의 대응이라고 볼 수 있으나, 국가가 다양한 정책 수단을 통해 적극적으로 시장의 역할을 장려해 왔다는 사실을 빼놓아서는 안 된다. 예컨대, 정부는 개인연금 시장을 주도적으로 형성했고, 사회 서비스의 경우 필요한 사회 서비스를 공공시설 설치를 통해 제공하는 것이 아니라 영리를 목적으로 하는 민간 부문의 참여를 통해 해결하려 했다. 또한 정부는 세제 혜택을 통해 개인의 복지 욕구에 추가적으로 대응하는 민간 보험들, 즉 민간 의료보험, 개인연금, 퇴직연금 등의 활성화를 도모했다. 제3섹터의 경우도 정부의 사회 서비스 제공 기능을 민간 비영리 부문에 맡기고, 기관의 운영비를 지원하는 위탁형 공급 구조를 형성해 왔기 때문에 발전했다(김진욱 2011). 정부는 시장 영역과 제3섹터 영역의 복지시설 공급에 대한 규제를 통해 운영을 관리 감독한다.

기업 복지의 성장은 앞서 살펴본 바와 같이, 중화학공업화를 통해 대기업 중심의 산업구조가 형성되면서, 노동시장에서 고급 숙련 인력이 부족해지면서 발전했다. 특히 국가가 최소한의 국가 복지를 보완하기 위해 규제적 법률을 통해 기업의 복지 제공을 의무화했으며, 다른 한편 민주화로 인한 노동운동의 성장과 맞물리면서 기업 복지의 성장을 가져왔다(정무권 2009).

요컨대, 국가가 복지 제공에서 최소주의·잔여주의적 역할을 수행하는 한국의 복지 체제는 가족과 시장, 그리고 기업이 사회복지 제공에서 차지하는 역할이 크다는 것을 알 수 있다. 이와 같은 복지 혼합의 결과는 물론 국가에 의한 의도된 결과다. 그동안 국가가 사회복지 공급을 위해 소득 이전자, 서비스 공급자, 재원 보조자 역할에 소극적이었으며, 대신에 규제자 역할에 치중해 왔기 때문이다. 우리나라 복지 체제에서 보는 바와 같이 국가가 시장에서 이루어지는 1차적 자원 배분에 대해 개입을 최소화하는 경우에 시장경제가 필연적으로 유발하는 빈곤과 사회적 갈등을 완화할 수 있는 조정 기제가 그만큼 딜 발전할 수밖에 없다. 한국 사회에서 사회적 갈등이 증폭되고 효과적으로 관리되지 못하는 중요한 이유 중 하나는 개인의 복지가 가족과 시장에 주로 의존하기 때문이다.

2) 사회 계층화와 탈상품화

한 사회의 복지 혼합이 야기하는 결과와 관련해 에스핑-안데르센이 제시한 개념으로 사회 계층화, 탈상품화를 꼽을 수 있다. 사회 계층화는 국가의 사회보장제도로 인해 사회 구성원들이 차별화되는 방식을 말한다. 그렇다면 한국의 복지 체제는 사회 구성원들을 차별하고 있는가? 만약 차별한다면 어떤 방식으로 차별하고 있는가? 먼저 사회보험을 살펴보면, 형식적으로는 모든 국민이 혜택을 받을 수 있는 보편주의적 보험 체

표 4-3 | 고용 형태별, 기업 규모별 사회보험 가입률 (2009년; 단위 : %)

고용 형태	규모	고용 보험	건강보험	국민연금	산재보험
정규 근로자	전체	95.6	96.6	96.4	97.0
	5인 미만	84.9	84.8	85.1	87.5
	5~29인	97.6	98.8	98.5	98.5
	30~299인	99.2	99.8	99.6	99.8
	300인 미만	95.3	95.9	95.8	96.4
	300인 이상	97.0	100.0	99.0	99.9
비정규 근로자	전체	51.9	49.7	46.8	92.3
	5인 미만	24.1	18.2	16.5	78.5
	5~29인	64.7	60.7	56.1	97.0
	30~299인	86.0	87.8	85.7	98.4
	300인 미만	48.1	45.1	41.6	91.7
	300인 이상	95.7	97.2	96.9	97.7

자료 : 통계청 국가통계포탈(2011).

제를 갖추고 있지만 사회보험의 광범위한 사각지대가 존재한다. 사회보험은 보험료의 납부 여부에 따라 급여에 대한 권리가 주어지기 때문에 보험료를 납부하지 못한 사람들은 사회적 위험들로부터 보호받을 수 없다.

한국의 사회보험은 〈표 4-3〉에서 보는 바와 같이 고용 형태별로 보면, 정규직과 비정규직 근로자의 사회보험 가입률이 큰 차이를 보인다. 2009년 비정규직 근로자의 경우 고용 보험 가입률이 51.9퍼센트, 건강보험이 49.7퍼센트, 국민연금이 46.8퍼센트, 산재보험이 92.3퍼센트를 기록했다. 고용 불안에 시달리며 저임금을 받는 비정규직 근로자들은 실업과 질병이라는 사회적 위험에 더욱 직접적으로 노출되어 있다. 그러나 사회보험을 통해 보호받지 못하는 사각지대에 놓여 있는 근로자들이 전체의 과반수에 이른다. 비정규직 중에서도 30인 미만의 사업장, 특히 5인 미만의 영세 사업장에서 근무하는 비정규직의 사회보험 가입률은 정규직과 현격한 차이를 보인다.

이와 같이 비정규직 근로자, 특히 5인 미만의 사업장에 근무하는 근로자들의 대다수는 소득 유지를 위한 1차적 사회 안전망인 사회보험의 혜택에서 배제되어 있다. 또한 사회보험에 가입되어 있다 해도 이들은 불안정한 고용과 낮은 소득수준으로 인해 급여를 받지 못하거나 급여 수준이 낮은 것이 현실이다. 그러므로 이들은 산업, 일자리, 소득 양극화로 인해 시장 임금에서 소외되고, 소득 재분배를 위한 사회 임금에서도 소외되는 이중의 소외 상태에 놓여 있다. 한국의 복지 체제는 정규직과 비정규직 근로자 간의 소득 보장의 차이를 가져오는 지위의 차별status segmentation을 낳고 있다.

다음으로 공공 부조가 초래하는 사회 계층화 효과도 빼놓을 수 없다. 국민기초생활보장제도에서는 낮은 최저생계비 규정 때문에 수급자가 되지 못하는 차상위 빈곤층이 광범위하게 존재하며, 최저생계비 규정을 충족해도 부양 의무자 기준과 엄격한 급여 규정으로 인해 빈곤층 중에서 수혜율이 50퍼센트 수준에 그치고 있다. 2009년 현재 정부 발표에 따르면, 국민기초생활보장제도의 사각지대에 놓여 있는 인구가 전체 인구의 8.4퍼센트에 해당하는 410만 명에 이른다. 그러므로 한국의 공공 부조는 빈곤층을 자산 조사 요건과 부양 의무자 조건을 동시에 충족해 수급자로 선정된 공공 부조 수급권자와 공공 부조 수급에서 탈락하고 불완전한 저소득 시장 임금에 의존해 살아가는 비수급 빈곤층으로 나누는 빈곤층의 이중화를 낳고 있다.

한편, 한국의 복지 체제는 국가 복지의 저발달로 인해 시민들이 자신의 복지를 위해 노동시장에 의존하지 않을 수 없게 한다. 에스핑-안데르센이 제시한 탈상품화, 즉 한 개인이 자신의 복지 욕구를 충족하기 위해 노동시장에 의존하지 않아도 되는 정도를 기준으로 말하면, 한국은 탈상품화 정도가 매우 낮은 수준이다.[14] 탈상품화 정도에 영향을 미치는 결정적 프로그램인 실업 급여를 중심으로 살펴보면, 〈표 4-4〉에서

표 4-4 | 실업 급여의 소득 대체율 (2006년; 단위 : %)

구분	미국	독일	스웨덴	한국	OECD 평균
소득 대체율	5.6	33.0	29.3	6.5	34.8

주 : 실직 기간 60개월 이상인 가구의 순소득 대체율임(실직 이전 가구 순소득/실직 이후 가구 순소득×100).
자료 : OECD(2010a).

예시한 바와 같이 한국의 실업 급여 소득 대체율은 미국을 제외한 다른 나라들과 비교해서 매우 낮은 수준이다. 더욱이 앞의 〈표 4-3〉에서 봤던 비정규직의 고용 보험 가입률을 고려하면 상황은 더욱 열악하다. 전체 비정규직의 48.1퍼센트는 고용 보험에 가입조차 되어 있지 않다. 특히 5인 미만의 영세 사업장에서 일하는 비정규직은 75.9퍼센트가 고용 보험에 가입되어 있지 않다. 고용 보험에서 배제되어 실업 급여 수급 기회가 원천적으로 박탈되어 있는 비정규직에게 탈상품화는 멀기만 한 남의 이야기다.

다음으로 한국 사회보험제도 중에서 전 국민을 대상으로 보편주의 체계를 구축한 것으로 평가받고 있는 의료보험을 보면, 의료 서비스의 보장성이 매우 낮다. 〈표 4-5〉에서 국민 의료비에서 공적 의료 재정이 차지하는 비중을 통해 의료보험의 보장성을 살펴봤다. 한국의 공적 의료 재정은 1990년 36.3퍼센트에서 꾸준히 상승했으나 2000년대 중반 이후 공적 의료 재정이 차지하는 비중은 50퍼센트 중반에서 정체되어 있다. 2008년 국민 의료비에서 공적 의료 재정이 차지하는 비중은 55.3퍼센트를 기록했는데, OECD 평균인 71.5퍼센트에 비해 매우 낮은 수

14_ 에스핑-안데르센은 연금 급여, 실업 급여, 상병 급여를 중심으로 근로자 평균임금 대비 최저 급여액의 비율, 근로자 평균임금 대비 평균 급여액의 비율, 보험료 기여 기간, 프로그램 재원에서 수급자가 지불한 비율, 수급자 비율 등을 고려해 탈상품화 점수를 계산했다.

표 4-5 | 국민 의료비에서 공적 의료 재정이 차지하는 비중 (단위 : %)

구분	1990년	2000년	2001년	2002년	2003년	2004년	2005년	2006년	2007년	2008년
OECD 평균	72.6	71.8	71.7	71.8	72.1	71.5	71.5	72.0	71.3	71.5
한국	36.3	45.5	52.3	51.3	51.4	51.1	52.1	54.7	55.2	55.3

자료 : OECD(2010b).

준이다. 국민 의료비에서 공적 의료 재정이 차지하는 비중이 낮다는 것은 국민이 사적으로 해결하는 의료비의 몫이 그만큼 크다는 것을 의미한다. 더욱이 한국의 공적 의료 재정을 건강 보험료와 정부의 보건 의료 예산으로 나누어 보면, 공적 의료 재정의 약 80퍼센트를 건강 보험료가 차지하여, 정부의 재정 지원보다 가입자의 보험료가 압도적으로 높다.

건강보험의 취약한 보장성으로 인해 민간 의료보험에 대한 국민의 의존이 심화되고 있다. 2010년 가구당 월평균 국민건강보험료는 약 7~8만 원, 1인당 약 3~4만 원 수준이다. 그런데 월평균 민간 의료보험료는 가입자 1인당 약 12만 원을 지출하고 있다. 성인 인구 60퍼센트가 민간 의료보험에 가입되어 있고, 가구의 80퍼센트 이상이 민간 의료보험에 가입되어 있는 상황이다. 결국 건강보험은 보편주의적 성격을 지니고 있으나 보장성이 낮아 건강권이 시민의 권리 차원으로 발전하지 못했다. 그리하여 적정 의료 수준을 누릴 수 있는 기회가 개인의 비용 부담 능력에 달려 있게 되었다. 건강하게 살 권리가 시민의 권리로 보장되지 못하고, 개인의 지불 능력에 따라 결정되는 상품화된 권리일 뿐이다.

요컨대, 한국 복지 체제는 정규직과 비정규직 근로자 간의 소득 보장의 차이를 가져오는 지위 차별을 초래하고 있다. 동시에 공공 부조 수급권자와, 공공 부조 수급에서 탈락하고 불완전한 저소득 시장 임금에 의존해 살아가는 비수급 빈곤층으로 나누는 빈곤층의 이중화를 양산한다. 또한 사회보험과 공공 부조에서 사각지대의 문제에 더해, 사회보장을 위한 급여 수준이 사회적 위험으로부터 보호 받기에 충분하지 못함에 따라 복지의 탈상품화 정도가 낮다. 개인과 가족의료·교육·주거·생활 등의 수준이 지불 능력에 비례해 결정된다. 이와 같이 개인의 복지가 시장의 자원 배분과 직접적으로 연계되어 결정되기 때문에 한국의 복지 체제는 시장의 불평등을 효과적으로 완화하지 못한다. 한국의 복지 체제는 사회적 갈등을 완화 및 관리하는 데 취약하고, 그 결과 사회연대의 방향으로 사회를 재계층화하지 못하고 사회적 차별을 강화한다.

5. 결론

한국의 사회보장제도는 낮은 노동비용을 토대로 비교 우위를 유지하려는 기업의 요구를 수용해 발전했다. 한국 기업이 국제무역 시장에서 누려 왔던 저임금에 기초한 비교 우위를 떨어뜨려서는 안 된다는 생산 체제의 요구와 함께, 사회보장을 위한 정부의 재정 부담을 최소화하려는 정부의 태도는 한국 사회보장제도의 발전에 중요한 제약 요인이었다. 그 결과 사회보험에서 국가의 재정 부담과 책임을 가능한 한 최소화했고, 사회보험의 적용 범위를 기여금 납부 능력과 연결시켜 선별적으로 도입했으며, 낮은 보험료 부담과 맞물려 낮은 급여를 제공하는 사회보험제도를 형성하게 되었다. 오늘날 한국의 복지 체제는 이런 사회보장제도의 유산을 간직하고 있다. 사회복지 공급에서 국가는 소득 이전자, 서비스 공급자, 재원 보조자의 역할을 소홀히 해왔으며, 규제자 역할에 치중했다. 이와 같은 복지 혼합의 결과로 한국의 복지 체제는 정규직과 비정규직 근로자 간의 소득 보장의 차이를 가져오는 지위의 차별과, 빈곤충들을 공공 부조 수급권자 및 공공 부조 수급에서 탈락하고 낮은 시장 임금을 통해 살아가는 비수급 빈곤층으로 차별하는 빈곤층의 이중화를 초래하고 있다. 따라서 한국의 복지 체제는 시장의 불평등을 완화하고 사회 통합을 꾀하는 데 효과적이지 못하며, 사회적 갈등을 완화하고 관리하는 데 매우 취약하다.

한국의 복지 체제가 사회적 갈등을 완화하고 사회 통합에 기여하는 사회제도로 발전하기 위해서는 사회보험 사각지대의 문제와 공공 부조가 초래하는 빈곤층 이중화 문제를 시급하게 해결해야 한다. 특히 최근 들어 증가하는 임시·일용직 근로자와 영세 자영업자를 비롯한 취약 근로 계층의 고용 불안과 소득 감소가 사회적 갈등과 빈곤의 확대로 이어지는 문제에 대처할 수 있어야 한다(신동면 2009b). 취약 근로 계층의 대다수는 월평균 가구 경상 소득이 최저생계비 이상에서 120퍼센트 미만인 차상위 가구에 속한다. 차상위 가구에 속하는 근로 능력자들이 일자리를 잃고 소득이 감소해 가구 소득이 최저생계비 미만인 절대적 빈곤층으로 전락하는 경우, 생계유지를 위한 사회 안전망으로 작동할 수 있는 제도적 장치는 국민기초생활보장제도와 실업 급여가 있다. 그런데 임시·일용직 근로자의 대다수는 고용 보험에 가입되어 있지 않기 때문에 실직 시 실업 급여를 받을 수 없으며, 영세 자영업자는 고용 보험에 가입조차 할 수 없다. 결국, 빈곤층으로 전락한 대다수의 임시·일용직 근로자와 영세 자영업자들은 최저 생활을 유지하기 위해 공공 부조인 국민기초생활보장제도의 생계 지원을 찾을 수밖에 없다.

그러나 한국 복지 체제의 발전을 위해 공공 부조가 사회보장제도에서 지나치게 높은 비중을 차지하는 것은 바람직하지 않다. 사회민주주의 이론가인 코르피Walter Korpi와 팔메Joakim Palme에 따르면, 빈자에게 복지 급여를 집중할수록 빈곤과 불평등이 줄어들 가능성이 감소하는 역설이 존재한다(Korpi and Palme 1998). 공공 부조의 과부하는 사회복지 정책을 설계할 때, 사회 투자적이고 예방적인 사회복지 프로그램에 대한 자원 배분을 어렵게 하기 때문이다. 또한 잠재적 빈곤 가구가 공공 부조 수급 가구로 선정되고 나면 탈수급·탈빈곤이 매우 어렵기 때문에 공공 부조의 확대는 신중하게 접근해야 한다. 임시·일용직 근로자와 영세 자영업자들이 기초 생활 수급자가 되는 것을 막기 위해서는 사전적·예방적 빈곤 대책이 필요하다. 이들을 위한 소득 보장 제도의 정비와 인적 자원 개발을 위한 적극적 노동시장 사업이 병행되어야 한다. 실업보험의 사각지대 문제를 해소해 1차적 사회 안전망을 강화하고, 근로를 장려하기 위해 근로 장려 세제의 적용 대상을 확대하며 급여 수준을 인상해야 한다. 또한 임시·일용직 근로자와 영세 자영업자를 대상으로 직업 능력 개발과 고용 지원 서비스를 효과적으로 펼칠 종합 대책을 마련하고, 행정 체계와 인프라를 확충해야 한다.

그래서 한국의 복지 체제가 시장경제가 필연적으로 야기하는 빈곤과 사회적 갈등을 완화하는 데 효과적으로 기능할 수 있어야 한다. 마셜이 복지국가를 민주-복지-자본주의라고 불렀던 것으로 돌아가 보면, 한국 자본주의의 당면 과제는 국가 복지의 확대를 통해 개인이 자신의 복지 욕구를 충족하기 위해 노동시장에 의존하지 않아도 되는, 복지의 탈상품화 수준을 높여야 한다. 복지의 탈상품화 수준이 높고 사회 통합을 향한 사회의 재계층화가 이루어지는 복지 체제에서 사회적 갈등은 효과적으로 완화·조정될 수 있다. 그리고 지속적인 경제성장뿐만 아니라 민주주의의 발전도 가능하다.

| 참고문헌 |

고세훈. 2003.『국가와 복지』. 아연출판부.

김진욱. 2007. "한국 사회서비스의 공사역할분담 개혁 방향에 관한 연구 : 공공책임성 강화를 전제로 한 공사혼합 모델을 중심으로."『사회복지 정책』31집.

_____. 2011. "한국의 복지 혼합과 사회정책 : 복지시장과 제3섹타를 중심으로." 2011년도 국제학술대회 자료집. 경상대학교 인권·사회 발전연구소.

노동부. 1993.『노동백서』. 노동부.

보건복지부. 1993. "신경제 5개년 계획에서 사회복지 계획." 보건복지부.

송호근. 1994.『열린시장, 닫힌 정치 : 한국의 민주주의와 노동 체제』. 나남출판사.

신동면. 2001a. "김대중 정부의 사회정책개혁 : 근로연계복지를 향하여."『한국행정학보』35권 1호.

_____. 2001b. "김영삼 정부의 사회보장제도 개혁 : 세계화와 사회복지."『연세사회복지연구』제8권.

_____. 2001c. "한국의 복지 혼합에 관한 연구."『한국 사회복지학』45권.

_____. 2006. "한국의 생산 체제와 복지 체제의 선택적 친화성."『한국정치학회보』40권 1호.

_____. 2009a. "생산 레짐과 복지 체제의 선택적 친화성에 관한 이론적 검토." 정무권 엮음. 『한국 복지국가의 성격논쟁 II』. 인간과 복지.

_____. 2009b. "경제 위기 이후 이명박 정부 사회복지 정책의 평가와 대안."『한국정책학회보』18(3).

안재흥. 2004. "생산 레짐과 복지국가 체제 상호연계의 정치 : 이론적 논의와 스웨덴 노사관계 사례의 분석."『한국정치학회보』38권 5호.

양재진. 2004. "한국의 산업화시기 숙련형성과 복지 제도의 기원 : 생산 레짐 시각에서 본 1962~1986년의 재해석."『한국정치학회보』38권 5호.

_____. 2008. "제3장 국민연금제도," 양재진 외.『한국의 복지 정책 결정 과정 : 역사와 자료』.

이혜경. 2011. "기조강연 : 한국 복지국가가 걸어온 길." 한국 사회정책학회 연합학술대회.

전병유. 2007. "제 6장 일자리 문제와 고용정책." 신동면 엮음.『사회 양극화 극복을 위한 사회정책 구상』. 풀빛.

정무권. 2004. "한국 발전주의적 생산 레짐과 복지 체제의 형성 : 동아시아 복지국가 유형화를 위한 모색." 한국정치학회 춘계학술대회 발표논문. 서울(3월).

_____. 2009. "한국의 발전주의 생산 레짐과 복지 체제의 형성." 정무권 엮음.『한국복지국가의 성격논쟁 II』. 인간과 복지.

최장집. 2002.『민주화 이후의 민주주의 : 한국 민주주의의 보수적 기원과 위기』. 후마니타스.

통계청. 국가통계포탈.

한국개발연구원. 1995.『한국 경제 반세기 정책자료집』. 한국개발연구원.

한국노동연구원. 1997.『노동통계』. 한국노동연구원.

Amable, B. 2003. *The Diversity of Modern Capitalism*. Oxford University Press.

Chang, H. 1998. "Korea: the misunderstood crisis." *World Development* vol. 26, no. 8.

_____. 1994. *The Political Economy of Industrial Policy*. St. Martins Press.

Choi, J. 1989. *Labour and the Authoritarian State : Labour Unions in South Korean Manufacturing Industries, 1961~1980*. Korea University Press.

Crouch, G. and W. Streeck eds. 1997. *Political Economy of Modern Capitalism, Mapping Convergence and Diversity*. Sage.

Ebbinhaus, B. and P. Manow. 2001. "Introduction: Studying varieties of welfare capitalism." B. Ebbinhaus and P. Manow eds. *Comparing welfare capitalism*. Routledge.

Esping-Andersen, G. 1990. *Three Worlds of Welfare Capitalism*. Princeton University Press.

Estevez-Abe, M., T. Iversen, and D. Soskice. 2001. "Social protection and the formation of skills: a reinterpretation of the welfare state." P. A. Hall and D. Soskice eds. *Varieties of Capitalism*. Oxford University Press.

Feldstein, M. 1998. "Refocusing the IMF." *Foreign Affairs* vol. 77, no. 2.

Gough, I. 1979. *The Political Economy of Welfare State*. Macmillan.

Hall, P. A. and D. Soskice. 2001. "An Introduction to Varieties of Capitalism." Peter A. Hall and David Soskice eds. *Varieties of Capitalism : The Institutional Foundations of Comparative Advantage*. Oxford University Press.

Hall, P. A. and K. Thelen. 2009. "Institutional change in varieties of capitalism." *Socio-Economic Review* no. 7.

Hancke, B., M. Rhodes, and M. Thatcher. 2007. "Introduction: Beyond Varieties of Capitalism." B. Hancke, M. Rhodes, and M. Thatcher eds. *Beyond Varieties of Capitalism : Conflict, Contradictions and Complementarities in the European Economy*. Oxford University Press.

Hollingsworth, J. R. and R. Boyer. 1997. "Coordination of economic actors and social systems of production." J. R. Hollingsworth and R. Boyer eds. *Contemporary Capitalism, the Embeddendness of Institutions*. Cambridge University Press.

Immergut, Ellen M. 1992. "The rules of the game: the logic of health policy-making in France, Switzerland, and Sweden." Sven Steinmo, Kathleen Thelen and Frank Longstreth eds. *Structuring Politics : Historical Institutionalism in Comparative Analysis*. Cambridge University Press.

Iversen, T, and D. Soskice. 2006. "Electoral institutions and the politics of coalitions: why some democracies redistribute more than others." *American Political Science Review* no. 100.

Jones, L. P. and Il Sakong. 1980. *Government, Business, and Entrepreneurship in Economic Development : The Korean Case*. Harvard University Press.

Jordan, G. and L. Schubert. 1992. "A Preliminary Ordering of Policy Network Labels."

European Journal of Political Research no. 21.

Kim, Eun-mee. 1997. *Big Business and Strong State : Collusion and Conflict in South Korean Development, 1960~1990.* State University of New York Press.

Korpi, W. and J. Palme. 1998. "The Paradox of Redistribution and Strategies of Equality: Welfare State Institutions, Inequality and Poverty in the Western Countries." *American Sociological Review* no. 63.

Manow, P. 2001. "Business coordination, wage bargaining and the welfare state: Germany and Japan in comparative historical perspective." B. Ebbinhaus and P. Manow eds. *Comparing welfare capitalism.* Routledge.

Mares, I. 2001. "Firms and the welfare state: When, why, and how does social policy matter to employers?" Peter A. Hall and David Soskice eds. *Varieties of Capitalism : The Institutional Foundations of Comparative Advantage.* Oxford University Press.

Marshall, T. H. 1972. "Value Problems of Welfare-Capitalism." *Journal of Social Policy* vol. 1, no. 1.

Mathews, J. A. 1998. "Fashioning a new Korean Model out of the crisis: the rebuilding of institutional capabilities." *Cambridge Journal of Economics* vol. 22, no. 6.

OECD. 2010a. *Social Security Expenditure.* OECD.

_____. 2010b. *Health Data 2010.* OECD.

Polanyi, K. 1944. *The Great Transformation.* Reinheart & Co.

Schröder, M. 2008. "Integrating Welfare and Production Typologies: How Refinements of the Varieties of Capitalism Approach call for a Combination of Welfare Typologies." *Journal of Social Policy* vol. 38, no. 1.

Shalev, M. 2001. "The Politics of elective affinities." B. Ebbinhaus and P. Manow eds. *Comparing welfare capitalism.* Routledge.

Shin, D. 2000. "Financial Crisis and social security: The paradox of the Republic of Korea." *International Social Security Review* vol. 53, no. 3.

_____. 2003. *Economic and Social Policies in Korea : Idea, Networks and Linkages.* RoutledgeCurzon.

Soskice, D. 1999. "Divergent Production Regimes: Coordinated and Uncoordinated Market Economies in Contemporary Capitalism." *Continuity and Change in Contemporary Capitalism.* Cambridge University Press.

Swank, D. 2002. *Global Capital, Political Institutions, and Policy Change in Developed Welfare State.* Cambridge University Press.

Swenson, P. 2002. *Capitalist Against Markets : The Making of Labour Markets and Welfare State in the United States and Sweden.* Oxford University Press.

Thelen, K. 2009. "Institutional Change in Advanced Political Economies." *British Journal of Industrial Relations* no. 47.

5장

절차적 민주주의의 문제와 한국의 사회 갈등

최태욱

1. 들어가는 말

서구 선진국들의 경험을 통해 볼 때 시장경제의 성숙과 민주주의의 발전은 사회 구성원들 간의 갈등을 제도적 차원에서 조정하고 관리할 수 있는 사회 공동체의 능력이 증대해 가는 과정과 일치했다. 민주주의의 제도화에 기반을 둔 갈등 조정 능력의 신장 덕분에, 시장이 확대되었음에도 사회 통합은 안정적으로 유지되어 왔던 것이다. 그러나 예외적이라 할 정도로 빠르고 압축적으로 산업화를 달성하고 민주화를 이뤘다고하는 한국에서는 일단 사회 갈등이 발생하면 그것이 제대로 관리되고 조정되기보다는 오히려 악화되거나 증폭되기 일쑤였고, 그런 정글 같은 상황은 이제 점차 구조화되는 경향까지 보이고 있다. 그에 따른 사회 갈등 비용이 급속도로 증가하고 있음은 물론이다.

이 책의 1장에서 김순영이 언급한 대로 갈등은 인간 또는 사회의 존재론적 본성에 해당하는 지극히 당연한 현상이다. 따라서 그것은 제거하거나 억지로 봉합할 성질의 것이 아니라, 있는 그대로를 인정해 관리 또는 조정해야 할 대상이다. 사실 사회 갈등은 그 자체로서 대의제 민주주의의 토대이기도 하다. 현대 민주주의의 일차적 존재 의의는 정당정치를 통해 사회의 다종다양한 이익집단들 간의 갈등을 조직하고 동원해 그들의 통합을 이뤄 내는 데 있기 때문이다(샤츠슈나이더 2008). 그렇다면 한국 사회의 갈등이 제대로 관리되지 못하고 너무나 자주, 그리고 너무나 쉽게 사회 통합의 위기를 우려할 정도로까지 악화되곤 하는 이유 중의 하나는 분명 한국 민주주의의 무능 혹은 결함 때문이라고 할 수 있을 것이다.

이 장에서는 한국의 사회 갈등 중에서도 특히 경제적 이익의 분배 및 재분배 과정에서 일어나는 집단들 간의 갈등에 초점을 맞춰, 갈등 관리에 무능한 한국 민주주의의 결함 문제를 부각하고자 한다. 자영업자와 중소 상공인의 주변화, 비정규직 노동자의 급증, 빈곤층 확산, 그리고 양극화 심화 등으로 대변되는 한국 사회의 분열상과 그것이 초래한 작금의 심각한 사회 갈등 상황을 민주주의의 결함 문제로 그려보겠다는 것이다. 그러나 글의 목적은 결함을 밝혀내는 데에 있다기보다는 신제도주의적 접근 방법을 통해 그 결함 문제의 원인을 파악하고 그것의 해법을 모색하는 데에 있다. 신제도주의적 접근 방법을 취하므로, 민주주의는 기본적으로 절차적 민주주의라는 입장을 견지함은 물론이다. 마치 절차적 민주주의와는 다른 차원이나 다른 단계에 실질적 민주주의가 존재하며, 거기에 이르기 위해서는 절차 혹은 제도의 개혁 정도가 아닌 무언가 다른 영역에서의 실천이 필요하다는 입장은 취하지 않겠다는 것이다.

분배 과정에서 일어나는 갈등의 심화 및 확산을 절차적 민주주의의 결손 문제로 파악하는 것은, 생산 레짐production regime과 복지 레짐welfare regime이 상당 부분 민주주의의 제도 및 절차에 의해 규율된다는 전제를 수용하기에 가능한 일이다. 분배 및 재분배 정책의 공정성이나 형평성을 좌우하는 양대 체제 변수가 바로 자본주의의 유형을 결정하는 생산 레짐과 복지 레짐인데, 사실 이 두 사회경제 체제는 정치 레짐이라고 할 수 있는 민주주의의 제도적 특성에 따라 다르게 작동하기 때문이다.[1] 예컨대, 민주주의의 제도나 절차가 국가나 사회에 의한 시장 조정과 개입을 쉽고 편하게 해줌으로써 경제의 민주화를 항시적으로 촉진하고 보편적 복지의 확장을 지속적으로 압박하는 경향이 강하다면, 그런 절차적 민주주의에서는 (생산 레짐은 민주적 조정 시장경제가 발전할 수 있는 방향으로, 그리고 복지 레짐은 보편주의 복지국가가 강화될 수 있는 방식으로 작동되기 용이하므로) 이른바 사회경제적 민주주의 혹은 실질적 민주주의가 실현될 가능성이 높고, 따라서 분배를 둘러싼 사회 갈등 문제가 심각해질 가능성은 낮다. 민주주의의 실질은 결국 절차에 의해 채워지기 마련이기 때문이다.

　문제의 원인을 절차적 민주주의에서 찾는다면 해법 역시 그곳에서 찾는 것이 마땅하다. 한국의 사회 갈등 문제를 풀기 위해서는 절차적 민주주의를 성숙시킴으로써 실질적 민주주의가 발전되어 가게 해야 한다는 것이다.[2] 이는 결국 민주주의의 제도와 절차를 실질적 민주주의의 진전에 기여할 수 있는 방식과 형태로 개혁할 때 갈등 관리가 수월해질 것이라는 주장이다. 그렇다면 과연 제도 개혁의 방향은 구체적으로 어떻게 잡아야 하는 것일까? 다시 말해, 어떤 유형의 절차적 민주주의를 지향해야 안정적인 제도적 해법을 마련할 수 있는 걸까?

　이 장에서는 절차적 민주주의를 '다수제 민주주의'majoritarian democracy와

1_ 여기에서는 이 책의 3장에서 장진호가 논의하는 노동 레짐을 편의상 생산 레짐의 일부로 간주하기로 한다.

2_ 실질적 민주주의는 절차적 민주주의의 성숙을 통해 발전해 간다는 주장을 담은 이하 글의 상당 부분 내용은 이 책의 발행에 앞서 계간지 『민주』에 좀 더 쉽고 간략한 형태로 먼저 소개되었음을 밝힌다. 최태욱(2011c) 참조.

'합의제 민주주의'consensus democracy로 유형화할 때, 후자의 민주주의 유형이 발달한 곳에서, 사회 갈등의 조정과 관리가 좀 더 체계적이고 공평하게, 그리고 무엇보다 좀 더 '민주적'으로 이뤄진다는 주장을 펼친다.[3] 4절에서 자세히 보겠지만, 이 주장을 뒷받침하는 가장 강력한 증거는 바로 복지 자본주의라고 불리는 유럽형 '조정 시장경제'의 발전과 보편주의 복지국가의 형성 및 지속은 다수제가 아닌 합의제 민주주의 국가에서 더 일반적으로 목격된다는 사실이다. 결국 한국형 합의제 민주주의를 발전시켜 가야 한국 사회의 갈등 문제가 좀 더 안정적으로 해결될 수 있다는 것이 이 장의 핵심 주장이라 할 것이다.

2. 절차적 민주주의 문제

"절차적 민주주의는 완성됐으나, 실질적 민주주의는 아직 낮은 수준에 머물러 있다." 이것이 한국의 민주주의 수준에 대해 한국인들 스스로가 내리는 가장 일반적인 평가다. 과연 이것이 정확한 평가일까? 경제의 민주화 정도나 그 결과인 사회경제적 평등을 주요 지표로 삼는 실질적 민주주의가 저발전 수준에 있다는 사실은 이론의 여지가 없다. 그러나 절차적 민주주의가 완성 단계에 있다는 평가는 논의가 필요한 부분이다. 물론 절차적 민주주의를 슘페터Joseph Schumpeter와 같이 최소주의에 입각해

3_ 다수제 민주주의와 합의제 민주주의의 구분은 3절에서 소개하는 레이파트(Arend Lijphart 1999)의 연구에 따른다. 후술하겠지만, 여기서 더 '민주적'이라 함은 좀 더 포괄적인 (사회경제 주체들의) 정치 참여가 가능한 상태를 의미한다.

정의한다면 그런 평가가 가능할 수도 있다. 슘페터는 절차적 민주주의를 선거 과정에 국한해 정의한다. 즉 선거 경쟁이 주기적으로 공정하게 이뤄지는지, 형식적인 투표의 평등이 보장되는지, 그리고 선거 결과에 승복하는지 여부 등을 중심으로 민주주의를 평가하는 것이다. 한국은 이미 두 차례에 걸쳐 보수와 진보 간에 선거에 의한 정권 교체가 이뤄진 나라다. 그러므로 슘페터식의 최소주의 관점에서 보면 한국의 절차적 민주주의의 완성도가 매우 높다는 평가가 타당할 수 있다.

그러나 이런 평가는 설령 '선거 민주주의'라고 하는 최소주의 입장을 견지할지라도 그 기준을 조금만 더 엄격하게 해석하면 당장 흔들릴 수 있는 것이다. 예컨대 한국의 민주주의는 선거 경쟁의 공정성에 문제가 있다는 주장이 가능하다. 한국의 선거 정치에서 지역주의는 여전히 매우 중요한 변수로 작동하고 있다. 그 상황에서 주요 정당들은 과도한 지역 프리미엄을 누리고 있다. 이런 프리미엄이 선거 결과를 좌우하는 한 특정 정당에 의한 지역 독과점 현상이나 이념 및 정책 정당들의 과소 대표 현상은 지속될 것이며, 따라서 국회의원 선거의 공정성은 그만큼 취약한 상태에 머물게 된다. 이 점을 부각한다면 최소주의 내에서도 한국의 절차적 민주주의의 완성도가 높다고 주장하기는 쉽지 않다.

그러니 그 최소주의 범주에서 벗어나 절차적 민주주의 개념을 넓힐수록 한국 민주주의의 결함은 더 많이, 그리고 더 심각하게 노출될 것이다. 예를 들어, 영국의 주간지 『이코노미스트』*Economist*는 "2007년의 세계"라는 기획 기사에서 각국의 민주주의 지수를 발표했는데, 한국을 '결함 있는 민주주의'flawed democracy 국가로 분류한 바 있다(김정훈 2007, 38-39). 최소주의적 지표인 선거 과정만이 아니라, 정부 의사 결정 과정의 민주성이나 시민의 정치 참여도 등을 평가한 결과였다.

사실 많은 정치학자들이 그러하듯이, 절차적 민주주의를 사상·결사·표현의 자유 등의 정치적 기본권, 그리고 더 나아가 사회적 균열을 제도적 기제를 통해 정치적 균열로 전환하는 정치적 대표성까지 포함하는 개념으로 볼 경우, 한국의 절차적 민주주의가 상당 수준에 이르렀다는 평가를 내리기는 더욱더 어려워진다. 시민사회에 존재하는 다종다양한 선호와 이익들이 정책 결정 과정에 제대로 반영되지 못한다면 이는 정치적 대표성이 취약함을 보여 주는 것인데, 지역주의와 결합된 한국의 소선거구 일위 대표제 중심의 선거제도와 그 결과인 지역 정당구조 등은 이 대표성을 현저히 떨어트리고 있기 때문이다. 생각해 보라. 한국 사회의 대다수를 차지하는 노동자, 자영업자, 그리고 중소 상공인 집단의 선호와 이익이 정책 혹은 정치과정에서 얼마나 적절히 고려되고 있는지, 그들이 과연 유의미한 선거 정치 변수로 인식되고 있는지, 그리고 그들을 대변하는 유력 정당들이 제도 정치권 안에 포진하고 있는지 등을. 애석하게도 한국 사회의 주요 집단들은 대부분 자신들에 걸맞은 정치적 대표성을 제대로 확보하지 못하고 있다. 절차적 민주주의의 미비가 적나라하게 드러나는 대목이다.

결국 매우 느슨한 최소주의만 아니라면, 어떻게 정의하는지와 상관없이 한국의 절차적 민주주의는 여전히 '결함 있는' 혹은 '제한된' 민주주의에 불과하다는 얘기가 된다. 이는 단지 정의나 개념 혹은 논리 등에 기반을 둔 추상적 결론이 아니다. 한국의 절차적 민주주의는 실제 삶의 현장에서 구체적으로 그 결함이나 한계를 자주 노정하고 있다. 민주주의의 가장 기본적인 원칙이라고 하는 다수결 원칙조차 제대로 지켜 주지 못하는 제도와 절차들로 가득 차있기 때문이다.

누구나 아는 바와 같이 한국에서는 지금 사회경제적 불평등이 심화되어 수많은 사람들의 사회적 시민권이 실질적으로 훼손되고 있다. 민주화를 달성한 국가라면서도 실질적 민주주의는 실현되지 않고 있다는,

한국 시민들의 불만이 증대되고 있는 것은 너무나 당연한 일이다. 이는, 최장집 교수의 지적대로, 한국의 민주주의가 절차적 민주주의의 기준에 크게 못 미치고 있기 때문이다. 한국의 현 상황은 집합적 결정은 다수 혹은 최대 다수의 선호에 따른다는 민주주의의 기본 원칙, 즉 다수결 원칙이 관철되지 않고 있음을 잘 보여 준다. 그 원칙이 지켜지고 있다면 어떻게 이 사회의 다수를 구성하고 있는 사회경제적 약자들의 이익이 소수에 불과한 강자들의 이익에 번번이 압도당하는 상황이, 그 결과 불평등이 심화·확대되는 상황이 지속될 수 있겠는가.

로버트 달Robert Dahl에 따르면 국가라는 집합체에서 다수결 원칙은 최소한 다음의 다섯 가지 절차적 조건이 충족돼야 제대로 작동된다(Dahl 1998, 37-38). 효과적인 정치 참여, 투표의 평등, 계몽된 이해, 투표자들의 의제 통제 능력, 그리고 참여의 포괄성 등이 보장되는 것이다. 이런 절차들이 갖춰져야 비로소 민주주의의 기본 원칙이 제대로 지켜질 수 있으며, 그때에야 비로소 사회경제적 불평등 상황이 개선될 수 있다는 것이 '민주주의는 절차적 민주주의'라고 하는 주장의 요체다(최장집 2007a, 100-101). 요컨대 '모든 시민의 동등하고 효과적인 정치 참여를 가능케 하는 절차'들이 구비됨으로써 실질적 민주주의가 진전될 수 있다는 것이다. 그렇다면 국가의 정치 혹은 정책 결정 과정에 사회경제적 약자를 포함한 모든 시민이 누구나 동등하고 효과적으로 참여할 수 있는 길이 열려 있는 정치를 '포괄의 정치'politics of inclusion라고 할 때, 절차적 민주주의의 소임은 바로 이 포괄의 정치를 보장하는 제도 및 절차를 완비하는 일이라 할 것이다.

포괄 정치를 보장하기 위한 일 중에서도 가장 중요한 것은 정당정치의 활성화에 도움이 되는 정치제도 및 절차들을 갖추는 일이다. 대의제 민주주의에서 포괄 정치의 발전을 이끄는 주체는 결국 정당이기 때문이다. 사회의 다양한 이익집단들을 균형 있게 효과적으로 대표할 수 있는 정당들이 포진해 있고, 국가의 정치 결정이 이 정당들에 의해 이뤄질 때 비로소 포괄의 정치는 작동한다. 그렇지 않을 경우, 예컨대 노동이나 중소 상공인 등의 주요 이익집단들을 대표하는 정당(들)이 존재하지 않거나 무력한 경우에는 사회의 대다수를 구성하는 사회경제적 약자의 선호와 요구는 정치과정에 반영되지 못하는 반면, 대기업과 같은 특정 강소집단의 이익은 과도하게 대변될 수 있다. 거기서 포괄의 정치와 그에 따른 실질적 민주주의의 진전을 기대하기는 어려운 일이다. 오히려 '배제의 정치'politics of exclusion가 지배할 것이기 때문이다.

그렇다면 절차적 민주주의의 핵심 요소는 사회경제적 약자를 포함한 모든 시민의 이익과 선호를 있는 그대로 대변할 수 있는 유력 정당들의 상존을 구조화하는 제도와 절차라 할 것이다. 말하자면 정당을 주체로 하는 포괄의 정치가 제대로 작동하는 절차적 민주주의를 갖추는 일이 사회 갈등의 조정과 관리에 능숙한 실질적 민주주의의 발전을 이루는 길이다. 그런데 그런 절차적 민주주의를 구성하는 제도 요소, 즉 대표성이 분명한 다수의 유력 정당이 상시적으로 포진해 있게 하는 제도와 절차는 구체적으로 어떤 것들일까? 포괄의 정치는 어떤 제도들로 구성된, 어느 유형의 절차적 민주주의에서 발전해 가느냐는 질문이다.

3절에서는 절차적 민주주의의 유형을 다수제 민주주의와 합의제 민주주의로 양분할 경우, 다수제 민주주의에서는 포괄의 정치보다는 배제의 정치가 더 지배적이라는 사실을 지적한다. 그 이유는 굳이 별도로 설명할 필요도 없이, 다수대표제, 양당제, 단일 정당 정부 등의 전형적인 다수제 민주주의 정치제도들은 공히 정치권력의 집중을 초래하기 때문이다. 그런데 한국의 절차적 민주주의는 이 다수제 민주주의에 속한다. 그것도 대표적인 다수제 민주주의 국가인 영국이나 미국보다 포괄의 정치는 더 약하고 배제의 정치는 더 강한 유형의 다수제 민주주의다. 지금의 한국에서 실질적 민주주의의 진전과 사회 갈등의 적절한 관리 및 조정을 크게 기대하기 어려운 것도 이 때문이다.

따라서 4절에서는 한국의 절차적 민주주의를 합의제 민주주의의 방향으로 이동해야 한다는 주장을 개진한다. 정당이 주체가 되는 포괄의 정치는 다수제 민주주의보다는 합의제 민주주의에서 더 수월하게 발전하기 마련이며, 그것은 무엇보다 합의제 민주주의를 구성하는 핵심 제도 요소인 비례대표제, 온건 다당제, 연립정부 등이 따로 또 같이 포괄의 정치를 촉진하기 때문이라고 설명한다. 더구나 합의제 민주주의는 분배 친화적 자본주의와 복지국가의 발전에 기여함으로써 간접적으로도 구성원들 간의 갈등 조정과 관리에 유능한 사회를 건설 및 유지하는 데 상당히 이바지한다는 사실도 지적한다.

3. 한국형 다수제 민주주의의 한계

1) 다수제 민주주의와 합의제 민주주의

사실 민주주의의 구현은 불가능하다. 엄밀한 의미에서 민주주의란 국가가 그 '주인'인 시민의 뜻과 선호에 따라 운영되는 정치체제를 말한다. 그러나 '불가능 정리'Impossibility Theorem가 밝히고 있듯, 시민사회의 뜻과 선호를 정확히 알아내는 것은 가능하지 않은 일이다(Arrow 1963). 주인들 간의 선호는 서로 다르기 마련이고 그 선호의 순위를 결정하는 것이 가능하지 않은데 어떻게 국가를 (파악 자체가 불가능한) 주인의 뜻에 따라 운영할 수 있겠는가.

대의제 민주주의는 이 불가능 상황을 극복하고 그나마 민주주의에 가까운 정치체제가 작동되게 하기 위해 디자인된 것이다. 그것은 일종의 사회계약의 제도화라고 할 수 있는데, 그 내용은 다음과 같다. 첫째, 시민들의 다종다양한 선호와 이익을 복수의 정당들이 분담해 대변한다. 둘째, 정당 정치인들은 선거 경쟁을 거쳐 시민의 대리인 자격으로 정부를 구성한다. 셋째, 이렇게 구성된 정부가 내리는 결정을 일반 시민들의 뜻이라고 인정하고 수용한다. 결국 민주주의는 이런 '제도 디자인'에 의해 그 명맥을 유지하고 있는 셈이다. 민주주의가 절차적 민주주의일 수밖에 없는 또 다른 이유인 것이다.

레이파트(Lijphart 1999)는 이 절차적 민주주의를 그 제도 디자인의 내용에 따라 크게 두 유형으로 분류하는 데에 성공했다. 앞서 언급한 대로, 하나는 흔히 영국식이라고 불리는 다수제 민주주의이고, 다른 하나는 (대륙)유럽식이라고도 하는 합의제 민주주의다. 제도 디자이너들의 의도에 따라 양 민주주의의 성격과 결과가 서로 다르게 나타나고 있음은 물론이다. 이는 자본주의가 그렇듯 민주주의에도 다양성이 존재하며, 따라서 어떤 민주주의를 어떻게 발전시킬 것인지는 운명이 아닌 선택의 문제임을 시사한다.

〈표 5-1〉은 다수제 민주주의와 합의제 민주주의의 5대 특성을 요약한 것이다.[4] 첫째, 선거제도에서 나타나는 특성이다. 다수제 민주주의 국가에서는 다수대표제 혹은 다수결형 선거제도를 통해 의회를 구성한

4_ 5대 특성을 중심으로 한 다수제 민주주의와 합의제 민주주의의 차이를 정리한 다음 내용은 최태욱(2010)을 인용한 것이다.

표 5-1 | 다수제 민주주의와 합의제 민주주의의 5대 특성

	다수제 민주주의의 전형	합의제 민주주의의 전형
(국회의원) 선거제도	일위 대표제 등의 상대 다수대표제 (승자 독식제)	비례대표제 또는 비례성 높은 혼합형 선거제도
정당 체계	양당제	(온건) 다당제
행정부 구성	일당 혹은 소수 정당에 의한 독과점	다수 정당에 의한 분점, 즉 연립정부
행정부-입법부 간 힘의 분배	행정부의 압도적 우위	입법부-집행부 간의 균형 혹은 전자의 우위
이익집단 간의 경쟁 구도	다원적·분산적·분쟁적·대립적	사회적 합의주의 발달로 협력적

자료 : 최태욱(2011a, 47).

다. 예컨대, 그 전형인 소선거구 일위 대표제의 경우 지역구 득표율 1위에 오른 후보만이 그 지역의 다수를 대표해 의회에 진출한다. 2위 이하의 후보들은 득표율에서 1위와 별 차이가 나지 않는다 할지라도 의회의 대표 자격을 얻지 못한다. 따라서 2위 이하의 후보들에게 던져진 표는 모두 사표死票로 처리될 뿐이다. 여기서는 각 정당의 득표율과 의석 점유율 간에 '비례성'proportionality이 전혀 보장되지 않는다. 가령 A, B, C, D라는 네 정당이 선거 경쟁을 하고 각 정당의 전국 득표율은 각각 33퍼센트, 32퍼센트, 20퍼센트, 15퍼센트인 경우를 상정해 보자. 여기서 A당과 B당의 전국 득표율은 30퍼센트대로 서로 비슷하지만 만약 과반의 지역구에서 A당 후보들이 (예컨대 33퍼센트를 간신히 상회할 정도의 지역 득표율로) 1위에 오를 경우 그 당의 전체 의석 점유율은 50퍼센트가 넘어 의회 내 단독 다수당이 될 수 있다. 그러나 B당은 A당과 비슷한 전국 득표율을 갖고도 대부분의 자당 후보들이 각 지역구에서 근소한 차이로 2위나 3위 등에 머물 경우 C당이나 D당과 함께 의석 점유율 10퍼센트대의 소정당이 될 수도 있다.

이와 달리 합의제 민주주의에서는 비례성이 보장되는 선거제도를 채택한다. 유권자들은 기본적으로 개별 후보가 아닌 정당에 투표한다. 각 정당의 득표율이 산출되면 그것에 비례해 의석을 나누는 것이다. 만약 앞선 사례의 선거 경쟁이 비례대표제를 통해 이뤄질 경우 A, B, C, D 네 정당의 의석 점유율은 그들 정당의 전국 득표율 그대로 각각 33퍼센트, 32퍼센트, 20퍼센트, 15퍼센트가 된다. 여기서는 1등 혹은 다수 세력 대표에게 던진 표만이 의미가 있고 그 외의 모든 소수 세력 대표들에게 던진 표는 사표가 되는 '소수 무시'의 문제가 발생하지 않는다. 크든 작든 모든 정당이 각자 지지받은 만큼의 대표권을 행사할 수 있게 된다.

　두 번째 특성은 정당 체계에서 나타나는바, 이것은 선거제도와 밀접하게 연계되어 있다. 이른바 뒤베르제의 법칙으로 널리 알려져 있듯, 소선거구 일위 대표제는 양당제를 그리고 비례대표제는 다당제의 발전을 유도하는 경향이 강하다. 소선거구 일위 대표제에서는 선거 경쟁이 거듭될수록 결국 지역구 1등을 많이 배출할 수 있는 거대 정당 둘만이 각각 좌-우 혹은 진보-보수 진영 등의 대표로 살아남을 수 있는 반면, 비례대표제에서는 등수 혹은 승패에 관계없이 자신들이 획득한 지지율만큼의 의석을 배정받으므로 다양한 사회 세력을 대표하는 여러 정당들이 건재할 수 있기 때문이다. 따라서 다수제 민주주의와 합의제 민주주의의 전형적 정당 체계가 각각 양당제와 다당제임은 쉽게 이해할 수 있다.

　셋째, 행정부 구성에서 나타나는 차이도 선거제도 및 정당 체계와 연관되어 있다. 소선거구 일위 대표제로 양당제를 유지하고 있는 영국 같은 다수제 민주주의 국가의 전형적인 행정부 형태는 단일 다수당 정부다. 선거 경쟁이 주로 거대 정당 둘 사이에서 벌어질 경우 어느 한 당이 의회의 다수당이 되는 것은 통상적인 일이다. 따라서 의원내각제라면 의례히 그 다수당이 단독으로 행정부를 구성한다. 대통령중심제가 반드시 다수제 민주주의의 권력 구조인 것은 아니지만 적어도 행정부 구성 측면에서 그것은 다수제적 성격을 띤다. 특별한 상황이 아닌 한 대통령을 배출한 정당이 대개 단독으로 행정부를 꾸미기 때문이다. 한편, 대륙 유럽 국가들의 경우에서 보듯, 합의제 민주주의의 행정부는 전형적으로 연립정부다. 셋 이상의 유력 정당들이 비례대표제로 의석을 나누는 환경에서 어느 한 정당이 총의석의 과반을 차지할 가능성은 그리 높지 않다. 따라서 단일 정당이 행정부를 구성하는 경우는 드물고, 다양한 사회집단을 대변하는 여러 정당들이 통상 연립정부를 형성하는 것이다.

넷째, 행정부와 입법부 간의 힘의 분배 양상이다. 이것 역시 선거제도 및 정당 체계 그리고 행정부 구성 방식과 밀접히 관련되어 있다. 다수제 민주주의에서 행정부는 보통 권력 혹은 영향력 행사 측면에서 입법부에 대해 우월한 위치에 있다. 영국의 예를 보자. 소선거구 일위 대표제로 공고화된 양당제하에서 의회는 단일 다수당이 장악하기 마련이며 행정부는 그 다수당이 홀로 구성한다. 여기서 그 행정부의 수반인 수상 혹은 총리는 바로 의회 다수당의 최고 지도자이므로 사실상 그는 입법부까지 자신의 영향력하에 둘 수 있다. 명백한 행정부 우위제인 것이다. 그러나 비례대표제와 다당제 그리고 연립정부 형태를 특성으로 유지하는 (대륙)유럽식 합의제 민주주의에서는 사정이 전혀 다르다. 어느 한 정당도 독립적으로 안정적인 행정부를 구성하기 어려운 제도 조건하에서 오직 연립 형태로 스스로를 지탱해야 하는 행정부는 항시적으로 의회 구성원인 각 정당들의 선호에 민감할 수밖에 없다. 합의제 민주주의의 행정부가 입법부에 대해 힘의 우위를 주장할 수 없고 항상 힘의 균형을 도모해야 하는 것은 이 때문이다.

마지막인 다섯 번째 특성은 이익집단들 간의 경쟁 구도, 즉 이익집단 대표 체계에서 드러난다. 다수제 민주주의에서는 개별 이익집단들이 각기 다원주의적으로 활동한다. 서로가 독립해 흩어져 있는 상태에서 이들은 분쟁적이거나 심지어는 적대적인 경쟁 구도를 형성한다. 한편, 합의제 민주주의에서는 주요 이익집단들이 '사회적 합의주의'social corporatism 혹은 그와 유사한 체계를 형성해 그 체계 내에서 상호 협력적으로 경쟁한다.[5] 예컨대, 전국의 노동자들과 사용자들이 각각 자신들의 중앙 집중적이며 독점적인 대표 체계를 갖추어 정부의 중재하에 서로 정기적으로 만나 사회 협약을 새로 맺거나 개정해 가는 방식이다.

이 다섯 번째 특성은 앞서 말한 네 가지의 정치 제도적 특성들, 즉 선거제도, 정당 체계, 행정부 형태, 그리고 행정부와 입법부 간의 권력 관계 등과 제도적 인과성을 갖고 있는 것은 아니다. 다만 그 친화성은 분명히 존재한다. 가령 사회적 합의주의는 통상 합의제 민주주의와 '같이 간다'go together고 하는데, 이는 무엇보다 합의제 민주주의의 정치 제도적 특징인 '협의주의'consociationalism가 이 사회 합의주의와 동일한 구조적 성격을 지니고 있기 때문이다. 협의주의는 다당제와 연립정부(더 정확히는 단일 다수당 정부가 아닌 정부) 형태가 정상상태인 국가에서 정당 간의 연합 정치 방식으로 운영되는 민주주의를 가리킨다.[6] 연합 정치 성공의 핵심 변수는 포괄성과 포용성이므로 협의주의는 상이한 세력들 간에 협상과 타협의 정치가 수월하게 작동될 수 있는 구조를 띠고 있다. 이 같은 구조적 특성이 경제 거버넌스 영역에서 재현된 것이 바로 사회적 합의주의라 할 수 있다. 즉 양자 공히 정치적 혹은 사회경제적으로 다양한 이해관계를 갖는 여러 세력을 하나의 시스템으로 통합해 그들 간의 협

5_ '조합주의'보다는 '사회적 합의주의'가 더 좋은 번역이라고 생각한다. 그것이 social corporatism의 본래 의미를 더 잘 전달하기 때문이다.

6_ 다당제를 촉진하는 선거제도가 비례대표제임을 감안하면 협의주의를 이루는 핵심 제도는 비례대표제, 다당제, 연립정부라고 할 수 있는바, 그것은 결국 합의제 민주주의의 정치제도 요소와 동일한 것임을 알 수 있다. 따라서 합의제 민주주의의 5대 특성은 정치제도 측면에서의 협의주의와 사회경제제도 측면에서의 사회적 합의주의가 결합해 나타나는 것으로 요약할 수 있다.

의 혹은 합의를 통해 정치 혹은 사회경제적 결정을 내리게 하는 구조를 갖고 있다.

양자 간에는 구조 개념 측면에서만 친화성이 있는 것이 아니다. 많은 경우 양 제도의 주요 행위자들은 현실에서 상호 밀접한 연대 관계를 맺고 있다. 예컨대, 전국 단위의 노동조합은 노동당이나 사민당의 안정적 지지 기반을 이룬다. 좀 더 일반적으로 말하자면 협의주의 정치를 수행하는 여러 정당들은 각자 자신들의 정치적 입지를 강화하기 위해 특정 이익집단의 전국 조직화를 도와 그들과 '후원자-고객'patron-client 관계라는 특수 관계를 맺기도 하고, 사회 합의주의에 참여하는 여러 이익집단들은 자신들의 사회경제적 이익을 증대하기 위해 특정 정당의 창당, 지지층 확대, 영향력 증대를 돕기도 함으로써 사회 합의주의와 협의주의가 서로 맞물려 발전해 가는 것이다.

협의주의와 사회 합의주의 간의 높은 상관관계는 실증적으로도 이미 여러 연구에서 증명된 바 있다(Lijphart and Crepaz 1991; Crepaz and Lijphart 1995; Lijphart 1999). 협의주의 수준이 높은 민주주의일수록 사회 합의주의의 발전 정도도 높다는 것이다. 결국 엄밀히 말해 '같이 가는' 것은 사회 합의주의와 협의주의인 것이다. 그런데 협의주의가 합의제 민주주의의 핵심을 구성함에 따라 협의주의의 '내장 요소'integral part라 할 수 있는 사회 합의주의가 합의제 민주주의와 같이 가게 되는 것이다.

5대 특성을 중심으로 한 지금까지의 논의를 되짚어 보면, 양대 민주주의 유형 간의 핵심적 차이가 정치권력의 분산 정도와 그 행사 방식에 있음을 알 수 있다. 다수제 민주주의에서는 선거에서 승리한 다수파 정치 세력에게 정치권력이 집중되는 것이 원칙이다. 권력의 행사도 패자에 대한 고려 없이 승자 독단으로 이뤄질 수 있다. '승자 독식 민주주의'라고 부르는 것은 이 때문이다. 반면에 합의제 민주주의에서는 정치권력이 여러 세력, 정확히 말하자면 여러 정당들에게 분산되어 상호 의존과 협력을 통해서만 그것이 사용되도록 설계되어 있다. 따라서 정치과정은 상이한 정치 세력들 간의 대화와 타협에 의해서만 진행될 수 있다. 합의에 의한 권력 사용이 제도적으로 강제된 상태인 것이다.

2) 다수제 민주주의의 약점

다수제 민주주의는 영국 의회가 열리는 궁전의 이름을 따서 '웨스트민스터 모델'Westminster model이라고도 불리는데, 이는 다수제 민주주의를 애초 영국인들이 디자인했기 때문이다. 이 모델은 그 후 영국의 식민지였던 미국, 그리고 캐나다·오스트레일리아·뉴질랜드 등의 영연방 국가들은 물론 그 밖에 전 세계의 수많은 나라들로 수출되었다. 미국의 영향으로 우리나라 역시 이 모델을 수입했음은 주지의 사실이다. 사실 19세기까지만 하더라도 상당수의 대륙 유럽 국가들 역시 다수대표제 등 영국식 경향이 강한 민주주의를 채택하고 있었다. 그러나 그들은 하나둘씩 합의제 민주주의로 전환했고 지금에 와서는 유럽을 중심으로 선진국 민주주의의 표준이 합의제 민주주의로 수렴되기에 이르렀다.

비교적 최근에도 이 같은 전환이 목격되었다. 그 당사국은 놀랍게도 영국의 원형보다도 다수제적 성격이 더 강한 민주주의를 운영한다고 평가받아 오던 뉴질랜드였다. 길고 험난한 선거제도 개혁 과정을 거쳐 1993년 뉴질랜드는 마침내 소선거구 일위 대표제를 독일식 비례대표제로 대체했다. 그 후에는 당연히 다당제의 발전, 연립정부 형태의 부상, 의회의 위상 강화 등의 변화가 이어졌다. 더 흥미로운 사실은, 다수제 민주주의의 원조 국가인 영국에서조차 1970년대 초반 이후 줄곧 비례대표제 도입 요구가 증대되고 있다는 점이다. 그리고 실제로 1970년대 중반에는 북아일랜드의 모든 지방선거를 비례대표제로 치르기로 결정하기도 했다. 또한 1999년부터 유럽의회의 영국 의원 선출은 비례대표제에 의해 이뤄지고 있다. 현재는 영국의 중앙 정치 차원에서도 자유민주당이 주도하는 선거제도의 비례성 강화 운동이 시민들로부터 상당히 커다란 관심과 지지를 받고 있다. 조만간 영국의 국회의원 선거제도 역시 비례성이 보장된 새로운 제도로 전환되리라는 예측이 무성하다. 이처럼 다수제 민주주의가 쇠락하고 합의제 민주주의가 대세를 이루게 된 까닭은 무엇일까? 아무래도 다수제 민주주의에 심각한 약점이 존재하는 것이 아닐까?

다수제 민주주의의 특성을 한마디로 가장 잘 표현하고 있는 것이 바로 승자 독식 또는 패자 전몰 제도라는 것이다. 사실 다수제 민주주의의 근본적인 문제는 바로 여기에 있다. 영국인들은 의회에서 다수당 지위를 차지한 특정 정당에 정치권력을 몰아주기 위해 다수제 민주주의를 만들었다. 선거에서 승리한 단일 정당이 입법부와 행정부를 모두 장악할 수 있도록 하면 임기 동안 그 정당이 자율성과 책임성을 갖고 효율적으로 국정 운영을 해나갈 수 있을 것이라고 생각한 것이다. 여기서 효율적인 국정 운영이란 결국 정치권력을 차지한 다수당이 민주국가의 주인인 시민의 뜻을 독점적으로 해석하고 구현하는 것을 의미한다. 이때 선거에서 패배한 정당과 그 정당이 대변하는 사회 세력들은 당연히 국정 운영 과정에서 배제된다.

어쩌면 제도 디자이너들의 의도대로 이 다수제 민주주의는 정부의 효율성을 유지하거나 제고하는 데 유리한 것일 수도 있다. 그러나 그 효율성이 과연 누구를 위한 것인가 하는 문제는 끊임없이 제기될 수 있다. 오직 임기 동안의 다수파를 위한 효율성이라면 (역시 민주국가의 주인임에 분명한) 소수파 국민의 이익은 배제되고 무시되어도 괜찮다는 의미인가. 더구나 많은 경우 다수제 민주주의 제도하에서의 다수파는 사실상 '제조된 다수'manufactured majority에 불과하다. 예를 들어 어느 소선거구에서 A, B, C 세 당의 후보들이 각축을 벌인 결과 각각 33퍼센트, 32퍼센트, 31퍼센트의 지역구 득표율을 획득했다고 하자. 일위 대표제이므로 오직 A 당 후보만이 이른바 다수 대표로서 의회에 진출하게 된다. 그러나 실상 그는 겨우 33퍼센트의 지역 구민을 대표하는 '소수 대표'minority representation 일 뿐이다. B당 후보를 지지했던 32퍼센트의 소수파와 C당 후보를 지지했던 31퍼센트의 소수파를 포함해 지역 구민의 절대 다수인 67퍼센트가 반대하는 후보가 명목상의 대표가 되어 의석을 차지하게 되는 것이다. 결국 이 지역사회에서는 실질적 다수가 모두 패자 그룹으로 분류되어 정책의 수립 및 집행 과정에서 배제되거나 소외될 수 있다.

이런 현상은 단지 지역구에만 국한되지 않는다. 상기한 A당이 이 지역구에서와 마찬가지 방식으로 소수 대표 의원을 전국의 과반 지역구에서 배출했다고 하자. 이 경우 A당은 의회의 단독 다수당이 되겠지만 그것은 소수 대표들로 구성된 '제조된' 다수당일 뿐이다. 이 정당의 전국 득표율은 30퍼센트에서 40퍼센트 정도에 불과하지만 소선거구 일위 대표제라는 불비례적 선거제도로 인해 다수당으로 만들어져 의회를 장악한 것이기 때문이다. 의원내각제라면 이 소수 대표 정당이 행정부도 장악한다. 결국 이 민주국가는 60퍼센트에서 70퍼센트 정도의 다수 시민이 반대한 소수 대표 정당에 의해 운영된다. 여기서도 패자 배제 혹은 소외의 정치가 주를 이룬다면 오히려 다수에 속하는 시민들이 상당한 고통 혹은 불이익을 (적어도 해당 정부의 임기 동안) 받게 된다. 대통령제의 경우도 한국에서와 같이, 대선이 상대 다수 대표제에 의해 치러질 경우 마찬가지 현상이 자주 일어난다. 30퍼센트에서 40퍼센트의 득표율로도

1등만 하면 대통령이 되는 제도이기 때문이다.

의회 및 행정부 구성에서 일어나는 이 같은 소수 대표 혹은 불비례성의 문제는 자칫 사회 통합의 위기로 이어질 수 있다. 비록 소수 대표일지라도 일단 합법적으로 정부를 장악한 정치 세력은 승자 독식 제도의 특성을 활용해 독선, 독주, 심지어는 독재에 가까운 방식으로 국가를 운영할 수 있다. 이 경우 다 합치면 다수가 될 수도 있는 여러 소수파 그룹들이 정치과정과 그 과실 분배 과정에서 소외됨으로써 사회 혼란과 정치 불안의 가능성이 열리게 된다. 포괄의 정치는커녕 배제의 정치가, 그것도 특정 소수의 이익을 위해 사회 구성원의 다수가 배제되는 정치가 작동될 수 있는 것이다.

3) 한국형 다수제 민주주의의 문제점

(1) 대통령의 독선과 독주 가능성

한국은 이 문제 많은 영국식 다수제 민주주의를 미국을 통해 들여와 지금까지 운영해 오고 있다. 그런데 그 긴 과정을 거치는 동안 한국의 다수제 민주주의는 (미국의 것보다) 더욱 심각한 문제를 품게 되었다. 그 일차적 이유는 단순하다. 미국인들은 기본적으로 영국식 민주주의를 도입하면서 그것의 행정부 형태인 의원내각제는 자신들 고유의 대통령중심제로 바꾸었다. 그리고 삼권분립제, 상하 양원제, 연방제 등과 같은 제도적 기제를 따로 설치함으로써 정치권력이 한 곳에 집중되는 문제를 방지하고자 했다. 그런데 한국은 미국의 대통령제만 들여왔을 뿐 기타 여러 가지 권력 견제 기제들은 제대로 수용하지 못했다. 한국의 대통령제가 제왕적 대통령제를 넘어 이른바 '위임 대통령제' 형태로 자리 잡게 된 것은 이 때문이다. 결국 한국에서 대통령은 마치 국민으로부터 전권을 위임받은 것처럼 정당정치와 의회정치를 무시할 정도의, 그야말로 절대 권력을 휘두를 수 있게 되었다.[7] 이는 다종다양한 시민사회의 선호와 이익을 정치과정에서 복수의 정당들이 분담해 대변한다는, 정당 및 의회 중심의 대의제 민주주의의 본질에서도 크게 벗어난 것이라 할 수 있다.

사실 이 위임 대통령제의 문제는 기본적으로 다음에 논의할 한국 정당정치의 저발전 상황, 좀 더 구체적으로는 정당의 구조화 미흡에서부터 그 원인을 찾아야 한다. 정치 선진국들에서처럼 다양한 사회 세력들을 대표하는 이념이나 정책 중심의 유력 정당들이 의회에 포진해 있고, 이 정당들이 상당한 정체성과 영속성을 유지하고 있을 때 그 나라의 정당 구도는 '구조화'되어 있다고 말할 수 있다. 그런데 한국의 정당 구도는 그렇지 못하다. 이것이 바로 위임 대통령제가 지속되는 원인이다.

만약 대통령을 배출한 정당이, 분명한 이념이나 정책 기조를 통해 스스로의 정체성을 확보하고 있는 영속성 있는 정당이라고 한다면, 그 정당은 당원인 대통령에 대해 (다른 것은 몰라도) 이념적 혹은 정책적 구속력은 반드시 행사한다. 예컨대, 대통령이 당의 이념이나 정책 기조에 어긋나는 정책 또는 정치적 결정을 독단적으로 내리고 수행하려 들 경우 당은 최선을 다해 그것을 막아 내고자 할 것이다. 대통령은 임기를 마치

7_ 특히 대통령을 배출한 정당, 즉 여당이 국회의 단독 다수당을 구성할 경우 대통령은 행정부는 물론 입법부와 사법부까지를 사실상 자기 통제하에 둘 수 있다. 위임 민주주의 일반에 대해서는 O'Donnell(1994)을, 그리고 한국의 위임 대통령제에 대해서는 이종찬(2000)을 참조하라.

고 물러나면 그만이지만 정당은 바로 그 이념과 정책을 앞세워 무한히 계속되는 선거 정치에 임해야 하기 때문이다. 이와 같이 정당의 구조화가 이뤄진 곳에서 대의제 민주주의의 핵심 원리인 책임정치의 근본 주체는 마땅히 정당이 되고, 따라서 대통령의 독선과 독주 가능성은 정당에 의해 제어된다. 그러나 그렇지 않은 경우 대통령은 가장 기본적인 이 정당 구속으로부터도 자유로울 수 있다. 정당의 구조화를 이루지 못한 한국은 불행히도 바로 이 경우에 속한다. 대통령이 자신의 소속 정당도 무시할 수 있는 형국에 타당인 야당(들)을 제대로 존중할 리 없고, 그런 정당들이 펼치는 의회정치에 민감할 까닭도 별로 없는 것이다.

대통령중심제 자체가 항상 이런 정도의 권력 집중 문제를 낳는 것은 아니다. 앞에서도 말했듯이, 대통령제의 원조 국가인 미국만 하더라도 대통령 권력에 대한 견제 기제는 상당히 발달해 있다. 양당제이긴 하지만 나름대로 정당의 구조화가 이뤄져 있을 뿐만 아니라 상하 양원제 및 연방제 등도 유의미한 견제 역할을 한다. 무엇보다 잘 알려진 것은 바로 삼권분립 제도다. 사법부의 독립성이 보장되어 있음은 물론 의회의 독자적 위상도 확립되어 있다. 우리에겐 이렇게 발달한 견제 기제가 전혀 없다. 따라서 대통령의 독선과 독주의 가능성은 항상 열려 있다.

이 열려진 독선과 독주의 공간에서 한국의 역대 대통령들은 종종 (물론 정도의 차이는 있지만) 자신들의 반대 세력은 물론 일반 시민들과 심지어는 지지 세력의 선호와 요구까지도 무시하는 행태를 보였다. 시쳇말로 "우회전 깜빡이 켜고 좌회전"한다거나 "좌회전 깜빡이 켜고 우회전"하는 일이 자주 벌어졌다. 대표적인 예는 노무현 대통령이 추진한 한미 FTA라 할 수 있다. 상당 수준의 경제통합에 해당하는 '높은 수준의 포괄적 FTA'를 국내 대책도 별로 없이 (당시) 신자유주의적 세계화의 주도국이자 세계 최강대국인 미국과 급속도로 체결하겠다는 것은 명백히 자신의 지지 세력의 선호와 어긋나는 것이었다. 더구나 '참여정부'에 참여 민주주의의 확대 노력을 기대하고 요구했던 지지 세력과 시민사회를 정책 결정 과정에서 철저히 배제한 것도 매우 실망스러운 일이었다. 그 과정에서는 정당이나 의회정치의 역할도 거의 없었다. 관료들도 극히 일부만이 참여한 폐쇄적 정책 결정이었다. 권위주의 시기의 기술 관료적 정책 결정 행태를 연상시켰을 뿐이었다(최장집 2007b, 163). 이 같은 독선과 독주 양상은 미국과의 쇠고기 협상이나 '미디어법'의 날치기 처리, 그리고 4대강 사업의 강행 추진 사례 등이 보여 주듯, 현 이명박 정부에서 더 노골적이고 담대하게 펼쳐지고 있다.

(2) 정당정치의 저발전

무릇 대의제 민주주의가 제대로 작동하기 위한 가장 기초적인 조건은 정당정치의 활성화다. 이는 앞서 말한 정당의 구조화가 이뤄져야, 즉 정당 체계가 상당한 정체성과 영속성을 유지하고 있는 이념이나 정책 중심 정당들로 형성되어 있어야 가능한 일이다. 그래야 사회경제적 약자 집단들을 포함한 시민사회의 다종다양한 구성원들의 선호와 이익이 이 정당들을 통해 제대로 표출되고 집약될 수 있기 때문이다. 그런데 한국의 정당정치는 아직도 지역이나 인물 중심 정당들에 의해 전근대적으로 불안정하게 진행되고 있다.

불행한 것은 현행 선거제도가 유지되는 한 이런 상태는 앞으로도 계속되리라는 것이다. 앞에서 설명한 소선거구 일위 대표제의 구조적 문제인 소수 대표의 문제와 불비례성의 문제를 떠올린다면 지역주의와 결합된 한국의 소선거구 일위 대표제가 한국 정당정치의 전근대성, 즉 인

표 5-2 | 소수 대표의 문제 : 15대 총선 경기도 안양시 만안구 사례

후보자	유효 득표 수(표)	득표율(%)
권수창 (자유민주연합)	29,612	28.5
박종근 (신한국당)	29,262	28.2
이준형 (새정치국민회의)	29,013	28.0
김준용 (통합민주당)	8,183	7.9
김관렬 (무소속)	739	0.7
김규봉 (무소속)	2,657	2.6
김선배 (무소속)	1,107	1.1
김종박 (무소속)	3,181	3.1
투표수	103,754	-

자료 : 안순철(2000, 94).

물이나 지역 중심 정당들의 지배적 위치를 앞으로도 얼마나 견고하게 유지시켜 갈지 충분히 예측할 수 있다. 간략히 하나씩 살펴보자.

〈표 5-2〉는 경기도 안양시 만안구 선거구의 15대 총선 결과를 정리한 것으로 지역구 차원에서의 소수 대표 문제를 잘 보여 준다. 당시 이 선거구에서 1, 2, 3위는 모두 28퍼센트대의 득표율을 기록했다. 그들 간의 표 차이는 매우 근소했다. 1위와 2위는 350표, 1위와 3위는 599표 차이에 불과했다. 그러나 오직 1위만이 28.5퍼센트의 소수 대표로서 이 지역을 대표할 뿐이었다. 이런 소수 대표의 문제는 매 총선 때마다 나타나는 현상이다. 최근의 두 총선에서 그런 예를 찾아보자면, 1위와 2위 간의 득표율이 각각 37.28퍼센트와 37.26퍼센트로 그 차이는 9표에 불과했던 17대 총선의 충남 당진군 선거구, 그리고 1위와 2위의 득표율이 각각 38.7퍼센트와 38.5퍼센트로 그 차이가 겨우 129표였던 18대 총선의 성남시 수정구 선거구 등 무수히 많다.

지역구 차원에서의 소수 대표 문제는 당연히 국회 전체 차원의 소수 대표 문제가 될 수 있다. 전국의 각 지역구에서 소수 대표를 양산할 경우, 국회는 결국 상당 규모의 소수 대표들로 구성된 기관임을 의미하기

표 5-3 | 50퍼센트 미만의 득표로 당선된 국회의원 현황

	의원 정수 (명)	소수 대표 의원 수 (명)	비율 (%)
13대 총선 (1988년)	224	129	57.6
14대 총선 (1992년)	237	141	59.5
15대 총선 (1996년)	253	174	68.8

자료: 안순철(2000, 96).

때문이다. 이 문제는 〈표 5-3〉에 잘 요약되어 있다. 13대 총선에서 50퍼센트 미만의 득표로 당선된, 즉 소수 대표로 국회에 들어간 의원 수는 무려 전체의 57.6퍼센트에 달했다. 14대 때에는 그보다 더한 59.5퍼센트였으며, 15대에서는 자그마치 68.8퍼센트였다. 소수 대표의 비중이 전체의 70퍼센트에 육박할 정도라면 이런 국회가 과연 다수의 국민을 대표하는 기관이라고 할 수 있는지 의문이 들지 않을 수 없다.

지역 정당들에게 소선거구 일위 대표제에서 발생하는 이 소수 대표의 문제는 많은 경우 오히려 고마운 것이기도 하다. 지역 정당 출신 후보는 경쟁이 아무리 치열해질지라도 (아니 오히려 경쟁이 치열해질수록) 다른 변수가 일정하다면 이른바 지역 프리미엄이 있으므로 '외지' 정당이나 전국 정당 출신의 막강한 경쟁자에 비해 상대적으로 늘 유리한 입지에 있다. 필요하다면 지역감정에 호소해 지역 표의 동원을 극대화할 수도 있다. 이런 조건에서 반드시 50퍼센트가 넘는 득표를 해야 하는 것도 아니고 경쟁자들에 비해 단 1표라도 상대적으로 많은 표만 얻으면 될 뿐인 소선거구 일위 대표제는 당연히 지역 정당의 후보들에게 매우 유리한 것이다. 지역 정당들이 소수 대표를 국회에 많이 보낼 수 있는 이유다.

〈표 5-4〉는 15대 총선 당시 각 선거구에서의 경쟁이 (호남 지역에 비해) 비교적 치열했던 영남과 충청 지역의 득표율과 의석 점유율을 정리한 것이다. 충청 지역에서 자민련은 47퍼센트의 득표로 85.7퍼센트의

표 5-4 | 15대 총선, 영남과 충청 지역의 득표율과 의석 점유율 (단위 : 석, %)

	영남 지역* (총 의석수 : 76)			충청 지역** (총 의석수 : 28)		
	득표율	의석수	의석률	득표율	의석수	의석률
신한국당	42.3	51	67.1	27.8	3	10.7
국민회의	3.6	0	0	8.3	0	0
자민련	14.2	10	13.2	47.0	24	85.7
통합민주당	12.1	3	3.9	9.4	0	0.0
무소속	25.0	12	15.8	6.9	1	3.5
기타	2.2	0	0	0.4	0	0

주 : * 영남 지역 : 경상남도·경상북도·부산·대구의 모든 소선거구.
　　** 충청 지역 : 충청남도·충청북도·대전의 모든 소선거구.

의석을 차지했다. 소수 대표 정당임에도 압도적 다수당이 된 것이다. 반면 신한국당은 27.8퍼센트의 득표율을 보이며 선전했으나 의석 점유율은 10.7퍼센트에 머물렀으며, 통합민주당과 국민회의는 각각 9.4퍼센트와 8.3퍼센트를 득표했음에도 양당 모두 한 석도 얻지 못했다. 자민련이 득표율 47퍼센트로 전체 지역 의석의 85.7퍼센트를 차지했음은 지역 정당인 자민련이 자기 지역의 각 선거구에서 소수 대표를 양산했음을 의미한다. 그것은 영남 지역에서도 마찬가지였다. 신한국당의 득표율은 42.3퍼센트에 불과했으나 의석 점유율은 67.1퍼센트에 달했다. 역시 소수 대표 정당이 압도적 다수당이 된 것이었다. 15대 총선의 이 사례는 소선거구 일위 대표제의 소수 대표 문제가 지역주의와 결합해 지역 기반 정당들에게 얼마나 유리한 선거 정치 환경을 제공하는지를 잘 보여주고 있는 것이다.

　소선거구 일위 대표제의 불비례성 문제 역시 심각하다. 다시 15대 총선의 결과를 살펴보자. 애초에 이 선거는 영남에 기반을 둔 신한국당과 호남의 국민회의, 그리고 충청 지역의 자민련이 벌이는 3파전의 구도를 형성하고 있었다. 그런데 선거를 불과 4개월여 앞두고 통합민주당이 창당되었다. 통합민주당은 지역 할거주의, 금권 부패 정치, 그리고 붕당 맹주 정치의 타파를 목표로 삼아 정책 중심의 개혁적 전국 정당으로 우뚝 서겠다고 선언했다. 깨끗하고 참신한 개혁 정당의 등장을 바라던 많은 시민들은 환호로 이 정당의 출범을 반겼다. 그 결과 급조된 신생 정당임에도 통합민주당의 총선 득표율은 무려 11.2퍼센트에 달했다. 모두가 경탄할 만한 일이었다. 그러나 의석 점유율은 고작 3.6퍼센트(9석)에 불과했다. 각 지역구에서 해당 지역에 뿌리내린 기존의 지역 정당 후보들을 제치고 1등이 될 수 있는 통합민주당 후보들은 많을 수 없었기 때문이다. 말하자면 통합민주당 후보들은 대부분 1위가 아닌 2위 이하에 머물렀으며, 따라서 그들이 획득한 표의 대부분은 사표로 처리되었던 것이다.

반면에 3대 지역 정당들이 누린 소선거구 일위 대표제의 제도적 혜택은 실로 엄청났다. 예컨대, 자민련은 대전과 충남에서 각각 49.7퍼센트와 51퍼센트에 불과한 득표율로 양 지역 모두에서 1백 퍼센트의 의석을 차지했다. 국민회의 역시 광주와 전남에서 각각 86.2퍼센트와 70.9퍼센트의 득표율로 두 지역의 의석 모두, 즉 1백 퍼센트를 독식할 수 있었다. 신한국당은 부산과 경남 지역에서 각각 55.8퍼센트와 46.5퍼센트의 득표율로 해당 지역 의석의 1백 퍼센트와 73퍼센트를 가져갔다. 참고로, 부산과 경남 지역에서 통합민주당은 각각 18.8퍼센트와 14.6퍼센트의 득표율을 기록하며 신한국당에 이어 양 지역 모두에서 선호 2위 정당에 올랐다. 그러나 부산에선 0석, 경남에선 고작 2석(의석 점유율 8.6퍼센트)을 가져갈 수 있었다.

〈표 5-5〉는 17대 총선에서도 불비례성의 문제가 여전했음을 보여준다. 우선 마지막 열의 지역구 1석당 투표수를 보자. 당시 단독 다수당이 된 열린우리당의 경우 6만9,439표로 지역구 1석을 얻어 낼 수 있었

표 5-5 | 17대 국회의원 선거 결과 (단위 : 석, %)

정당	지역구 득표수	득표율		의석수		의석률		지역구 1석당 투표수
		지역구	비례	지역구	전체	지역구	전체	
열린우리당	8,957,665	42.0	38.2	129	152	53.1	50.8	69,439
한나라당	8,083,609	37.9	35.7	100	121	41.2	40.5	80,836
새천년민주당	1,698,368	8.0	7.1	5	9	2.1	3.0	339,673
민주노동당	920,229	4.3	13	2	10	0.8	3.3	460,114
자민련	569,083	2.7	2.8	4	4	1.6	1.3	142,270
국민통합21	63,989	0.3	0.6	1	1	0.4	0.3	63,989
무소속	972,954	4.6	N/A	2	2	0.8	0.7	
기타	64,873	0.3	2.5	0	0	0	0	
총계	21,330,770	100	100	243	299	100	100	

으나 민주노동당은 그 7배에 가까운 무려 46만114표를 필요로 했다. 그
것은 한나라당이나 자민련에 비해서도 현저히 많은 의석당 투표수였다.
이는 지역구에서 2위 이하를 한 민주노동당 후보들이 유난히 많았음을
의미한다. 그들에게 간 표는 모두 사표로 처리됐기에 전체 득표수에 비
해 국회 의석수가 그토록 적었던 것이다. 이것이 바로 소선거구 일위 대
표제의 심각한 불비례성이다. 민주노동당의 지역구 의석 점유율인 0.8
퍼센트는 자신의 득표율인 4.3퍼센트의 5분의 1에도 못 미치는 것이었
다. 반면에 열린우리당은 42퍼센트의 지역구 득표율로 53.1퍼센트의 지
역구 의석을 차지했다. 열린우리당이 상당한 수의 소수 대표 의원을 배
출한 덕이었다. 결국 17대 총선은 앞에서 통합민주당을 중심으로 살펴
본 15대 총선의 경우와 마찬가지로 (지역 거대 정당들에게 유리한 불비례성 효과
로 인해) 지역 기반이 취약한 정책이나 이념 정당은 유력 정당으로 부상
하기는커녕 자신의 득표율에 합당한 의석조차 확보하기 어렵다는 사실
을 확인해 주는 선거였다.

이 같은 현상은 물론 18대 총선에서도 되풀이됐다. 〈표 5-6〉이 이를
잘 보여 준다. 민주노동당에 필요한 지역구 1석당 투표수는 29만1,832

표 5-6 | 18대 국회의원 선거 결과 (단위 : 석, %)

정당	지역구 득표수	득표율		의석수		의석률		지역구 1석당 투표수
		지역구	비례	지역구	전체	지역구	전체	
한나라당	7,478,776	43.5	37.5	131	153	53.4	51.0	57,089
민주당	4,977,508	28.9	25.0	66	81	26.9	27.0	75,416
자유선진당	984,751	5.7	6.8	14	18	5.7	6.0	70,339
친박연대	637,351	3.7	13.2	6	14	2.4	4.6	106,225
민주노동당	583,665	3.4	5.7	2	5	0.8	1.6	291,832
창조한국당	72,803	0.4	3.8	1	3	0.4	1.0	72,803
무소속	1,907,326	11.1	N/A	25	25	10.0	8.3	76,293
기타	570,510	3.3	7.7	0	0	0	0	
총계	17,212,690	100	100	245	299	100	100	

표로 한나라당의 5만7,089표보다 다섯 배가 많았다. 이는 7만 표 정도인 민주당이나 자유선진당의 것보다도 역시 훨씬 큰 표수였다. 18대에서도 이념 정당인 민주노동당의 후보들이 지역구 일위를 차지하기는 매우 어려웠던 것이다. 사표가 양산됐고 당연히 불비례성도 심각했다. 한나라당은 43.5퍼센트의 득표로 지역구 총의석의 53.4퍼센트를 가져갔지만 민주노동당은 3.4퍼센트의 득표로 0.8퍼센트의 지역구 의석을 얻었을 뿐이다.

이념 및 정책 정당의 과소 대표와 지역 정당의 과다 대표 현상은 이렇게 굳어져 왔다. 지역주의를 활용해 소수 대표로 선출된 상당수의 지역 정당 후보들이 자신들의 정당을 역시 소수 대표 정당임에도 국회의 다수당 혹은 거대 정당으로 만들고 있는 이 현상, 즉 앞서 본 '다수당의 제조'가 총선 때마다 되풀이되고 있는 것이다. 여기서 이념이나 정책 중심의 전국 정당들이 설 자리는 협소할 수밖에 없는 것이 한국 정당정치의 현실이다. 요컨대, 소선거구 일위 대표제는 구조적으로 소수 대표의 문제와 불비례성의 문제를 안고 있는데, 그것이 지역주의와 결합되어 운영되는 한국의 선거 정치 환경에서는 정당의 구조화를 기대하기가 더 더욱 어렵다는 것이다.

그런 까닭에 한국 사회의 대다수를 차지하는 비정규직을 포함한 노동자, 자영업자, 중소기업, 도시 빈민 등의 대규모 사회경제 집단들이 특별한 경우를 빼고는 언제나 유력한 정당 대리인 없이 정치적으로 방치되어 있는 상황이 계속되고 있다. 그 사이에 대기업과 부유층 등의 소수 기득권 집단들은 실질적으로 과다 대표되는 반사이익을 계속해서 누리고 있다. 한국식 대의제의 이 지나친 불균형성은 다수제 민주주의의 구조적 문제인 (승자독식에 따른) 사회 혼란과 정치 불안에 대한 취약성을 더욱 증대하고 있다. 예컨대, 우리는 정치적 대리인을 확보하지 못한 사회경제적 약자 집단들이 모종의 위기에 봉착할 때 정당 등을 통하는 이른바 '합헌적 채널'보다는 길거리에서 자신들의 요구 사항을 몸으로 호소하는 이른바 '강압적 채널'을 통해 스스로의 이익을 표출하는 광경을 자주 목격한다. 합헌적인 방법보다 강압적인 방법을 선호해서가 결코 아니다. 그들에게는 합헌적 채널이 충분히 제공되고 있지 않기 때문이다. 결국 사회 갈등이 제도 정치권으로 흡수되어 거기서 체계적으로 조정되거나 관리되지 못하고 길거리에서 충돌하거나 폭발하는 양상은 민주화 이후 사반세기가 지난 지금도 계속되고 있다.

한편, 이와 같이 사회경제적 약자 집단들을 위한 유력한 정치적 대리인이 턱없이 부족한 상황에서 한국의 경제민주화 혹은 실질적 민주주의는 유의미한 발전을 이루지 못하고 있다. 청년 실업과 비정규직 노동자, 그리고 빈곤층 등의 사회적 취약 계층이 지속적으로 증대됨에 따라 사회 양극화는 계속 심화되고 있다. 오히려 실질적 민주주의는 지금 퇴보 중인지도 모른다. 이런 상황을 틈타 한국 사회의 구석구석에서 신자유주의는 날이 갈수록 더욱 기승을 부리고 있다. 신자유주의의 진전은 실질적 민주주의의 퇴보와 궤를 같이하고 있는 것이다.

신자유주의의 대안 체제를 마련해야 한다고 주장하는 이들이 늘고 있음에 그나마 위안을 삼기도 하지만, 그것이 아무리 훌륭한 것일지라도 사회경제적 대안 작성 그 자체만으로는 아무런 도움이 될 수 없다. 문제는 실현 가능성이다. 사실 신자유주의의 부상은 정치적 기획의 산물이지 자연스러운 사회경제적 현상이 아니다(최태욱 2009). 그렇다면 이제 한국의 시민사회는 정치적 대안을 마련하는 데 오히려 더 많은 힘을 쏟아야 한다. 작금의 한국식 다수제 민주주의하에서 실질적 민주주의의 발전을 도모하거나, 신자유주의의 사회경제적 대안 체제 형성을 꾀하는 일은 거의 불가능에 가깝다. 이는 한국형 합의제 민주주의가 발전한 이후에나 혹은 최소한 그것과 병행되어야만 가능할 것이다.

4. 한국형 합의제 민주주의에 대한 기대

1) 합의제 민주주의의 포괄성

노동 등의 특정 사회 세력을 배제하지 않고, 가능한 한 모든 사회 구성원을 정치과정에 참여하게 하는 포괄의 정치는 다수제가 아닌 합의제 민주주의에서 발전할 수 있다는 사실은 상식에 부합하기도 하거니와 실증적으로도 이미 여러 연구에 의해 증명된 바 있다(Crepaz and Birchfield 2000; Iversen and Soskice 2006).[8] 다수제형 민주 정부가 오직 다수majority of the people를 대표하는 정부라면, 합의제형 민주 정부는 소수파들이 포함된 최대 다수as many people as possible를 대표하고 책임지는 정부라는 서술이 시사하는 바는 크다(Lijphart 1984, 4).

합의제 민주주의의 본질이 포괄성에 있다고 할 때, 그것을 가능케 하는 핵심적 제도 기반은 비례대표제라 할 수 있다. 선거제도의 높은 비례성 덕분에 약자와 소수자를 포함한 다양한 사회 세력들을 대변하는 다수의 정책 및 이념 정당들이 의회에 진출할 수 있으며, 이는 대부분의 경우 다당제하의 연립정부 형태로 이어지곤 한다. 그리하여 앞서도 밝힌 바와 같이, 비례대표제·다당제·연립정부 등으로 이어지는 하나의 제도 패키지가 조성되며 협의주의 정치가 펼쳐지게 된다. 이처럼 비례대표제가 그 자체로서 포괄의 정치를 의미하는 협의주의 정치를 추동하는 것이다.

한편, 앞서 본 대로 이 협의주의 정치는 합의제 민주주의의 5대 특성 중 하나인 사회적 합의주의와 강한 친화성을 갖는다. 협의주의와 사회적 합의주의가 동일한 구조적 성격을 지니고 있을 뿐만 아니라, 양 제도를 운영하는 핵심 주체들은 현실의 정치경제에서 상호 보강적인 밀접한 관계를 맺고 있기 때문이다. 수많은 실증 연구에서 양자 간의 높은 상관관계가 증명되는 것은 지극히 당연한 일로 여겨진다.

결국 합의제 민주주의는 비례대표제를 시작으로 해 상호 맞물려 있는 다당제와 연립정부라고 하는 포괄성 높은 정치제도들, 그리고 그 협의주의 정치제도들과 친화성을 유지하는 포괄성 높은 사회경제 제도, 즉 사회적 합의주의 등으로 이뤄진 민주주의 체제인 것이다. 따라서 포괄의 정치(경제)는 다수제 민주주의에서보다는 (다른 조건이 일정하다면) 포

8_ 합의제 민주주의의 포괄성과 그것이 낳는 정치 및 사회경제적 효과에 대한 본 절, 특히 다음 2)항의 (2)에 정리된 내용은 주로 최태욱(2010)의 관련 부분을 (재)인용하거나 축소·보완한 것임을 밝힌다.

괄성이 제도화 혹은 내장되어 있는 합의제 민주주의에서 더욱 잘 보장된다는 것은 당연한 이치라 할 것이다.

2) 합의제 민주주의의 세 차원에서의 사회 갈등 조정 기능

(1) 정치 레짐의 차원

포괄의 정치가 실현되는 합의제 민주주의에서 사회 갈등의 조정과 관리가 좀 더 수월한 이유는 크게 세 가지다. 첫째는 정치 레짐의 차원에서 일어나는 것으로, 포괄의 정치 그 자체가 갖는 사회 통합 효과 덕분이다. 이 효과는 정확히 말해서 협의주의 정치가 낳는 것이다. 앞서 말했듯이, 협의주의 정치를 작동케 하는 제도 패키지는 비례대표제, 구조화된 (온건)다당제, 그리고 연립정부로 구성된다. 물론 여기서 가장 기본적이며 중요한 것은 구조화된 다당제다. 주요 사회 세력들 모두에게 동등하고 효과적인 정치 참여를 보장하는 포괄의 정치는 일단 그 다양한 세력들을 대변할 수 있는 여러 유력 정당들이 이념과 정책 기조에 따라 배열되어 있는 구조에서만 가능한 일이기 때문이다. 비례대표제는 그것이 이 구조화된 다당제의 발전을 촉진하기 때문에 중요한 제도이다. 말하자면 도구적 제도로서의 중요성이 크다는 것이다.

그러나 연립정부 형태의 권력 구조는 협의주의 정치제도 발전의 최종 목표라 할 수 있다. 구조화된 다당제가 입법부에서의 포괄 정치를 촉진하는 것은 명백한 사실이지만, 그 자체가 자동적으로 행정부에서의 포괄 정치 발전으로까지 이어지는 것은 아니다. 예컨대, 구조화된 다당제 국가에서도 독선적인 단일 정당정부의 탄생은 얼마든지 가능한 일이다. 행정부의 포괄 정치를 보장하는 것은 연립정부의 형성이다. 그리고 그것은 분권형 대통령제나 의원내각제하에서 비로소 안정화 혹은 제도화된다.[9] 요컨대, 구조화된 다당제는 분권형 대통령제나 의원내각제 등과 결합할 때 비로소 (제도적 조화를 이루며) 안정적인 협의주의 정치 틀의 완성으로 귀결된다는 것이다.

이렇게 완성된 협의주의 정치 틀에서는 사회경제적 약자들을 포함한 갈등 주체들의 선호와 이익이 동등하고 효과적인 참여 보장에 의해 정치 과정에 제대로 투입된다. 이는 사회적 갈등이 정당을 통해 제도 정치에 흡수되어 체계적 절차에 따라 조정된다는 것을 의미한다. 그것은 입법부에서만 일어나는 과정이 아니다. 구조화된 다당제 국가에서의 의원내각제나 분권형 대통령제는 연립정부의 형태를 띠게 되므로 행정부에서도 서로 다른 여러 정당들 간의 협조와 타협이 지속적이고도 교차적으로 일어난다. 따라서 여기서는 사회정책이나 경제정책 등이 사회경제적 강자들의 이익에 편향되어 수립되거나 집행될 가능성은 낮다. 이는 합의제 민주주의에서 사회 통합이 안정적으로 유지되는 정치적 이유다.

(2) 생산 레짐 차원

둘째, 생산 레짐 차원에서 보자면, 합의제 민주주의가 조정 시장경

9_ 물론 권력 구조를 아예 의원내각제나 분권형 대통령제 등으로 전환하지 않더라도 삼권분립의 강화나 양원제의 도입 등을 통해 대통령의 권한을 상당히 축소할 경우 연합 정치와 친화적인 대통령 중심제가 운영될 수도 있다. 그러나 역시 안정적인 연정형 권력 구조는 그 연정형 체제가 제도로 보장되는 의원내각제나 분권형 대통령제라고 할 수 있다.

제와 성질상 상호 친화적일 뿐만 아니라, 많은 경우 조정 시장경제의 발전을 촉진하기 때문이다. 생산 레짐론에 기초한 자본주의의 다양성 논의에 따르면 세계 자본주의는 '자유 시장경제'와 '조정 시장경제'의 두 유형으로 나뉜다(Hall and Soskice 2001). 단순화해서 말하자면, 조정 시장경제에서는 시장이 국가 혹은 사회와 상호 '맞물려'embedded 돌아가는 반면, 자유 시장경제에서는 그런 맞물림의 관계가 '풀려서'disembedded 시장이 자율적으로 작동하는 것이라고 할 수 있다. 다시 말해 조정 시장경제에서는 시장에 대한 국가 및 사회의 조정 혹은 개입이 상시적으로 일어나지만, 자유 시장경제에서는 금융 체계, 노사 관계, 숙련 형성 체계, 고용 체계 등의 모든 생산 관련 제도들이 기본적으로 기업에 의해 시장의 원리에 따라 '자유롭게' 작동된다는 것이다.

조정 시장경제 체제의 대표적 사례는 독일을 비롯한 서유럽 선진국들과 북유럽 국가들에서 찾을 수 있는데(그래서 이를 유럽형 자본주의라고 부른다) 이 나라들에서는 시장의 조정이 주로 앞서 말한 사회적 합의주의 방식에 의해 이뤄진다. 흔히 '노사정 3자 협약의 정치경제'라고 불려 왔던 이 사회적 합의주의는 효과적인 집단행동을 하기에 충분할 만큼 잘 조직된 주요 이익집단들이 국가의 사회경제정책 수립 과정에 직접 참여하도록 함으로써, 사회적 공감대의 형성을 전제로 시장 조정을 원활하게 하는 민주적 거버넌스 체계라 할 수 있다. 여기서 특히 주목할 것은 노동 등의 사회경제적 약자 그룹들이 이 거버넌스 체계의 주요 구성원이라는 사실이다. 이들의 동등하고 효과적인 참여가 제도화되어 있으므로 이 사회 합의주의적 거버넌스에 의해 규율되는 조정 시장경제 체제에서는 복지 체계가 발달하기 마련이다. 유럽형 자본주의를 사회경제적 갈등이 철저히 잘 관리되고 조정되는 '사회적 합의주의 모델'이나 '복지 자본주의'라고 부르는 까닭이다.

한편, 영미식 자본주의 체제라 불리는 자유 시장경제 체제의 핵심 가치는 '경제적 자유'다. 국가나 사회의 조정과 개입이 최소화된 상태에서의 경제적 자유란 사실 강하고 능력 있는 경제주체들만의 자유일 뿐이다. 사회의 다수를 구성하는 경제적 약자들은 그저 주변화되기 십상이다. 양극화는 당연한 귀결이다. 그렇다고 사회경제적 약자들의 거버넌스 참여가 안정적으로 보장되는 것도 아니다. 여기서 사회 갈등 문제를 조정 혹은 완화해 줄 복지·형평성·연대 등의 가치가 중시되거나 존중될 가능성은 매우 낮다.

합의제 민주주의는 이 자유 시장경제에 비해 좀 더 분배 친화적 혹은 사회 통합형 자본주의 유형이라고 하는 조정 시장경제와 친화성을 유지한다. 심지어는 그 조정 시장경제의 발전을 촉진하기까지 한다. 합의제 민주주의 국가들에서 사회 갈등 문제가 덜 심각한 것은 바로 이 때문이다. 그런데 이처럼 합의제 민주주의와 조정 시장경제 간의 상관관계가 성립되는 이유는 무엇일까? 이 문제를 풀기 위해 우리는 유럽의 조정 시장경제 국가들은 모두 자기 나름의 사회적 합의주의를 운영하고 있으며, 또한 거의 예외 없이 비례대표제, 다당제, 연립 내각제라고 하는 합의제 민주주의의 핵심 정치제도들을 택하고 있다는 사실에 주목할 필요가 있다(Swank 2002). 합의제 민주주의와 조정 시장경제가 친화성을 유지하게 되는 핵심 연결 고리가 바로 이 제도 조합들 때문인 것이다. 앞서 설명한 대로, 사회적 합의주의는 조정 시장경제의 근간을 이루는 경제 거버넌스이다. 그리고 그것은 합의제 민주주의의 협의주의 정치제도들과 '같이 가는' 관계에 있다. 따라서 사회적 합의주의가 맺고 있는 협의주의 제도들과의 친화성은 사회적 합의주의와 합의제 민주주의 간의 친화성으로 이어지게 된다. 즉 합의제 민주주의와 조정 시장경제의 교집합에 해당하는 사회적 합의주의가 양 체제를 친화성의 관계로 연결해 준다는 것이다.

양 체제 간에는 친화성을 넘는 좀 더 밀접한 관계가 존재할 수도 있다(Gourevitch 2003). 설령 인과관계까지는 아닐지라도, 포괄성을 특징으로 하는 합의제 민주주의가 조정 시장경제를 촉진하는 관계에 있다는 것은 분명한 사실로 보인다. 합의제 민주주의는 조정 시장경제의 발전에 좀 더 유리한 정치제도 조건을 제공하기 때문이다. 이 관계를 사회적 합의주의의 작동 조건을 중심에 놓고 좀 더 자세히 살펴보자.

어떤 방식이든 간에 사회적 합의주의를 제도화해 그것을 토대로 하는 조정 시장경제를 발전시키고자 한다면, 무엇보다 참여 집단들 간의 동등한 파트너십을 보장하는 것이 중요하다. 그것이 보장되지 않을 경우 사회적 협의나 합의의 장은 지속되지 못한다. 예컨대, 만약 사회적 합의 과정이나 이후 그 합의 내용에 관해 벌어지는 정치적 결정 과정에서 노동의 의견이 무시되기 일쑤라면 노동은 더 이상 그런 거버넌스 운영에 참여하지 않을 것이고, 따라서 사회적 합의주의는 작동을 멈추게 될 것이다. 여기서 정부의 역할이 중요하다. 정부는 노동이나 중소 상공인 등의 사회경제적 약자 집단들을 '특별' 지원함으로써 그들이 자본이나 대기업 등의 강자 집단과 동등한 파트너십을 유지할 수 있도록 해주는 역할을 수행해야 한다.

그런데 정부의 이런 역할은 바로 합의제 민주주의에서 기대하기 용이한 것이다. 예컨대, 그 정부는 약자일 수밖에 없는 노동에 힘을 실어 노사 관계가 동등한 파트너십을 전제로 해 건설적이고 평화적으로 유지될 수 있도록 해야 한다. 그렇다면 거기에는 유력한 친親노동 정당이 있어서 그 정당이 노동의 편에 서서 정부의 정책 결정에 상시적으로 상당한 영향을 끼칠 수 있어야 한다. 중소 상공인이나 농민의 경우도 마찬가지다. 이 그룹들 역시 (그들이 만약 사회 협약 체제의 파트너로서 참여할 필요가 있다면) 각각 자신들의 정치적 대리인을 확보하고 있어야 한다. 말하자면 조정 시장경제의 기초인 사회적 합의주의가 제대로 작동되기 위해서는 주요 사회경제 집단들의 선호와 이익을 정치적으로 대리할 수 있는 이념 혹은 정책 정당들이 포진해 있는 이른바 '구조화된' 다정당 체계가 필요하다는 것이다(Hamann and Kelly 2007). 이것이 합의제 민주주의의 전형적 정당 체계임은 앞서 지적한 대로다. 결국 사회 합의제형 조정 시장경제의 발전은 합의제 민주주의를 필요로 한다는 것이다.

(3) 복지 레짐 차원

합의제 민주주의에서 사회 갈등의 조정과 관리가 좀 더 수월한 세 번째 이유는 합의제 민주주의가 복지국가의 발전을 돕기 때문이다.[10] 복지국가는 노동시장에서의 1차 분배 과정 이후에도 조세나 복지 정책 등을 통한 2차 분배 과정의 중요성을 강조함으로써 사회경제적 약자일 지라도 사회 공동체의 당당한 구성원으로서 양질의 삶을 누릴 수 있도록 최선을 다한다. 제대로 된 복지국가에서 이익 분배를 둘러싼 갈등이 큰 사회적 문제가 되지 않는 것은 이 때문이다.

그런데 이런 복지국가의 건설은 '친복지 세력'의 장기 집권을 필요로 한다. 복지국가의 건설을 위해서는 최소한 두 가지 정치 조건이 필요하다는 얘기다. 하나는 친복지 세력이 집권(참여)해야 한다는 것이고, 다른 하나는 그 복지 중시 정권이 충분히 오래가야 한다는 것이다. 복지국가

10_ 합의제 민주주의와 복지국가 발전에 관한 아래 내용의 상당 부분은 최태욱(2011a)에서 발췌·(재)인용한 것이나.

란 워낙 오랜 기간 동안 지속적으로 많은 비용과 정성을 들여야 세워지는 것이기 때문이다. 이렇게 본다면 한국의 현 정치 구도하에서 복지국가의 건설은 요원한 일이 된다. 친복지 세력이 장기 집권을 할 가능성은 매우 낮기 때문이다. 한국식 다수제 민주주의가 지속된다면 그것은 앞으로도 마찬가지일 것이다.

우선 친복지 세력이 과연 집권을 운운할 수 있을 정도로 효과적인 정치력을 확보할 수 있겠는가 하는 문제가 있다. 친복지 세력을 보편적 복지국가의 건설을 선호하고 지지하는 사회경제 집단들의 총합으로 정의할 때, 거기에는 복지 확대의 수혜 계층 모두가 포함된다. 한국적 상황에서는 특히 복지 수요가 매우 높은 실업자, 비정규 노동자, 그리고 자영업자 계층 등이 가장 적극적인 (실제 및 잠재적) 친복지 세력 구성원으로 이해되고 있다.[11] 한국에서는 현재 이 친복지 세력의 복지 확대 요구가 증대되고 있는 것이 사실이다. 신자유주의의 폐해가 쌓여 감에 따라 그 반작용으로 복지에 대한 잠재적 욕구가 현실에서 서서히 분출하고 있는 것이다. 그러나 한국의 정치 현실에서 '지배 연합 집단'winning coalition 을 형성하고 있는 쪽은 예나 지금이나 여전히 (스완크의 복지 정치 분석 맥락에서 보자면 '신자유주의 세력'에 해당하는) 반복지 세력이다(Swank 2002). 정계·관계·재계·학계·언론계·문화계 등 사회 전반에 걸쳐 이 신자유주의 세력은 견고한 기득권 체제를 형성하고 있다. 몇 겹으로 둘러싸인 이 두터운 기득권층을 통과해 점증하는 복지 확대 요구가 실제 소기의 정책 결

11_ 주로 대기업에 집중되어 있는 한국의 정규직 노동자들은 상대적인 고임금에 더해 상당한 기업 복지의 혜택을 받고 있으므로 증세 등이 요구되는 복지국가 건설에는 적극적으로 나서지 않는 것으로 파악되고 있다. 국가 혹은 사회 차원에서의 복지 확충을 위해 필요한 추가 비용 부담을 꺼려한다는 것이다. 결국 한국의 유력한 친복지 세력은 비정규직 노동자와 자영업자 중심으로 이뤄질 전망이다(김정진 2010).

과로 이어지기 위해서는 친복지 세력이 상당한 정치력을 확보해 놓아야 한다. 말하자면, 기득 세력의 저항을 뚫을 수 있을 정도의 힘을 갖춘 친복지 정당(들)이 필요하다는 것이다.

그러나 앞서 살펴본 대로 한국식 다수제 민주주의에서는 친복지 정당과 같은 이념 혹은 정책 정당이 유력 정당으로 부상할 가능성이 희박하다. 주요 이익집단들의 선호와 이익이 효과적으로 고루 대변될 수 있는 포괄적 정당 체제가 아니기 때문이다. 물론 제1야당인 민주통합당이 최근 '보편적 복지'를 강령에 포함하는 등 복지 정책을 강화하기 위해 노력하는 모습을 보이고는 있지만, 민주당을 안정적인 친복지 정당이라고 인정하기는 어려운 것이 사실이다. 친복지 정당은 당의 존립 근거 혹은 지지 기반이 주로 '친복지 세력'인 정당을 의미하는데, 민주당은 여전히 지역에 기반을 둔 선거 전문 정당으로서의 성격이 강하기 때문이다.

다음으로는 장기 집권의 가능성에 관한 문제다. 설령 친복지 세력이 어떻게 유력 정당을 키워 내어 정권을 잡게 된다 할지라도 그 정권이 장기 집권을 할 수 있겠느냐는 것이다. 거의 불가능한 일이다. 다수제 민주주의에서는 친복지 정당이든 아니든 그 어느 정당도 장기 집권을 하기가 매우 어렵다. 한국이 예외일 까닭은 전혀 없다. 가령 민주당이 진정한 친복지 정당으로 거듭난 후 정권을 잡았다고 치자. 민주당 자신과 야당들, 그리고 시민사회의 친복지 및 반복지 세력들은 그 민주당 정권이 과연 얼마나 오래갈 것으로 기대 또는 예측할 수 있겠는가. 장기 예측이 불가능한 상황에서 민주당은 중산층 이상으로부터의 조세 저항이나 '반복지 세력'의 훼방 등에도 불구하고 획기적인 조세개혁이나 복지 강화 정책을 자신 있게 수립하고 집행할 수 있겠는가. 쉽지 않은 일일 것이다. 게다가 정권이 신자유주의 세력으로 다시 바뀌면 민주당이 그나마 추진해 온 복지국가 건설 작업은 바로 거기서 중단될 뿐이다. 그것이 승자 독식 민주주의의 현실이다. 실제로 우리는 미국이나 영국과 같은 다수제 민주주의에서 민주당에서 공화당으로 혹은 노동당에서 보수당으로 정권이 교체되면 국가의 이념이나 정책들이 일시에 전환되는 경우를 자주 목격한다. 다수제 민주주의에서는 복지국가 건설에 필요한 정책의 장기적 지속성 혹은 안정성이 결코 보장되지 않는다는 것이다.

결국 합의제 민주주의로의 전환을 모색해야 한다. 그래야 보편주의 복지국가가 안정적으로 발전할 수 있다. 합의제 민주주의는 첫째, 유력한 친복지 정당의 부상을 돕고, 둘째, 그런 정당의 정권 혹은 정책 결정 과정에 대한 참여를 용이하게 하며, 셋째, 그렇게 형성되고 운영되는 복지 중시 정권의 장기 집권 가능성을 높여 주기 때문이다. 여기서 첫째와 둘째는 이 절의 1)항에서 설명한 '합의제 민주주의의 포괄성'이 창출하는 효과다. 즉 비례대표제, 온건 다당제, 연립정부 등의 합의제 정치제도들은, 주로 사회경제적 약자들로 구성되는 친복지 세력으로 하여금 유력 정당을 자신의 정치적 대리인으로 삼을 수 있게 하며, 또한 그 정당이 연립정부의 구성에도 참여할 수 있게 한다는 것이다.

셋째인 복지 중시 정부의 장기 집권 가능성에 대해서는 별도의 설명이 필요하다. 이는 사실상 합의제 민주주의의 '정책 안정성'policy stability에 관한 설명이다. 복지국가를 건설하는 데 정책 안정성이 중요하다는 것은 아무리 강조해도 지나치지 않는다. 영국도 한때는 칭송받는 복지 국가군에 속했다. 그러나 '복지병'을 치유하겠다는 대처 수상이 집권한 뒤로 영국의 복지 체제는 급격하게 잔여주의적 성격이 강해졌다. 영국만이 아니다. 다수제 민주주의 국가들은 대부분 신자유주의 세계화에 직면하자 복지 축소 정책을 과감하게 단행했다. 포괄의 정치가 아닌 승자 독식 혹은 배제의 정치가 발달한 까닭에 정책 안정성이 보장되지 않기 때문이었다.

272

다수제와 비교할 때 합의제 민주주의에서의 정책 안정성은 매우 뛰어나다. 합의제 민주주의의 일반적 정부 형태가 연립정부 등과 같은 협의주의형이기 때문이다. 연립정부에서는 기본적으로 국가정책이 특정 정당의 독주에 의해 결정될 수가 없다. 그것은 항상 연립을 구성하는 다수 정당들 간의 합의나 협의에 의해서만 결정된다. 사실 많은 경우 연립정부는 중도 성향의 정당을 중심으로 해 그것의 좌우 최근 거리에 있는 몇몇 정당들이 구성한다. 이와 같이 연립은 애초부터 정책 및 이념의 차이가 크지 않은 정당들 간에 일어나는 것이므로 정책 결정 과정에서는 그들 사이에 협조와 타협이 비교적 쉽게 이뤄진다. 더구나 일단 연립정부가 형성되면 참가 정당들은 서로 견제와 균형을 통해 일정한 정책 수렴에 이르곤 한다. 설령 선거를 통해 참가 정당 중의 일부가 바뀐다고 해도 그들 사이의 정책이나 이념 차이는 여전히 크지 않으므로 정책 수렴 노력은 지속된다. 이것이 합의제 민주주의 국가의 정책 기조가 큰 변화 없이 장기간 지속되는 경향을 보이는 핵심 이유다.

합의제 민주주의에서는 예컨대 사민주의나 진보적 자유주의 정당 등의 친복지 정당이 연립정부에 참여할 가능성이 언제나 열려 있다. 비례대표제에는 통상 봉쇄threshold 조항이 있어, 정책이나 이념 정당들을 중심으로 다당제가 구조화된다 해도, 유효 정당의 수는 대개 3개 내지 5개 정도에 불과하기 때문이다. 친복지 정당이 연립정부의 구성원이 될 경우 그 당의 복지 중시 기조는 당연히 정부의 정책 결정 과정에 반영된다. 친복지 정당의 직접 영향력으로 인해 연립정부가 친복지 기조를 띠게 된다는 것이다. 그리고 설령 어느 시점에 그 친복지 정당이 연립정부에서 탈퇴한다 할지라도 유력 야당으로 제도권에 머물러 있는 한 정부에 대한 당의 간접 영향력은 여전히 유지될 수 있다. 의회 내 권력이 남아 있기 때문만이 아니다. 현재의 연립정부를 구성하고 있는 정당들은 다른 어느 시점에 또다시 자신들의 연정 파트너가 될 수 있는 친복지 정당의 정책 선호를 무시할 수 없기 때문이다. 결국 유력한 친복지 정당의 존재만으로도 국가정책의 복지 지향성은 상당 정도 안정적으로 유지될 수 있다. 더구나 친복지 정당이나 복지 중시 정당이 하나만 있는 것이 아니라 진보와 중도 진보, 그리고 중도 보수 진영에 걸쳐 복수로 존재하는 경우, 그런 정당 체계에서의 연립정부는 (물론 정도의 차이는 있겠지만) 사실상 언제나 친복지 정부로서의 성격을 유지하게 된다. 이는 복지 중시 정부의 실질적인 장기 집권을 의미하는 것이기도 하다.

지금까지 합의제 민주주의가 복지국가 건설에 기여하는 까닭을, 포괄 정치를 촉진하는 합의제적 정치제도들의 효과 덕분인 것으로 설명했다(Iversen and Soskice 2006). 그러나 합의제 민주주의는 그렇게 직접적인 영향력을 끼치는 것 외에도 간접적인 방식으로 복지국가 건설에 기여한다. 바로 조정 시장경제를 촉진한다는 점이다. 합의제 민주주의가 사회 합의제적 조정 시장경제와 친화성을 유지하며 그것의 발전을 돕는다는 사실은 앞에서 본 대로다. 그런데 그 조정 시장경제는 통상 잘 발달된 복지 체제와 같이 간다. 실제로 조정 시장경제와 복지국가 간에는 전자를 복지 자본주의라고 부를 정도로 강력한 상관관계가 존재한다(Estévez-Abe, Iversen, and Soskice 2001; Huber and Stephens 2001; Iversen 2005). 결국 합의제 민주주의는 조정 시장경제의 촉진을 통해서도 복지국가의 건설에 이바지하는 셈이다.

이 절의 주장을 요약하자면, 첫째, 합의제 민주주의야말로 절차적 민주주의의 소임인, 정당이 주체가 되는 포괄 정치의 발전을 가능케 하는 민주주의라는 것이다. 그리고 사회 갈등의 조정과 관리는 바로 이 합의제 민주주의에서 좀 더 수월해진다는 것이 또 다른 핵심 주장이다. 크게 세 가지 이유를 들었다. 하나는 합의제 민주주의의 포괄 정치 그 자체가 사회 갈등 조정 기능을 수행하기 때문이며, 다른 둘은 그 합의제 민주주의가 조정 시장경제와 복지국가의 발전에 기여하기 때문이라는 것이다. 결국 합의제 민주주의가 정치·경제·사회체제 등의 제 차원에서 사회적 갈등을 조정하고 관리하기에 유리한 조건과 환경을 제공한다는 것인데,[12] 그렇다고 한다면 우리가 한국형 합의제 민주주의의 발전에 기대를 걸 만한 이유는 충분하다고 할 것이다.

5. 나가는 말

합의제 민주주의가 다수제에 비해 '좀 더 친절하고 다정한'kinder and gentler 사회를 만들어 낸다는 것은 이론과 경험이 공히 증명하는 바다(Lijphart 1999, 275-300). 합의제 민주주의에 가까운 사회일수록 약자나 소수자에 대한 배려가 철저하며(선학태 2005, 402-408), 조세나 복지 정책 등을 통한 재분배 수행 능력이 더 높고(Crepaz 2002), 따라서 사회 통합도와 정치 안정도 역시 더 우수하다(Armingeon 2002). 그렇다면 이익 분배를 둘러싼 사회 갈등 문제가 이 합의제 민주주의에서 더 잘 관리되고 조정된다는 것은 지극히 당연한 사실이라 할 것이다.

한국의 사회 갈등은 시간이 갈수록 그 폭과 깊이 그리고 거칠기가 더해지고 있다. 사회 통합의 위기를 우려해야 할 정도다. 이 문제를 해결하기 위해서라도 한국의 사회과학자들은 이제 한국형 합의제 민주주

12_ 합의제 민주주의와 조정 시장경제, 그리고 보편주의 복지국가 간에 존재하는 높은 상관관계에 대해서는 Soskice(2008)와 이주하(2010)를 참조.

의 만들기에 상당한 관심과 열정을 쏟아야 할 듯싶다. 선거제도, 정당
체계, 권력 구조 등과 관련된 구체적인 제도를 설계할 필요가 있고, 제
도 개혁의 현실적 방안과 순서 등도 면밀히 연구되어야 한다. 가능하다
면 뜻을 같이할 수 있는 정계·재계·언론계 및 시민사회단체 등의 인사
들과 분업 및 협업 관계를 맺어 체계적으로 이 개혁 작업을 추진해야 한
다. 무엇보다 일반 시민들로부터 개혁 여론을 동원하는 것이 급선무다.

제도의 설계 및 개혁 방안에 대한 좀 더 자세한 얘기는 이 책에서 할
성질의 것이 아니다. 다만 이것 하나만은 강조하고 싶다. 비례대표제가
핵심이라는 것이다. 한국형 합의제 민주주의를 위한 제도 설계는 어떤
비례대표제인가의 문제에서부터 시작되어야 하며, 한국형 합의제 민주
주의를 위한 개혁 작업은 어떻게 그 비례대표제를 도입할 것인가의 문
제에서부터 시작되어야 한다. 포괄적 정당 체계를 만들기에 충분한 비
례성만 확보된다면 합의제 민주주의의 다른 요소들은 다소 시간이 걸릴
지라도 결국엔 채워지기 마련이다(최태욱 2011a). 제대로 된 비례대표제
만 도입되면 합의제 민주주의는 발전해 간다는 것이다.

다행히 한국 사회에서 이 비례대표제의 중요성에 대한 인식이 점차
확산되어 가고 있다. 진보든 보수든, 노동계든 재계든, 가난하든 부자이
든, 합리적 인사라면 누구나 비례대표제의 확대가 한국의 사회 통합에
기여하리라는 사실에 동의한다. 특히 반가운 일은 최근 복지국가 담론
이 각광을 받으면서 비례대표제 담론까지 동반 부상하고 있다는 사실이
다. 물론 거기에는 그런 담론 확산을 위해 앞장서서 일하는 '길잡이'path-
finder들이 있다. 노회찬 통합진보당 대변인도 그중 한 사람이다. 그는 요
즘 정치권의 최대 화두인 야권 연대 혹은 야권 연합 정치의 형성 방안으
로 일찍이 'PR(비례대표제)연대'를 제안해 주목받아 왔다. PR연대의 지상
목표는 2012년의 총선과 대선에서 야권 연합이 승리해 소선거구제 중

심의 현행 선거제도를 실질적인 비례대표제로 개혁해 내자는 것이다. 참으로 다행인 것은, 2012년 3월 10일 민주통합당과 통합진보당이 그 PR연대 형성에 실질적으로 합의했다는 사실이다. 양당은 보편적 복지 및 경제민주화와 관련된 여러 정책들과 함께 독일식 비례대표제의 도입 등을 포함한 선거제도의 혁신을 야권 연대의 공동 정책으로 채택했다.

　PR연대의 중요성을 새삼 여기서 강조하는 것은, 그런 연대 덕분에 실제로 전면 비례대표제에 가까운 비례성 높은 선거제도가 도입됐을 경우 어떤 과정을 거쳐 복지국가 건설의 정치 조건인 친복지 세력의 장기 집권이 가능해지는지를 거칠게나마 상상해 봄으로써 이 글의 마무리를 대신하기 위함이다. 개혁의 핵심은 비례대표제라는 사실이 다시 한 번 충분히 강조될 수 있기를 바란다. 다음의 상상문은 『경향신문』 2011년 4월 15일자에 실린 필자의 칼럼에서 발췌한 것이다.

[비례성이 획기적으로 높아져 실질적인 전면 비례대표제 또는 그에 가까운 선거제도가 된다면] 기존의 진보 정당[들]이 약진할 것은 자명하다. 진보 정당은 2004년 17대 총선에서 민주노동당이 기록했던 13퍼센트대의 득표율만을 다시 회복해도 전면 비례대표제하에서는 무려 39석의 의석을 점하게 된다. 지난해 '보편적 복지'를 강령에 포함한 민주당은 아마도 중도 진보 정당으로의 자리매김 작업에 보다 적극적으로 나설 것이다. 새로운 선거 정치 환경은 선명한 이념과 가치를 요구하기 때문이다. 바로 그 이유 때문에 한나라당[지금의 새누리당]은 어쩌면 내홍에 휩싸일 수 있다. 개혁파들은 과거에 시도했던 중도 보수 정당으로의 전환을 다시 요구하는 반면, 보수파는 보다 선명한 보수 색채를 고집할 것이기 때문이다. 10퍼센트의 지지율만으로도 30석짜리 유력 정당이 될 수 있다는 비례대표제의 유인으로 인해 개혁파가 결국 독자 정당화의 길을 걷게 되면 한국의 정당 구도는 유력 정당 넷으로 구성되는 온건 다당제가 된다.

이 구도하에선 어느 정당도 홀로 의회 다수당이 될 수 없다. 다수파의 형성은 언제나 연합 정치만으로 가능하다. 비례대표제의 연합 정치 제도화 효과인 것이다. 이때 '복지 주도파'인 진보 및 중도 진보의 복지국가 프로젝트는 '복지 수용파'인 중도 보수를 연합의 파트너로 맞음으로써 안정적으로 지속될 수 있다. 넷 중 세 정당들 간의 연합은 필경 의회 다수파의 형성일 것이기 때문이다. 복지국가 담론이 지배적인 한 중도 보수가 이 제안을 거부할 이유는 없다. 이 연합 세력이 복지국가 연립정부의 형성과 장기 존속을 위한 정당 및 의회 기반이 될 수 있음은 물론이다. PR연대를 시발점으로 하는 복지 세력의 장기 집권 전략은 이런 식으로 수행되어 갈 수 있다.

| 참고문헌 |

김정진. 2010. "복지확대를 위한 증세." 진보신당 상상연구소 엮음.『리얼 진보』. 레디앙미디어.
김정훈. 2007. "민주화 20년의 한국 사회 : 기로에 선 한국 민주주의."『경제와 사회』통권 제74호.
샤츠슈나이더, E. E. 2008.『절반의 인민주권』. 현재호·박수형 옮김. 후마니타스.
선학태. 2005.『민주주의와 상생정치』. 다산출판사.
안순철. 2000.『선거체제비교 : 제도적 효과와 정치적 영향』. 법문사.
이종찬. 2000. "권력구조 운영, 위임 대통령제, 한국 사례." 국제평화전략연구원 엮음.『한국의 권력구조 논쟁 II』. 풀빛.
이주하. 2010. "민주주의의 다양성과 공공성 : 레짐이론을 중심으로."『행정논총』48권 2호.

최장집. 2007a. "민주주의를 둘러싼 오해에 대한 정리 : 절차적 민주주의의 재조명." 최장집·박찬표·박상훈. 『어떤 민주주의인가 : 한국 민주주의를 보는 하나의 시각』. 후마니타스.

_____. 2007b. "강력한 대통령제는 한국 민주주의 발전에 얼마나 기여하는가." 최장집·박찬표·박상훈. 『어떤 민주주의인가 : 한국 민주주의를 보는 하나의 시각』. 후마니타스.

최태욱. 2009. "신자유주의는 어디서 와서 어디로 가는가." 최태욱 엮음. 『신자유주의 대안론』. 창비.

_____. 2010. "진보적 자유주의 구현을 위한 정치제도 조건 : 합의제 민주주의." 『한국정치연구』 19집 3호.

_____. 2011a. "복지국가 건설과 '포괄정치'의 작동을 위한 선거제도 개혁." 『민주사회와 정책연구』 통권 19호.

_____. 2011b. "정치개혁 : 유러피언 드림, 아메리칸 로드?" 강원택·장덕진 엮음. 『노무현 정부의 실험 : 미완의 개혁』. 한울.

_____. 2011c. "실질적 민주주의는 절차적 민주주의의 성숙으로 발전한다." 『민주』 창간호.

Armingeon, Klaus. 2002. "The Effects of Negotiation Democracy: A Comparative Analysis." *European Journal of Political Research* vol. 41.

Arrow, Kenneth. 1963. *Social Choice and Individual Values*, 2nd ed. New Haven: Yale University Press.

Crepaz, Markus M. 2002. "Global, Constitutional, and Partisan Determinants of Redistribution in Fifteen OECD Countries." *Comparative Politics* vol. 34. no. 2.

Crepaz, Markus M., and Arend Lijphart. 1995. "Linking and Integrating Corporatism and Consensus Democracy: Theory, Concepts and Evidence." *British Journal of Political Science* vol. 25. no. 2.

Crepaz, Markus M., and Vicki Birchfield. 2000. "Global Economics, Local Politics: Lijphart's Theory of Consensus Democracy and the Politics of Inclusion." Markus Crepaz et al. eds. *Democracy and Institutions : The Life Work of Arend Lijphart*. Ann Arbor: The University of Michigan Press.

Dahl, Robert. 1998. *On Democracy*. New Haven: Yale University Press.

Estévez-Abe, Margarita, Torben Iversen, and David Soskice. 2001. "Social Protection and the Formation of Skills: A Reinterpretation of the Welfare State." Peter Hall and David Soskice eds. *Varieties of Capitalism : The Institutional Foundations of Comparative Institutional Advantage*. Oxford: Oxford University Press.

Gourevitch, Peter. 2003. "The Politics of Corporate Governance Regulation." *Yale Law Journal* vol. 112, no. 7.

Hall, Peter A. and David Soskice. 2001. "An Introduction to Varieties of Capitalism." Peter A. Hall and David Soskice eds. *Varieties of Capitalism : The Institutional Foundations of Comparative Advantage*. Oxford: Oxford University Press.

Hamann, Kerstin and John Kelly. 2007. "Party Politics and the Reemergence of Social Pacts in Western Europe." *Comparative Political Studies* vol. 40, no. 8.

Huber, E. and J. Stephens. 2001. "Welfare State and Production Regimes in the Era of Retrenchment." P. Pierson ed. *The New Politics of the Welfare State.* New York: Oxford University Press.

Iversen, Torben. 2005. *Capitalism, Democracy and Welfare.* Cambridge: Cambridge University Press.

Iversen, Torben and David Soskice. 2006. "Electoral Institutions, Parties and the Politics of Class: Why Some Democracies Distribute More than Others." *American Political Science Review* vol. 100, no. 2.

Lijphart, Arend. 1984. *Democracies : Patterns of Majoritarian and Consensus Governments in Twenty-One Countries.* New Haven: Yale University Press.

_____. 1999. *Patterns of Democracy.* New Haven: Yale University Press.

Lijphart, Arend, and Markus M. Crepaz. 1991. "Corporatism and Consensus Democracy in Eighteen Countries: Conceptual and Empirical Linkages." *British Journal of Political Science* vol. 21.

O'Donnell, Guillermo. 1994. "Delegative Democracy." *Journal of Democracy* vol. 5, no. 1.

Rogowski, Ronald. 1987. "Trade and the Variety of Democratic Institutions." *International Organization* vol. 41, no. 2.

Schattschneider, E. E. 1961. *The Semi-Sovereign People : A Realist's View of Democracy in America.* Wadsworth Publishing.

Soskice, Davis. 2008. "Macroeconomics and Varieties of Capitalism." Bob Hancké, Martin Rhoeds, and Mark Thatcher eds. *Beyond Varieties of Capitalism : Conflict, Contradictions, and Complementarities in the European Economy.* Oxford: Oxford University Press.

Swank, Duane. 2002. *Global Capital, Political Institutions, and Policy Change in Developed Welfare State.* Cambridge University Press.